유비쿼터스
오늘이 '가장 젊은 날'

Ubiquitous

유비쿼터스
오늘이 '가장 젊은 날'

Humanities Essay

이정완 지음

한 시대를 치열하게 살아오셨습니다. 가족과 일터를 위해 부단히 달려오셨고, 때로는 침묵하며, 때로는 포기하지 않으며 사회의 뼈대를 지탱해 오신 분들. 그 세월은 단순한 숫자가 아니라, 인생이라는 장편 서사의 값진 장면들이었을 것입니다.
_프롤로그 중에서

좋은땅

프롤로그

"오늘이 나 자신답게 자존감 있게 살아가기 '가장 젊은 날'입니다."

존경하는 독자 여러분, 지금 이 책을 펼치신 순간, 이미 한 걸음을 내딛으셨습니다. 그 발걸음은 과거의 경로에서 벗어나 새로운 자신을 향해 나아가는 용기이자, 나 자신답게 살아가는 인생 2막의 서문이기도 합니다.

한 시대를 치열하게 살아오셨습니다. 가족과 일터를 위해 부단히 달려오셨고, 때로는 침묵하며, 때로는 포기하지 않으며 사회의 뼈대를 지탱해 오신 분들. 그 세월은 단순한 숫자가 아니라, 인생이라는 장편 서사의 값진 장면들이었을 것입니다.

그러나 문득 생각하게 됩니다.
'지금 이 순간의 나는 누구인가?'
'앞으로는 어떻게 살아야 하는가?'

그 질문은 결코 나약함의 표현이 아닙니다. 오히려 깨어 있는 지성인의 특권이자 자격입니다. 자문할 수 있다는 것은 아직도 변화하고 싶고, 배움에 열려 있으며, 내 삶에 대해 책임질 수 있다는 뜻이기 때문입니다.

이 책은 그런 분들을 위해 쓰였습니다. 이제 우리는 생애의 후반기를 단순한 '중장년'이 아닌, 또 다른 성장과 꽃피움의 시간으로 재정의하고자 합니다. 『유비쿼터스 오늘이 '가장 젊은 날'』이 바로 그 여정의 나침반이 되기를 바랍니다.

이 책에는 우리와 같은 평범한 이들이 등장합니다. 다문화 아동을 위한 통역학교를 설립한 은퇴 통역사, 마을도서관에서 인문학 수업을 진행하는 명퇴 선생님, 시낭송 봉사로 인생을 노래하는 퇴직 공무원, 그리고 조용한 찻집에서 각자의 삶을 존중하는 대화를 나누는 지역 인문학 동호회까지.

이들은 모두, 자신만의 방식으로 '자신답게' 살아가는 사람들입니다.

그들의 삶에서 배울 수 있는 가장 중요한 교훈은 단 하나입니다.
"늦은 시작이란 없습니다. 단지, 준비된 마음과 실천의 용기만 있을 뿐입니다."

존경하는 독자 여러분, 이제 우리는 더 이상 '해야 할 일'에 얽매이지 않아도 됩니다.
이제는 '하고 싶은 일', '의미 있는 일'을 중심에 둘 수 있는 시기입니다. 디지털 기술은 더 이상 젊은 세대만의 도구가 아닙니다. 오히려 '디지털 리터러시'를 갖춘 중장년 세대야말로, 시대의 교량 역할을 하며 아날로그의 감성과 디지털의 기술을 잇는 귀한 존재이십니다.

이 책은 여러분께 묻고 있습니다.
"지금, 어떤 삶을 시작하고 싶으십니까?"

그 답은 외부에 있지 않습니다. 이미 여러분 안에, 오랜 세월 다져진 지혜와 감성 속에 숨어 있습니다. 그것을 끄집어내서, 다시 글로 쓰고, 행동으로 옮기기 위한 작은 용기만이 필요할 뿐입니다.

이 책에 실린 이야기들은 결코 이상적인 성공담이 아닙니다. 삶의 한가운데에서 고민하고 흔들리면서도, 끝내 나를 잃지 않으려 했던 이들의 실천의 기록입니다.
    그 기록을 따라가다 보면, 여러분도 문득 생각하실 것입니다.

"아, 나도 할 수 있겠구나."
"그래, 나도 다시 시작해 보자."
그 작은 자각이, 행복한 인생 2막의 가장 위대한 출발점입니다.

    존경하는 독자 여러분, 이제는 더 이상 남의 기준에 맞추어 살아갈 이유가 없습니다.
    이제는 '인간다움'의 정체성을 기반으로 한 나다운 인생을 설계할 시간입니다. 매일 아침 눈을 뜰 때, "오늘은 내가 나를 진심으로 살아갈 수 있는 날"이라고 말할 수 있기를 바랍니다. 그리고 그 길의 첫걸음을, 이 책과 함께 걸어가 주시기를 바랍니다.

    오늘이야말로, 자신 있게, 자신답게 살아가기 '가장 젊은 날'입니다.
    감사합니다.

‖ 목차 ‖

프롤로그   4

제1장
'봄'의 인문학: 새롭게 움트는 나   9

제2장
'여름'의 인문학: 뜨겁게 몰입하는 나   69

제3장
'가을'의 인문학: 결실을 맺는 나   129

제4장
'겨울'의 인문학: 본질에 집중하는 나   191

제5장
'인생 2막'의 인문학: 자신답게, 자존감 있게   251

제1장

'봄'의 인문학:
새롭게 움트는 나

삶의 공백에서 자신을 다시 발견하고, 내면의 소리를 듣는 시간입니다.
우리는 무엇을 잃고 살았는가?
그리고 지금, 나는 무엇을 다시 회복하고 싶은가?

Ubiquitous Humanities Essay

불가능한 꿈은 없다

"나는 하나님께 선택받은 사람입니다. 그러므로 불가능한 꿈은 없습니다."

이 고백은, 국내 대표 통번역 전문가이자 현재는 다문화 아동 교육 운동에 헌신하고 계신 박지훈 선생님이 세미나 중에 하신 말씀이었습니다. 통역사로 30년을 살아오신 선생님은, 한때 유엔 총회와 아시아 정상회의를 누비던 분이셨지만, 50대 초반, 그 모든 영광을 내려놓고 전라북도의 한 작은 도시로 내려가셨습니다. 이유는 단 하나, '하나님께서 맡기신 새로운 소명' 때문이었습니다.

박 선생님은 어느 날 우연히 지역 교회에서 진행하는 '이주민 자녀 학습 지원' 프로그램에 자원봉사자로 참여하셨다고 합니다. 다문화 가정의 아이들이 언어장벽과 사회적 편견으로 인해 학습에 큰 어려움을 겪고 있다는 사실을 마주했을 때, 마음 깊은 울림을 받으셨다고 했습니다.

"내가 통역으로 얻은 경험과 기술을, 이 아이들의 내일을 위해 쓰라는 뜻이라 느꼈습니다."

그날 이후, 박 선생님은 모든 외부 활동을 줄이고 '다문화 아동 통역학교'를 설립하셨습니다. 처음에는 조그만 교회 지하실에서 시작된 수업이었지만, 지금은 전국 4개 지역에 분교를 둔 NGO로 성장하였습니다. 후원도, 정부 지원도 부족했지만 선생님은 늘 말하셨습니다.

"이건 내 꿈이 아닙니다. 하나님께서 맡기신 꿈입니다. 불가능한 일이 없도록 필요한 문은 때마다 열리리라 믿습니다."

그리고 실제로, 때마다 귀한 사람들이 나타났고, 전북 지역 대학의 교육학 교수님들과 현직 교사들까지 자발적으로 동참하며 프로젝트는 널리 확장되었습니다.

박 선생님은 말씀하십니다.
"하루를 충실히 살면 일주일이 바뀌고, 일주일을 충실히 살면 인생이 바뀝니다. 중요한 건 목표가 아니라 '오늘의 실천'입니다. 불가능해 보였던 꿈도, 충실히 행하면 반드시 하나님의 영광으로 완성됩니다."

그분의 말씀에서 우리는 '소명'이라는 단어의 진정한 의미를 다시 떠올리게 됩니다. 내가 지금 어디에 있든, 어떤 상황이든, 매일을 충실히 살아가는 것이야말로 위대한 꿈을 이루는 유일한 길임을.

혹시 지금 여러분에게도 '너무 커서 불가능해 보이는 꿈'이 있지 않으신가요? 그렇다면 박 선생님처럼 고백해 보세요.

"나는 선택받은 사람이다. 그러니 이 꿈은 가능하다."

그 믿음 위에 실천이 쌓이면, 오늘의 작고 보잘것없던 행동이 내일의 기적이 됩니다.

불가능한 꿈은 없습니다.
다만, 우리가 그 꿈을 믿고 꾸준히 걸어가는 발걸음만이 있을 뿐입니다.

일이 즐겁다

"지금 내가 맡은 일에 진심으로 몰입하고 즐기기 시작했을 때, 내 삶 전체가 달라졌습니다."

이 말은 현재 경상북도의 한 지역 대학에서 사회복지를 가르치며, 동시에 '행복한 직장문화 만들기' 캠페인을 주도하고 계신 최경아 교수님께서 직접 하신 이야기입니다. 최 교수님은 과거 20년간 한 대기업의 인사팀에서 근무하시다가 40대 중반, 돌연 퇴사 후 늦깎이 박사과정을 시작하셨습니다. 모두가 만류했지만, 본인은 단호했습니다.

"나는 '사람이 행복하게 일할 수 있는 조직'을 연구하고 싶었습니다. 그러려면, 내가 먼저 행복하게 일하는 법을 알아야 했어요."

박사과정 시절, 최 교수님은 강의가 없는 날에는 아르바이트 등을 통해 소득 활동을 병행하였으며, 수업이 있는 날에는 강의실을 돌며 시간을 쪼개 쓰셨습니다. 그렇게 4년 동안 매일매일 자신에게 주문을 걸었다고 합니다.

"오늘 해야 할 일이 있어서 감사하다. 이 일을 즐겁게 해 보자."

이 단순한 습관은 어느덧 삶의 태도를 바꾸었습니다. 일에 대한 부담감이 아니라 일상에 대한 기대로 하루를 시작하게 된 것입니다. 지금도 교수님은 하루 일정의 시작에 5분간 '감정 청소 명상'을 하십니다. 과거의 후회는 내려놓고, 타인을 미워하는 마음도 지우며, 미래의 성공한 자신의 모습을 눈을 감고 그려 봅니다. 그러고는 말합니다.

"오늘도 내가 해야 할 일이 있음에 감사합니다. 이 일이 나와, 내 가족과, 내 학생들을 행복하게 할 것이기에 더욱 즐겁게 일하겠습니다."

이러한 태도는 놀라운 변화를 일으켰습니다. 그녀가 참여한 캠페인 덕분에, 대학 행정팀 내의 이직률이 줄고, 학생 대상 만족도 설문에서도 '교수와의 정서적 연결감'이 2년 연속 최고점을 기록했습니다.

"즐겁게 일하면 생산성도 올라가고, 사람 사이의 온기도 깊어집니다. 결국, 나를 포함한 모두가 행복해지더라고요."

그녀는 오늘도 강의 후 연구실에서 연구를 이어 가며 미소로 말합니다.

"그래서 오늘 하루도, 내가 해야 할 일이 있어서 즐겁습니다."

우리 모두 지금 자신에게 물어보면 좋겠습니다.
'나는 오늘 내 일과 삶을 얼마나 즐기고 있는가?'

과거의 아쉬움이나 타인에 대한 감정에 휘둘리지 말고, 미래의 빛나는 나를 시각화하며 오늘 하루를 충실히 살아가는 것.

그것이 바로 '행복한 일상으로 가는 길'입니다.

오늘이 '가장 젊은 날'

"나이는 숫자일 뿐이에요. 오늘이 제 인생에서 '가장 젊은 날'이니까요."

서울 한 작은 갤러리에서 만난 김지연 선생님은 그렇게 웃으며 말씀하셨습니다. 김지연 선생님은 30년 넘게 고등학교에서 미술을 가르치셨습니다. 수많은 학생들에게 붓질과 색채를 전하던 그녀의 하루는 교단에서의 은퇴와 함께 조용히 접히는 듯했습니다. 그러나 막상 퇴임을 하고 나니 하루하루가 너무 조용하고 공허했다고 합니다. 그러던 어느 날, 오래된 스케치북을 정리하다가 20대 시절 자신이 그린 자화상을 발견하셨습니다.

"그 그림을 보자, 이상하게 마음속에서 무언가가 꿈틀거렸어요. 아직 끝나지 않았다는 느낌이랄까."

그렇게 그녀는 다시 붓을 들기 시작했습니다. 매일 아침 일어나면 그녀는 자신의 삶에 세 가지 질문을 던지신다고 합니다.

첫째, 오늘 무엇에 감사할 수 있을까?
둘째, 오늘 누구를 향해 따뜻한 말을 건넬 수 있을까?
셋째, 오늘 무엇에 최선을 다할 수 있을까?

이 세 가지 질문이 김지연 선생님의 하루를 이끌어 주는 나침반이 되었다고 말씀하십니다. 그러던 중, 성남시청에서 진행하는 '시니어 예술가 마을갤러리 프로젝트'에 참여하게 되었고, 자신의 첫 개인전을 열게 되셨습니다.

"60이 다 되어 첫 개인전이라니, 누가 알았겠어요. 그런데 그 준비 과정이 참 감사했어요. 작품을 완성하는 것이 목적이 아니라, 하루하루 캔버스를 마주하는 과정 자체가 제게는 선물이었거든요."

전시가 끝난 날, 한 관람객이 쓴 방명록이 그녀의 마음을 울렸습니다.
"선생님의 그림 속 햇살 한 줌이 오늘 제 우울을 밀어냈어요. 고맙습니다."

그 순간, 김지연 선생님은 확신하셨다고 합니다.
"아, 내가 오늘을 잘 살았구나."

누구나 어제를 후회하거나 내일을 걱정하며 오늘을 놓칩니다. 하지만 김지연 선생님은 말합니다.

"어제도 내일도 중요하지만, 오늘 내가 숨 쉬고 있는 이 순간이야말로 '가장 젊은 날'이에요. 젊을 때 하는 건 새로운 도전이 아니라, 그저 오늘의 삶을 충실히 살아 내는 것이죠."

이제 그녀는 청소년 복지관에서 은퇴자들과 함께 하는 미술 치유 프로그램을 매주 진행하고 계십니다. 그림을 그리며 웃고, 칭찬하고, 서로의 이야기를 듣는 그 시간. 그것이야말로 김지연 선생님에게 가장 젊은 순간입니다.

오늘, 이 글을 읽는 여러분에게도 그런 순간이 있기를 바랍니다.
오늘이 바로, '가장 젊은 날'입니다.

감사와 겸손의 삶을 살자

"인격은 하루아침에 완성되지 않습니다. 그러나 하루하루 감사와 겸손으로 쌓아 가는 태도는 분명히 사람을 변화시킵니다."

이 말씀은 현재 부산의 한 공공도서관에서 인문학 강의와 독서모임을 이끌고 계신 김태정 선생님의 평소 좌우명이기도 합니다. 김 선생님은 한때 국내 유수의 광고대행사에서 전략기획본부장을 지낸 마케팅 전문가셨습니다. 화려한 경력과 성과에도 불구하고 늘 '내 안의 공허함'에 대해 고민하셨다 합니다.

50세를 넘기며 그는 과감히 새로운 길을 선택하셨습니다. 그것은 바로 '지혜를 나누는 삶'이었습니다. 김 선생님은 서울에서 부산으로 거주지를 옮기고, 인문학을 바탕으로 한 시민 교육 활동에 뛰어드셨습니다.

그가 처음 한 일은 '하루를 감사하게 사는 5가지 습관'을 일기로 실천하는 것이었습니다.

첫째, 매일 아침 눈을 뜨면 오늘도 숨 쉴 수 있음에 감사드리기.
둘째, 만나는 모든 사람에게 눈을 맞추며 먼저 인사하기.
셋째, 하루 한 번 이상 누군가를 도와줄 기회 찾기.
넷째, 매일 자정 전, 감사했던 일을 다섯 가지 써 보기.
다섯째, 감정이 흔들릴 때는 먼저 내 태도를 점검하고 침묵하기.

이러한 실천은 주변 사람들에게도 놀라운 긍정적 영향을 끼쳤습니다. 함께하는 독서모임의 회원 중 한 분은 "선생님을 만나고 나서 처음으로 '겸손한 삶이 사람을 어떻게 품을 수 있는가'를 깨달았습니다"라고 전했습니다.

김 선생님은 매주 도서관에서 '행복한 인격 수업'을 열고, 겸손의 리더십, 감사의 감정 훈련법, 그리고 언행일치의 중요성을 일상적 사례로 전달하십니다. 선생님이 강조하시는 말 중 하나는 바로 이렇습니다.

"겸손은 약함이 아니라, 나를 다스릴 줄 아는 강함입니다."

이런 김 선생님의 삶을 통해 우리는 느낄 수 있습니다.
인격자는 타고나는 것이 아니라, 오늘 하루를 어떻게 살아가는가에 따라 만들어지는 존재임을.

환경에 감사하고, 행동에 충실하며, 태도에 겸손을 담는 그 하루하루의 선택이 인생을 어떻게 변화시킬 수 있는지를 말입니다.

오늘 하루, 김태정 선생님처럼 감사하고 겸손하게 살아 본다면 어떨까요?

그 하루가 모여, 결국 우리가 원하는 '성숙한 사람'이 되는 여정이 될 것입니다.

신체적, 정신적 건강을 위해서는

"우리의 건강은 삶의 리듬에서 나온다."

이 말은 조현준 교수님께서 자주 하시는 말입니다. 조 교수님은 서울의 한 대학교에서 심리학을 가르치며, 연구와 강의를 통해 많은 이들에게 정신적 건강과 삶의 균형을 어떻게 맞춰야 하는지에 대해 끊임없이 고민하고 나누고 계십니다. 그의 철학은 단순한 건강의 개념을 넘어, 삶을 살아가는 방식을 재정의하는 데 초점을 맞추고 있습니다.

어느 날, 조 교수님은 한 강연에서 "신체적, 정신적 건강을 유지하기 위한 가장 중요한 원칙은 무엇인가요?"라는 질문을 받았습니다. 그는 잠시 생각하다가 이렇게 대답했습니다.

"건강은 하루하루의 삶 속에서 만들어집니다. 우리의 신체와 정신은 따로 떨어져 있는 것이 아니라, 서로 긴밀하게 연결되어 있지요. 따라서 건강을 지키기 위해서는 신체적인 리듬뿐만 아니라, 정신적인 리듬도 일정하게 유지해야 합니다. 매일 아침 일어날 때, 내가 누구이고, 무엇을 할 것인지 명확히 정리하며 시작하는 것이 중요합니다."

조 교수님은 매일 아침 5시에 일어나 간단한 스트레칭과 명상으로 하루를 시작합니다. 그는 그 시간을 통해 정신을 맑게 하고, 하루를 차분히 맞이할 준비를 한다고 말합니다.

또한, 아침에는 몸을 깨끗이 하고, 단정한 옷차림으로 하루를 맞이한다고 덧붙였습니다. 그는 몸과 마음이 하나로 연결되어 있음을 강조하면서, 이는 신체적 건강뿐 아니라 정신적 건강도 함께 챙길 수 있는 좋은 방법이라고 설명했습니다.

그날 강연 후, 한 학생이 교수님에게 다가와 이렇게 물었습니다.

"교수님, 어떻게 그렇게 규칙적으로 생활하실 수 있나요? 가끔은 일이 너무 많아서 시간을 내기 어려운 것 같아요."

조 교수님은 미소를 지으며 대답했습니다.

"사람은 자신이 변화를 원할 때, 그 변화가 먼저 내 안에서 일어나야 한다는 것을 알게 돼요. 다른 사람을 변화시키기보다는, 나 자신이 먼저 변화하는 것이 더 빠를 수 있습니다. 그렇게 변화된 나를 통해 자연스럽게 주변도 변화할 수 있지요."

조 교수님의 말처럼, 우리가 신체적, 정신적 건강을 지키기 위해서는 삶의 리듬을 일정하게 유지하고, 작은 변화에서부터 시작하는 것이 중요합니다.

매일 아침, 일어나서 나를 정리하고, 나의 하루를 차분히 계획하는 것만으로도 건강한 삶을 이끌어 갈 수 있습니다.

오늘부터라도 그 작은 변화를 시작해 보면 어떨까요?

감사함, 기쁨이 충만한 삶을 위해서는

"하루하루를 감사함으로 채우고 나면, 기쁨은 저절로 따라오더군요."

이 말씀은 전남 순천의 한 마을 도서관에서 시 낭송 봉사를 하고 계신 조영수 선생님께서 들려주신 말씀이었습니다. 평생 교직에 몸담아 아이들을 가르치셨던 선생님은 퇴직 후 갑작스러운 허전함에 깊은 무기력에 빠지셨다고 합니다. 늘 분주하고 의미로 가득 찼던 일상이 사라지자, 시간은 오히려 무겁게 느껴졌다고 하셨습니다.

그러던 어느 날, 평소 늘 관심을 두었던 시 한 편이 그의 마음을 일으켜 세웠습니다. 고은 시인의 「그 꽃」이었습니다. 그날 이후 선생님은 자신도 누군가에게 '작은 꽃' 같은 존재가 되어 보자 결심하셨습니다. 그렇게 마을회관에서 시를 낭송하는 '감성 인문학 강좌'를 열게 되셨습니다.

"시를 읽고 나누는 것, 그것이 제 두 번째 인생의 목표가 되었습니다. 매번 조금 더 따뜻하게 말하고, 조금 더 마음을 담아 낭송하려 노력합니다. 어제보다 나아졌다면, 그 하루는 분명 감사할 일입니다."

조영수 선생님의 강좌는 처음엔 몇 명의 할머니들과 조용히 시작되었습니다. 하지만 한 사람, 한 사람의 마음이 열리기 시작했고, 지금은 매주 30여 명이 모이는 '시와 인문학 나눔회'로 성장했습니다. 거기서 나눈 이야기 하나하나가 눈물 나게 귀하고 소중하다고 하셨습니다.

"우리는 모두, 누군가의 생을 밝히는 작은 등불이 될 수 있습니다. 시를 통해 마음을 나누고, 삶을 함께 격려하는 일이 얼마나 감동적인지 모릅니다."

그는 매일 아침, 어제보다 더 따뜻한 말 한마디, 더 깊이 있는 시선 하나를 준비합니다. 그것이 자신의 '행동하는 감사'의 표현이라고 믿고 계십니다.

조영수 선생님은 우리에게 세 가지 중요한 교훈을 들려주십니다.

> 첫째, 인생의 어느 시점에서도 우리는 새로운 의미를 발견할 수 있다는 것.
> 둘째, 하루하루 조금씩 더 나아지려는 노력이 삶을 풍요롭게 한다는 것.
> 셋째, 목표를 정했다면 포기하지 않고 성실히 걸어가는 자세가 기쁨을 만들어 낸다는 것.

그의 일상은 화려하지 않지만, 그 속에는 깊고 따뜻한 울림이 있습니다. 감사와 기쁨은 바로 그런 일상의 선택에서 피어납니다.

지금, 이 글을 읽는 여러분의 하루는 어떠신가요?

어제보다 조금 더 따뜻한 하루를 살고 계신가요?

여러분의 오늘이, 기쁨으로 충만하기를 진심으로 응원드립니다.

삶을 즐기고 신뢰하자

서울 동대문구의 한 공유오피스. 이곳에 매일 오전 9시 정각이면 고요히 앉아 책을 펼치시는 분이 있습니다. 바로 이태윤 선생님, 30년 가까이 대기업 인사팀에서 일하시다가 퇴직 후, 사람들에게 '진짜 자기다운 삶'을 코칭하는 강연가로 살아가고 계십니다. 이 선생님은 이렇게 말씀하십니다.

"과거에는 매일 성과와 실적으로 하루를 측정했지만, 지금은 '진정한 나'를 얼마나 진실하게 만났는지가 기준입니다."

퇴직 직후, 그는 한동안 공허감과 자책 속에서 방황하셨다고 합니다. 매일 아침 일어나 '나는 더 이상 누구인가?'를 자문하며 무력한 시간을 보내셨다 합니다. 그러나 어느 날, 오래된 수첩 한 구석에 적혀 있던 메모 한 줄이 그를 일으켜 세웠습니다.

"당신은 직함이 아니라, 살아가는 태도로 증명되는 사람입니다."

그날 이후, 이 선생님은 하루를 새롭게 계획하며 자신을 표현하는 연습을 시작하셨습니다. 걷기 명상, 감사일기, 하루 10분의 독서, 그리고 소규모 강연. 그렇게 삶을 다시 설계해 나가며 그는 '오늘 하루를 즐기고 신뢰하는 법'을 체득하셨습니다. 이 선생님은 자신이 강조하는 핵심 원칙 세 가지를 이렇게 정리하십니다.

첫째, 어떤 도전 앞에서도 침착하게 마주할 것.
둘째, 어제보다 조금 더 나은 내가 되도록 노력할 것.

셋째, 지금 할 수 있는 일에 최선을 다하며 실천할 것.

그는 강연에서 종종 청중에게 이런 질문을 던지십니다.
"여러분은 오늘 하루, 나다운 삶을 살고 계신가요?"

그 질문에 많은 이들이 조용히 고개를 떨구지만, 이 선생님은 이어 따뜻하게 덧붙이십니다.

"우리는 다 챔피언입니다. 지금 주어진 환경에서 최선을 다하는 마음, 그 자체가 용기이며 위대함입니다."

현재 이 선생님은 '인생 후반의 자존감 수업'이라는 소규모 클래스를 열며, 매주 10명 안팎의 사람들과 삶을 나누고 계십니다. 각자의 속도로 자신의 내면을 신뢰하고 긍정하는 법을 함께 배우는 자리입니다. 그분은 이렇게 말씀하십니다.

"삶이란 먼 미래에 있는 것이 아닙니다. 지금 이 순간 내가 어떻게 생각하고 행동하느냐에 따라 전혀 다른 방향으로 나아갑니다. 그러니 오늘 하루를 진심으로 살아 보세요. 그 하루가 쌓이면 인생은 분명히 달라집니다."

그의 미소는 말보다 먼저 긍정의 메시지를 전합니다.

오늘 하루도, 믿고 살아갈 만한 충분한 가치가 있습니다.

나의 창조 에너지

"오늘도 멋진 여행을 떠나 보겠습니다."

서울 금천구의 한 카페, 오전 10시 30분. 정유석 선생님께서는 매일 이곳에서 하루를 시작하십니다. 커피 한 잔과 노트북, 그리고 빈 노트 한 권. 그는 이 조용한 공간을 '창조 에너지 창작소'라 부르십니다. 정 선생님은 한때 국내 유수의 IT기업에서 전략기획팀장을 맡으셨던 분입니다. 겉보기엔 성공 가도를 달리는 직장인이었지만, 그는 어느 날 문득 깨달으셨다고 합니다.

"나는 타인의 기준으로 잘 살았지만, 나 자신과는 점점 멀어지고 있었다."

그 후로 6개월의 준비 기간을 거쳐, 그는 과감히 퇴직을 선언하셨습니다. 그리고는 자신이 진심으로 사랑했던 '콘텐츠 글쓰기'로 방향을 틀어, 지금은 유튜브, 브런치, 강연 등을 통해 1인 창작자로서의 인생 2막을 살아가고 계십니다. 정 선생님은 말씀하십니다.

"매일 아침 눈을 뜨면, 오늘은 나를 위한 창조의 여행이 시작된다고 생각합니다."

매일 다른 주제를 고민하고, 다른 공간을 탐색하며, 다른 사람들과 이야기 나누는 그 모든 과정이 '새로운 여행'이자 '모험'이라는 것입니다. 그는 하루를 시작할 때 이렇게 세 가지를 적습니다.

첫째, 오늘 내가 새롭게 배울 것은 무엇인가?

둘째, 오늘 누구와 새로운 대화를 나눌 수 있을까?
셋째, 오늘 어떤 방식으로 나의 창조 에너지를 표현할 것인가?

이 습관이 쌓이면서 그는 점점 더 깊고 넓은 콘텐츠를 만들어 내게 되었고, 지금은 다양한 분야의 청중들로부터 존경받는 창작 멘토로 자리 잡게 되었습니다. 무엇보다 그가 강조하시는 것은 '소소한 것에서 영감을 찾는 능력'입니다. 길가의 간판 하나, 노점에서 들려온 대화 한 마디, 책갈피에 남은 문장 한 줄조차도, 그의 눈에는 모두 '여행 중의 보물'처럼 느껴진다고 합니다. 정 선생님은 이렇게 말씀하십니다.

"창조 에너지는 거창한 목표에서 나오는 것이 아닙니다. 오늘 하루를 진심으로 살아가는 마음, 그 안에서 새로움을 발견하고 그것을 표현하려는 태도에서 비롯됩니다."

정 선생님의 하루는 매일 다른 주제로 가득 차 있습니다. 누군가는 불안정하다고 느낄 수 있는 삶이지만, 그는 누구보다 안정된 내면을 가지고 계십니다. 매일매일 새롭게 모험하고 배우고 창조하는 사람, 그것이야말로 진정한 '능력자'가 아닐까요?

오늘, 우리도 우리만의 여행을 시작해 봅시다.

하루하루 새로운 시선으로 세상을 바라보고, 작지만 깊은 감동으로 창조해 나가는 삶.

그것이야말로 우리가 살아가는 이유이며, 세상을 더 아름답게 만드는 힘입니다.

유비쿼터스 긍정의 힘

김도현 님께서는 30년 가까이 서울의 한 유명 출판사에서 편집장으로 일하셨습니다. 인문 분야의 베스트셀러를 여러 권 만들어 냈고, 후배들 사이에서는 '베스트셀러 감별사'라 불릴 만큼 촉이 뛰어나셨습니다. 그러나 출판계의 급격한 디지털 전환과 회사의 구조조정 앞에서 그는 예고 없이 퇴직 통보를 받았습니다.

"그날 이후로는 모든 것이 멈춘 듯했습니다. 일도, 관계도, 저 자신도."

그러나 김도현 님께서는 쓰러진 채 오래 머무르지 않으셨습니다. 깊은 숨을 들이쉬고 스스로에게 질문하셨습니다.

"지금 내가 가진 게 무엇인가?"

그리고는 지역 도서관에서 독서 모임을 열기 시작하셨습니다. 처음엔 단 한 명의 참여자뿐이었지만, 김도현 님은 매주 수요일 저녁마다 자리를 지키셨습니다.

"책 한 권이 사람을 바꾸고, 사람 한 명이 마을 분위기를 바꾸더군요."

그의 긍정적인 태도는 파장을 일으켰습니다. 이웃의 주부, 은퇴 공무원, 명예 퇴직자까지 하나둘 모여들었고, 지금은 '마을 인문학 살롱'이라는 이름의 독서 공동체로 성장했습니다. 김도현 님은 이 모임을 통해 또 다른 가능성을 발견하셨습니다.

바로 '지역 인문 출판 프로젝트'를 시작하신 것입니다. 그는 참여자들과 함께 삶의 이야기를 엮고, 인터뷰를 하고, 책을 만들어 지역 서점과 온라인에 유통하기 시작하셨습니다. 누군가는 "아마추어의 글"이라고도 했지만, 그는 흔들리지 않으셨습니다. "우리의 삶이 곧 콘텐츠"라는 믿음 하나로 말입니다. 그 결과 첫 책은 출간 3개월 만에 3쇄를 찍었고, 지방자치단체와 협력한 인문학 강의까지 이어졌습니다. 김도현 님께서는 말씀하십니다.

"삶은 늘 완벽하지 않습니다. 하지만 주어진 레몬으로 달콤한 레모네이드를 만들겠다는 마음, 그게 저를 여기까지 오게 했습니다."

그는 실패를 두려워하지 않으셨습니다. 오히려 그 실패를 새롭게 설계하고, 더 구체적인 계획을 세워 다시 도전하셨습니다. 조급하지 않았고, 조용히 때를 기다리며 인내하셨습니다. 결국 그 인내는 공동체라는 더 큰 결실로 돌아왔습니다.

우리는 종종 생각합니다.
'이제 늦었다', '나는 실패했다'.

그러나 김도현 님의 이야기는 말합니다.
'실패는 그저 새로운 시작을 위한 쉼표일 뿐'이라고.

오늘 우리에게 주어진 것이 무엇이든, 그 안에서 기회를 찾는 사람이 긍정의 힘을 실현하는 진짜 주인공입니다.

웃는 얼굴로 오늘을 맞이하고, 있는 힘껏 실행해 나가며, 내일을 낙관하는 삶.

그것이 바로 우리가 닮고 싶은 인생의 자세 아닐까요?

유비쿼터스 희망이란

박민영 님은 성공적인 기업인이자, 최근에는 지역 사회에 봉사하는 일을 즐기고 있는 분입니다. 수십 년간 다양한 사업을 이끌어 온 그는 사업가로서의 성공을 넘어, 인생의 후반기에는 사람들에게 긍정적인 영향을 미치는 것을 더 큰 목표로 삼고 있습니다. 하지만 그가 지금과 같은 마음을 가지기까지는 긴 시간의 노력과 수많은 실패가 있었습니다.

젊은 시절, 박민영 님은 불확실한 미래에 대해 늘 걱정하며 하루하루를 살아갔습니다. 그는 대학을 졸업한 후, 여러 직장을 거치며 사업을 시작하려는 꿈을 키워 갔지만, 그 과정에서 많은 실패를 겪었습니다.

특히, 첫 번째 창업에서 큰 실패를 맛보았을 때, 그는 모든 것을 포기하고 싶었습니다. 그때 그는 길을 잃은 것처럼 느꼈고, 자신에게 적합한 일이 무엇인지조차 몰랐습니다.

하지만 좌절 속에서도 박민영 님은 한 가지 중요한 사실을 깨달았습니다. 바로 "내가 실패했다고 해서 내 인생이 끝나는 것은 아니다"라는 것이었습니다.

그는 다시 일어설 수 있다는 희망을 가질 수 있는 방법을 찾았습니다. 바로, 실패는 자신을 더욱 강하게 만든다는 믿음이었습니다. 그는 자신에게 "실패는 성장의 씨앗이다"라는 말을 되새기며, 한 걸음 한 걸음 다시 시작할 수 있었습니다.

그는 매일 아침, 자신에게 새로운 목표를 세웠습니다.

그 목표는 그저 살아남는 것이 아니라, 성장하는 것이었습니다.

주어진 환경에서 최선의 선택을 하고, 그 선택을 실행에 옮기며, 매일 자신에게 작은 성공을 쌓아 가는 일에 집중했습니다.

실패와 성공을 반복하면서도 그는 "오늘 내가 할 수 있는 최선의 일은 무엇일까?"라고 자문하며 하루하루를 보내곤 했습니다.

그는 "어떠한 환경에 처해 있더라도, 우리는 우리가 할 수 있는 최선을 다 할 수 있는 능력과 용기를 가지고 있다"라고 강조하며, 오늘 하루를 소중하게 살아가야 한다고 이야기합니다.

박민영 님의 이야기는 우리가 인생에서 실패와 시련을 겪더라도, 그것을 통해 더 나은 사람이 될 수 있다는 희망을 줍니다.

우리 모두는 최선의 선택을 하며, 주어진 환경에서 최상의 것을 선택하는 능력과 용기를 가질 수 있습니다.

그 과정에서 우리는 더욱 의미 있는 삶을 살아갈 수 있을 것입니다.

유비쿼터스 리더십

박선영 님은 대학 교수로, 다수의 학문적 업적을 쌓아 온 분이십니다. 그녀의 강의실에서는 언제나 학생들의 의견을 경청하고, 그들이 표현하는 생각 하나하나에 진심을 담아 응답하는 모습을 볼 수 있습니다. 박선영 님은 학문적으로 뛰어난 교수일 뿐만 아니라, 학문을 넘어선 진정한 리더십을 실천하고 있는 분이십니다. 그녀가 전하는 리더십은 단순히 강단에서의 가르침에 그치지 않고, 학생들의 삶에 긍정적인 영향을 미치는 힘을 가지고 있습니다.

몇 년 전, 박 교수님은 학생들에게 '리더십'에 대한 강의를 할 때, 항상 이런 말을 자주 하셨습니다.

"리더십은 남을 이끌고 인도하는 것이 아니라, 먼저 그 사람을 이해하고 배려하는 데서 시작된다."

그녀는 한 학기 동안 100여 명의 학생들과 함께 프로젝트를 진행했는데, 그 과정에서 보여 준 리더십은 많은 이들에게 깊은 인상을 남겼습니다.
수업과 프로젝트를 진행하는 동안 학생들이 겪은 어려움을 하나하나 세심하게 챙기며, 그들의 목소리에 귀를 기울였고, 무엇보다 그들이 가진 장점과 잠재력을 끌어내려고 애썼습니다.

박 교수님은 항상 학생들의 말을 먼저 듣고, 그들의 처지를 이해하려고 노력합니다. "누구나 실수할 수 있다"는 그녀의 말은 학생들에게 큰 위로와 용기를 주었고, 그들이 더 이상 두려움 없이 자신의 생각을 표현할 수 있도록 도왔습니다.

그녀는 그들이 실수했을 때, 이를 징계하거나 처벌하는 것이 아니라, 어떻게 하면 그 실수에서 배울 수 있을지를 고민하고 실천했습니다. 실수를 용서하고, 오히려 그것을 기회로 삼아 더 나은 결과를 이끌어 내는 방식은 박선영 교수님의 리더십의 핵심이었습니다.

박 교수님은 그 어떤 보상도 바라지 않고, 자신이 할 수 있는 최선의 방법으로 사람들에게 도움을 주기 위해 노력해 왔습니다. 그녀는 진정한 리더가 되기 위해서는 자신이 먼저 좋은 행동으로 모범을 보이며, 규칙을 강요하지 않고 자연스럽게 사람들의 마음을 이끌어 가는 것이 중요하다고 믿습니다.

그녀의 리더십은 오늘도 많은 사람들에게 깊은 영향을 미치고 있으며, 그녀가 학생들에게 남긴 가장 큰 선물은 바로 '진정성'과 '배려'라는 가치를 실천하는 방법이었습니다.

진정한 리더는 자신을 낮추고, 타인을 이해하며, 그들의 성장과 발전을 돕는 사람임을 보여 주신 박선영 교수님.

그녀가 앞으로도 많은 이들에게 긍정적인 영향을 미칠 것임은 자명합니다.

다른 사람에게 신임과 존경을 받는 방법

경기도에서 작은 찻집 '다향헌(茶香軒)'을 운영하고 계신 정하영 여사님은, 마을 사람들 사이에서 '동네 인문학자'로 통하십니다. 매주 수요일마다 찻집 구석 작은 좌식방에서 열리는 인문학 모임은, 이름 없는 사람들의 지혜와 존엄을 되새기는 특별한 시간입니다.

처음 여사님을 만난 건 아카시아 꽃 향기가 물씬한 봄날이었습니다. 낯선 이를 향한 첫 인사는 따뜻한 차 한 잔과 함께였습니다. 그녀는 조용히 내 눈을 바라보며 말했습니다.
"이 차는, 당신에게 위로가 되길 바라는 마음으로 우렸습니다."

그 한 마디에, 나는 말문이 막혔습니다. 내가 누군지 묻지도 않고, 먼저 나의 마음을 헤아리려는 이의 깊은 존중이 느껴졌기 때문입니다.

정 여사님은 말을 적게 하시고, 대신 귀로 마음을 여십니다. 누구든 그녀 앞에서는 편안하게 마음을 털어놓게 됩니다. 이야기를 듣는 동안 그녀는 결코 끼어들지 않으시고, 간간이 따스한 미소를 머금은 채 "그랬군요" 하고 조용히 반응해 주십니다. 그것만으로도 누군가에게는 마음 깊은 위로가 됩니다.

가장 감동적인 순간은, 그녀가 이웃을 대하는 태도였습니다. 어느 날 모임에 참가한 50대 중반의 한 분이 갑작스레 오열하셨습니다. 남편의 병간호에 지쳐 삶의 의미를 잃었다는 이야기였습니다. 그때 여사님은 그분의 이름을 조용히 불러 주셨습니다.

"민정 씨, 당신은 매일 싸워 이기고 계신 분이에요. 나는 그 용기가 참 존경스럽습니다."

말이 끝나자, 그 공간에 정적이 흘렀고, 모두가 숙연해졌습니다.
'이름을 불러 준다는 건 존재를 인정해 주는 일'이라는 말이, 그날 처음 가슴에 새겨졌습니다.

또한 여사님은 작은 실수에도 늘 스스로 인정하고 배우려는 자세를 보이십니다. 어떤 날은 차를 잘못 우려 손님이 불편을 겪은 일이 있었는데, 직접 찾아가 진심 어린 사과와 함께 새 차를 건넸습니다. 단호하면서도 정중한 그 태도는 오히려 그 손님에게 깊은 감동을 남겼고, 단골이 되게 했습니다. 말보다 묵직한 태도, 질문으로 이끄는 대화, 무엇보다 타인의 삶을 향한 진심 어린 존중이 그녀를 '신임받는 사람'으로 세웠습니다.

"사람은 누구나 마음속에 향기를 담고 삽니다. 그 향기를 느껴 주고 인정해 주는 일, 그것이 곧 존중이지요."

정하영 여사님의 이 한마디는, 곁에 있는 사람을 존귀하게 대할 줄 아는 삶이야말로 인문학의 본질임을 일깨워 줍니다.

지금, 내 곁의 누군가에게 이름을 불러 주며 따스한 미소를 건네는 것.

그것이 존경받는 삶의 첫걸음입니다.

사랑으로 충만한 마음으로 살아가기

　전남 팔영산 자락, 잔잔한 바다를 품은 연구실에서 매일 사랑을 실험하는 분이 계십니다. 문화유산 연구자이신 이정은 박사님은, 지난 십 년간 고서와 토기 편린 속에서 문화유산을 탐구해 오셨습니다. 그런데 얼마 전, 뜻밖의 전환점을 맞으셨습니다.

　"책으로만 기록된 사랑은 불완전합니다. 진짜 사랑은 움직이고 체험할 때 더욱 빛납니다."

　어느 화창한 봄날, 박사님은 평소처럼 낡은 민화 한 폭을 세밀히 살피던 중, 한 구절이 눈에 들어왔습니다.
　"사랑은 바람이 스치는 순간에도 울림이 된다."

　그 순간 박사님은 깨달았습니다. 연구실을 벗어나 삶 속으로 들어가야겠다고. 이후 매주 토요일이면 그녀는 광주의 작은 골목 박물관으로 발걸음을 옮기십니다.

　동네 어르신들을 초청해 민화 그리기 워크숍을 여셨다 합니다. 붓으로 선을 긋고, 색을 칠하며 어르신들은 소중한 추억을 하나둘 떠올리셨습니다. 한 어르신께서 손끝이 떨리며 한 마디 남기셨습니다.
　"오랜만에 제 손으로 그림을 그려 보니, 잊고 지낸 젊은 시절의 사랑이 되살아났습니다."

　박사님은 그 말을 들으며 웃음 속에 눈물을 감추셨습니다. 사랑은 꼭 거창한 기적이 아니라, 함께 붓을 들고 웃는 시간 속에서도 피어난다는 것을 또 한번 확인하셨기 때문입니다.

또 다른 날에는 청소년 실종 예방 캠페인에도 동참하셨습니다.
"눈길 하나, 손길 하나가 누군가에겐 생명줄이 됩니다"라는 메시지를 내걸고, 관광객들과 지나가는 시민들에게 목도리와 따뜻한 음료를 나누며 따뜻한 시선을 전파하셨습니다.

목도리를 건네받은 한 엄마는 아이의 손을 꼭 잡고 박사님께 감사 인사를 전했습니다. 이정은 박사님은 매일 아침 연구실에 앉아 다시 다짐하십니다.

"오늘은 모든 사물과 사람을 사랑으로 마주하리라."

그리고는 붓도 들고, 캠페인 피켓도 들어 올립니다. 사랑이 충만한 마음으로 오늘을 살아가는 작은 실천들이 모여, 이 도시를, 이 사회를 촘촘히 잇는 선한 영향력이 됩니다.

오늘, 여러분은 어떤 사랑을 실험하고 계신가요?

지금, 이 글을 읽는 여러분의 하루도 사랑으로 채워지길 응원합니다.

성공적인 협상을 위해서는

대한상사중재원에서 30여 년을 근무하고 최근 은퇴하신 조은호 박사님은, 한국에서 손꼽히는 국제협상 전문가이셨습니다. 수십 건의 굵직한 무역 갈등을 조율하며 누구보다 '말의 무게'와 '침묵의 가치'를 이해하고 계신 분입니다. 하지만 그분이 가장 감동적인 협상으로 꼽는 순간은 놀랍게도 한 번의 업무가 아닌, 일상의 작은 대화였습니다.

몇 해 전, 조 박사님은 평소보다 일찍 퇴근하던 중, 엘리베이터에서 이웃집 중학생과 마주쳤습니다. 늘 무뚝뚝하고 인사 한 번 하지 않던 아이였지만, 그날 따라 아이의 눈가에 번진 눈물이 조 박사님의 마음을 멈춰 세웠습니다. "괜찮니?" 박사님은 그저 짧게 물었을 뿐이었습니다. 하지만 그 순간 아이는 엉엉 울음을 터뜨리며 조용히 말했습니다.
"누군가가 제 얘기를 들어줄 줄 몰랐어요…."

그날 이후 조 박사님은 그 학생과 일주일에 한 번씩 마을 도서관에서 만나 짧은 '대화 모임'을 이어 가셨습니다. 아이는 차츰 마음을 열었고, 후에는 친구 관계, 가족 갈등, 진로 고민까지 솔직히 나누기 시작했습니다. 박사님은 단 한 번도 훈계하지 않았습니다. 대신 늘 웃으며 먼저 질문하고, 말끝을 자르지 않고 귀 기울이며, 마지막엔 이렇게 덧붙이셨습니다.
"그건 정말 네가 깊이 생각한 결과구나. 대단하구나."

박사님은 말씀하십니다.
"협상이란 건 결국, 사람의 마음을 얻는 기술입니다. 그 시작은 미소이고, 중심은 경청이며, 마무리는 존중이지요."

어느 날 아이는 박사님께 조용히 봉투 하나를 건넸습니다.

그 안에는 손글씨로 써 내려간 짧은 편지 한 통.

"선생님은 제 인생에서 가장 성공적인 협상가이십니다. 제가 저 자신과 다시 대화할 수 있게 해 주셨어요."

이후 박사님은 퇴직 후에도 지역 아동센터에서 '공감 대화 교실'을 열어, 아이들과 학부모, 지역 주민들이 서로 더 잘 듣고 이해하는 법을 나누고 계십니다.

그리고 강조하십니다.

"강물을 거슬러 오르지 마십시오. 그 힘을 타고 흐를 방법을 찾는 것이 진정한 협상의 지혜입니다."

협상은 비즈니스 테이블 위에서만 이루어지는 것이 아닙니다.

가정에서도, 이웃 사이에서도, 세대를 넘어선 대화 속에서도 우리는 매일 '협상'하고 있습니다.

가장 성공적인 협상은, 결국 사랑과 존중의 언어를 잊지 않는 태도에서 시작됩니다.

내면의 평화를 위하여

　서울 성북구의 조용한 골목에 살고 계신 김정후 교수님은 철학을 전공한 인문학자이자, 은퇴를 앞둔 대학교수이십니다. 수십 년간 강의실에서 수천 명의 제자들과 사유의 깊이를 나누셨지만, 정작 본인의 마음에는 깊은 파도가 일고 있었노라고, 그는 조심스럽게 이야기하셨습니다.

　몇 해 전, 연구실 내부의 평가 갈등으로 인해 교수님은 원치 않은 오해를 받으셨고, 그 일은 연구 공동체 내에서 꽤나 긴 그림자를 남겼습니다. 가까웠던 동료 한 분은 무례한 말로 교수님의 신념을 공개적으로 비판하셨고, 그 일은 오래도록 마음을 무겁게 했습니다.

　그러나 김정후 교수님은 선택하셨습니다.
　그 무게를 반사하거나 되돌리지 않고, 자신의 내면을 깊이 들여다보기로 말입니다. 어느 날, 일기장에 이렇게 적으셨다고 합니다.

　"비난은 때로 나를 향한 조용한 대화다. 나를 돌아보게 해 준 그 사람에게도 감사할 줄 알아야 한다."

　그는 평소처럼 산책을 하며, 자신이 받은 비평을 하나씩 반추하였습니다.
　그리고 상대의 말에 진심이 조금이라도 있었다면, 그것을 어떻게 긍정적으로 해석할 수 있을지를 고민했습니다. 그러한 자세는 결국, 동료와의 관계도, 자신의 학문적 태도도 한층 더 깊게 만들었습니다.

　"결국 내면의 평화란, 세상의 모든 소음을 나를 더 좋은 방향으로 이끄는 음계로 재조립하는 작업이라고 생각합니다. 그 음계를 아름답게 만드는 건, 제 감정의 선택이죠."

지금도 김정후 교수님의 연구실 벽에는 이런 문구가 붙어 있습니다.

"호수는 결코 외부에서 온 돌멩이에 흔들리지 않는다. 그저 깊을 뿐이다."

그는 이제 제자들에게 '침묵의 지혜'를 가르칩니다.
격정적인 시대일수록, 한 박자 쉬는 마음의 여유와 의연함이 얼마나 위대한 덕목인지를 말입니다.

김 교수님의 인생은 말보다 태도로, 반응보다 내면으로 응답한 사람의 아름다운 사례입니다. 그는 침묵을 무기로 삼지 않았습니다. 오히려 그것을 가장 따뜻한 언어로 가꾸었습니다.

그것이 바로 '유비쿼터스 행복학'이 말하는 '내면의 평화' 아닐까요?

자신 있게, 자신답게

"이제야 비로소 진짜 제 목소리로 살아가는 기분입니다."

충청남도의 작은 도시에서 마을 도서관을 운영하고 계신 김정화 선생님은 원래 중학교 국어 교사로 퇴직하신 분이십니다. 교직에서 30년을 봉직하시며 수많은 아이들의 언어 감수성과 삶의 방향을 길러 주셨지만, 막상 퇴직을 하고 나니 정체성의 공백과 허무감이 크게 밀려왔다고 하셨습니다.

그러던 어느 날, 책 정리를 하시다 예전에 아이들과 함께 썼던 시집을 발견하셨습니다. 마른 꽃잎이 책갈피에 끼워져 있었고, 한 학생이 남긴 짧은 문장이 눈에 들어왔습니다.
"선생님, 저한텐 선생님의 말이 등대였어요."

그 문장을 읽는 순간, 김 선생님은 마음속 깊은 곳에서 무언가 깨어나는 듯한 감동을 받으셨다 합니다.
'그래, 나는 여전히 누군가의 등대일 수 있어.'

그렇게 결심하고 고향 마을에 돌아와 자신의 퇴직금을 털어 '등대책방'이라는 이름의 마을 도서관을 열었습니다. 이곳은 단순히 책을 빌려주는 공간이 아니었습니다. 매주 월요일엔 어르신들을 위한 글쓰기 수업, 수요일엔 초등학생들과의 동화 낭독 모임, 그리고 금요일엔 '나답게 살아가기'라는 주제로 작은 철학 강좌도 열리고 있습니다. 김 선생님은 말씀하셨습니다.

"지금 제가 하는 일들은 거창하지 않아요. 하지만 매일 제가 하고 싶은 방식으로, 제가 진심을 담아 실천할 수 있는 일들이죠. 이것이 제 삶의 정답입니다."

이제 김 선생님의 하루는 더 이상 '누가 시킨 일'이 아닌 '내가 선택한 일'로 채워지고 있습니다. 손님이 없을 때면 조용히 앉아 에세이를 쓰고, 마을 사람들의 사연을 받아 라디오처럼 낭독해 주는 작은 팟캐스트도 운영하신다 합니다.
그 방송의 이름은 '자신답게'라고 합니다.

그분의 삶을 통해 우리는 다시금 깨닫게 됩니다.
인생의 어느 지점이든, 내 목소리로 말하고, 내 손으로 길을 그리는 순간부터 진짜 인생이 시작된다는 것을.

남들과 비교하지 않고, 과거의 성공이나 실패에 머물지 않으며, 지금 여기에서 내 안의 진실한 마음을 따라가는 것이야말로 가장 인간적인 용기라는 것을.

여러분의 삶에서 아직 발견하지 못한 '자신다운 빛'은 무엇입니까?

지금 이 순간부터라도 자신 있게, 자신답게 살아가 보시지 않겠습니까?

삶의 중심은 언제나 여러분 자신입니다.

즐겁게 행복하게 살아가기

경상남도의 바닷가 작은 마을. 매일 아침 해 뜨기 전, 조용히 방파제를 걷는 분이 계십니다. 김선재 선생님은 30년간 공기업에서 성실히 근무하고 은퇴한 뒤, 고향으로 내려와 '작은 행복 일기'를 써 오고 계십니다.
"아침에 눈뜨면 제일 먼저 하는 일이 무엇이냐고요?"

선생님은 미소 지으며 말씀하셨습니다.
"제일 먼저, '오늘은 어떤 기쁨이 날 기다릴까' 생각합니다."

서울에서 일하던 시절, 바쁜 업무와 회식, 끊임없는 보고서 속에서 선생님은 자신을 잃어버렸다고 하셨습니다. 작은 일에도 쉽게 분노했고, 타인의 말 한마디에 마음이 무너졌습니다. 그런 선생님이 회사를 떠나며 스스로에게 선물한 것이 바로 이 '작은 일기장'이었습니다.

매일 아침, 전날 있었던 감사한 일들을 세 가지씩 적고, 매일 저녁, 자신을 칭찬할 점 하나를 적는 것.
"처음엔 어색했지만, 하루하루가 정말 다르게 느껴졌어요. 어느 날은 길에서 모르는 분이 웃어 줬던 게 그렇게 감사하게 느껴지더군요."

지금은 동네 도서관에서 주 2회, '행복 글쓰기 모임'을 이끌고 계십니다.
주민들 대부분이 은퇴한 중장년층. 삶에 대한 회한과 상처를 안고 있는 이들이 많지만, 김선재 선생님은 언제나 그분들에게 이렇게 말씀하십니다.
"과거는 잠시 묻어 두고, 오늘 하루만큼은 행복에 집중해 봅시다."

한 참가자는 이렇게 말했습니다.
"선생님을 만나고 나서 저는 거울 앞에서 미소 짓는 법을 다시 배웠어요."

선생님께서는 모든 날을 '축복받은 하루'로 여깁니다. 바다가 보여 주는 빛, 시장 상인의 인사, 손주와의 전화통화 한 마디. 그 모든 것이 오늘 하루를 '행복하게' 살아갈 충분한 이유가 됩니다.

"누군가를 칭찬하고, 실수를 웃으며 넘기고, 조용히 명상하며 받아들이는 법을 익히면요, 내 마음이 아주 튼튼해지더군요. 결국 행복이란 건, 마음의 근육이거든요."

김선재 선생님의 하루는 여전히 바쁩니다. 책을 읽고, 산책을 하고, 이웃과 차를 마시고, 글을 씁니다. 하지만 그 바쁨 속에서 그는 한순간도 '행복의 감각'을 잊지 않으십니다.

그는 매일 아침 이렇게 씁니다.

"오늘은 웃을 수 있어 참 다행이다. 오늘은 또다시 살아서, 참 고맙다."

여러분도 오늘, 그렇게 살아 보시지 않겠습니까?

인격의 크기, 비전(Vision)의 크기

"우리는 완벽할 필요가 없습니다. 다만, 더 좋은 결과를 위해 함께 노력하면 됩니다."

이 말은 지금도 서울 한 벤처기업에서 '협업의 철학'을 가르치고 계신 김형석 교수님의 강연 중에 나왔던 문장입니다. 교수님은 대학에서 조직행동론을 가르치시다가, 퇴임 후에는 실제 기업 현장에서 '리더십과 협력'에 대해 강의하고 계십니다. 한때 치열한 학문 경쟁 속에서도 늘 '사람의 마음'을 먼저 읽는 분으로 존경받던 그분이었기에, 퇴직 후에도 수많은 스타트업 대표들이 자문을 구해 오는 인물이 되셨습니다.

김 교수님이 가장 인상 깊게 나눠 주신 이야기는, 한 중견 출판사의 조직문화 코칭을 맡았을 때 일입니다. 그 회사는 편집자와 마케터 간의 의견 충돌로 매번 회의가 파행되곤 했고, 서로 감정의 골이 깊어져 가고 있었습니다. 누군가는 "내가 더 오래 일했다"고 말했고, 또 다른 누군가는 "내가 더 젊고 트렌디하다"고 말하며, 서로 '내가 옳다'는 주장만 반복하고 있었습니다.

그때 교수님은 전 직원 워크숍에서 단 한 문장으로 분위기를 바꾸셨다고 합니다.
"우리는 모두 옳을 수도 있습니다. 그러니 '누가 맞느냐'보다 '무엇이 우리를 앞으로 나아가게 하는가'를 물어야 합니다."

그날 이후, 그 출판사의 회의에는 새로운 규칙이 생겼다고 합니다.
첫째, 말하는 시간보다 듣는 시간이 더 길어야 한다.

둘째, 자신의 의견은 '나의 생각일 뿐'임을 항상 유념한다.
셋째, 결과가 나빠지지 않는 이상, 함께 결정된 안건은 무조건 지지한다.

이후 그 회사는 몇 개월 만에 매출이 두 배 이상 성장했고, 조직문화 혁신 사례로 여러 매체에 소개되기까지 했습니다. 김 교수님은 이렇게 말씀하십니다.

"비전이 큰 사람은 인격도 크기 마련입니다. 왜냐하면 비전이란 결국 '나와 다르게 생긴 의견도 품는 그릇'에서부터 시작되기 때문입니다. 자존심은 작을수록 좋고, 협력의 마당은 넓을수록 좋습니다."

완벽함을 추구하는 대신, 관계를 존중하고, 공동의 목표를 중심에 두는 삶. 그것이야말로 진정한 인격의 크기이자, 비전의 시작입니다. 우리 사회가 점점 더 각박해지고, 자신의 옳음을 주장하는 소리가 커지는 시대일수록 김 교수님의 말씀은 더욱 울림을 줍니다. 내가 항상 맞아야 한다는 고집, 완벽하지 않으면 가치 없다는 불안에서 벗어나는 순간, 우리는 함께 더 큰 세계를 열 수 있습니다.

혹시 지금 여러분의 조직이나 가정에서도 서로 다른 의견들로 인해 마음이 어지럽지는 않으신가요?

그렇다면 먼저 한 발 물러서서, '함께 더 좋은 결과를 만들기 위한 대화'가 가능하도록 마음의 그릇을 넓혀 보세요.

인격의 크기가 곧 여러분 각자의 비전의 크기입니다.

준비된 행운

서울 변두리의 한적한 골목에 작은 동네 도서관이 있습니다. 그곳에서 매일 아침 가장 먼저 문을 여는 분이 계십니다. 김지현 선생님은 오래도록 기업에서 마케팅을 담당해 오시다가, 최근 과감히 새로운 인생 2막을 시작하셨습니다. 김 선생님께서 선택하신 새 일터는 바로 '지역 주민들을 위한 독서와 문화 공간'입니다.

어느 날 문득, 출근길에 바쁘게 지나치던 발걸음을 멈추고, '진정한 행복'이 무엇인지 묻기 시작했다고 하십니다.

"그동안 내 삶은 늘 성과와 목표에 쫓겼지만, 마음 한편에는 늘 허전함이 있었어요. 그래서 준비했습니다. 제 마음의 휴식과 지역사회에 작은 선물을."

새벽 이른 시간, 도서관 문을 열고 들어서면 서가 사이로 스며드는 햇살과 책 향기가 맞아 줍니다. 차분히 책장을 넘기고, 주민 한 분, 한 분과 눈을 맞추는 그 순간순간이 바로 김 선생님께는 '준비된 행운'입니다.

"건강한 몸, 고요한 마음, 그리고 무엇보다 나눌 수 있는 시간이 있다는 사실이 얼마나 감사한지 몰라요. 제가 지켜온 정직함과 꾸준함 덕분에 이 자리에 설 수 있었고, 이제는 그동안 받은 행복을 돌려줄 차례입니다."

어느 주말, 김 선생님은 도서관에서 '삶의 이야기 나누기'라는 작은 모임을 열었습니다. 다양한 연령대가 모여서 책 속 이야기를 넘어 자신들의 경험과 희망을 나누는 시간이었습니다. 모임에 참석한 60대 이 모 씨는 이렇게 말했습니다.

"지현 씨 덕분에 다시 책과 사람을 사랑하게 됐어요. 이 작은 공간이 저에게는 세상에서 가장 큰 행운입니다."

그날 이후, 도서관은 단순한 책 보관소가 아닌 '삶의 쉼터'로 거듭났습니다. 김 선생님의 정성 어린 손길과 진심이 닿은 공간에서, 많은 이들이 자신의 내면을 마주하고 새로운 꿈을 품게 되었습니다.

우리가 흔히 '행운'이라 부르는 것은 막연한 복권 당첨이나 큰 성공만을 의미하지 않습니다. 김지현 선생님께서 매일 느끼는 것처럼, 준비된 마음과 꾸준한 삶의 태도 속에서 발견되는 '작은 행복'과 '감사'야말로 진정한 행운입니다.

오늘도 작은 도서관 문을 열며 김 선생님은 속삭입니다.

"준비된 행운은 내 안에서 시작되어, 타인의 마음을 비추는 빛이 됩니다."

여러분의 삶 속에 이미 준비된 행운은 어떤 모습으로 자리하고 있나요?

나에게서 가장 강한 힘

"불안은 하룻밤만 지나면 사라지더군요. 하지만 포기는 한번 익숙해지면 평생 따라붙습니다."

정치외교학을 전공하고 25년간 공공정책 분야에서 일해 온 한상우 박사님께서 퇴직 후 처음 창업을 결심하셨을 때, 주변의 반응은 반신반의였습니다.

"그 나이에 창업이 웬 말이냐"는 말부터 "편하게 좀 쉬시라"는 권유까지, 대부분의 시선은 우려와 의심이었습니다.

하지만 박사님은 결심하셨습니다. 인생 후반전은 단지 소비의 시간이 아니라, 축적된 지식과 경험을 나눌 시간이어야 한다고 믿으셨기 때문입니다. 그가 선택한 길은 사회적 기업, 그것도 경력 단절 여성들을 위한 지역 재생 프로젝트였습니다. '다시, 마을로'라는 이름의 이 프로젝트는 서울 외곽의 낙후된 주택가에서 시작되었고, 초창기엔 뜻 있는 두세 명의 참여자 외엔 아무도 없었습니다.

가장 큰 위기는 첫해 겨울이었습니다. 후원도 끊기고, 냉기가 흐르는 사무실엔 난방조차 어려웠습니다. 그때 그는 이런 말씀을 하셨습니다.
"이럴 때일수록 지금 내가 할 수 있는 일을 하나씩 실천하는 것밖에 없습니다."

그날 이후 박사님은 아침 6시에 일어나 폐가 정리부터 시작하셨고, 직접 낡은 간판을 페인트칠하여 새로 단장했습니다. 매일 하나씩 바뀌는 마을의 풍경 속에서 참여자들의 눈빛도 조금씩 달라졌습니다.

그리고 봄이 되자 기적 같은 일이 일어났습니다. 지역 방송에 소개된 후, 작은 가구 회사에서 공간 리모델링을 후원하겠다고 나섰고, 지방자치단체에서도 인문교육 프로그램을 위탁하겠다는 연락이 온 것입니다.

이제 '다시, 마을로'는 50여 명이 참여하는 탄탄한 커뮤니티가 되었고, 한상우 박사님은 주말마다 마을카페에서 '삶의 철학'이라는 이름으로 주민과 청년들에게 인문학 강연을 열고 계십니다. 박사님은 말씀하십니다.

"가장 강한 힘은 불굴의 실천입니다. 시작할 때는 누구나 두렵지요. 그러나 당장 내가 할 수 있는 일을 묵묵히 해내면, 하늘은 반드시 길을 열어 줍니다."

그의 삶은 우리에게 말합니다.
강한 힘은 용기가 아니라, 실천에서 비롯되며 그 실천이 쌓여 결국 자신감과 도움의 손길을 끌어오는 법이라는 진리를.

오늘 우리에게 주어진 가장 작은 실천 하나가, 내일 누군가의 인생을 바꿀 수 있다는 믿음.

그것이야말로 가장 강한 힘입니다.

일관성이란 꾸준함, 성실함이다

"일관성이란, 결국 내가 나를 매일 신뢰하는 태도입니다."

이 말은 서울의 한 대학에서 25년째 철학을 가르치고 계신 한재선 선생님의 강의 중에 나왔던 문장입니다. 선생님은 수많은 이들에게 '책을 읽는 방법'이 아니라 '삶을 다루는 방법'을 일관된 태도로 가르쳐 오신 분입니다. 그리고 그 중심에는 늘 '꾸준함'과 '성실함'이 자리 잡고 있었습니다.

한 선생님께서는 젊은 시절, 철학과 교수직을 준비하시면서도 경제적으로 어려운 집안 사정 때문에 대학 도서관 사서로 일하며 야간에 공부를 이어가셨습니다. 매일 새벽 다섯 시에 일어나 차가운 물로 세수를 하고, 전날 남긴 책갈피에서부터 공부를 재개하는 생활을 10년 넘게 지속하셨다고 합니다. 한 선생님께서는 이런 말씀도 하셨습니다.

"불안하지 않다고 말할 수는 없었습니다. 매일 도서관 문을 여는 새벽의 고요 속에서 '내가 과연 할 수 있을까'라는 의심이 올라왔지요. 그러나 그럴 때마다 저는 책상 위에 써 둔 문장을 바라보았습니다. '계획한 대로 실행하라. 걱정은 실행 이후의 문제다.'"

결국 선생님은 불혹을 넘긴 나이에 대학 강단에 서게 되었고, 지금은 수백 명의 제자들에게 '일관성 있는 삶이 얼마나 큰 힘을 발휘하는지'를 직접 보여 주는 살아 있는 본보기가 되셨습니다.

특히 인상 깊었던 일화는, 50대 중반 어느 날, 한 제자가 찾아와 "저는 뭐

하나 끝까지 해 본 적이 없습니다. 선생님처럼 매일 똑같은 시간에 글을 쓰고, 정해진 목표를 실천하는 힘은 어디서 나오는 건가요?"라고 물었을 때였습니다. 선생님은 웃으며 이렇게 답하셨습니다.

"아침에 이를 닦는 것처럼 반복해서 하면 됩니다. 특별한 비결은 없어요. 단지 오늘 하루만은 내가 세운 계획을 존중해 주는 것, 그것을 꾸준히 반복하는 것. 그게 일관성입니다."

그분의 일상은 아주 단순했습니다. 매일 같은 시간에 일어나 글을 쓰고, 오후엔 제자들을 만나고, 저녁엔 한 권의 고전을 읽으며 사색하십니다. 그 꾸준함은 어느덧 깊은 지혜가 되어 다른 이들에게 삶의 이정표가 되고 있습니다.

불안과 의심은 누구에게나 찾아옵니다. 하지만 그것에 위축되지 않고, 내가 세운 하루의 계획에만 충실할 때, 우리는 스스로를 신뢰할 수 있게 됩니다. 일관성이란 거창한 성공이 아니라, 오늘의 나를 진지하게 살아가는 반복의 힘입니다.

혹시 오늘 하루도 많은 생각과 의심 속에 머물러 계시진 않으신가요?

그렇다면 한 가지 행동만 해 보십시오.

내가 세운 작은 목표 한 가지를 성실히 실천하는 것.

그것이 바로 일관성의 시작입니다.

오늘은 좋은 일이 생길 것이라는 믿음

"오늘은 좋은 일이 생길 거야."

김정수 교수님께서 매일 아침 일어나셔서 스스로에게 가장 먼저 건네는 말씀이십니다. 현재 서울의 한 대학교에서 교육철학을 가르치고 계신 김정수 교수님은, 한때 누구보다 치열한 경쟁 속에서 자존감을 잃고 하루하루를 버텨야 했던 시간을 지나오신 분이십니다. 박사 과정을 마치고도 오랜 시간 강사 생활을 하시며 생계와 사명의 균형을 맞추는 일이 쉬운 일만은 아니었습니다.

하지만 교수님은 그 시절, '항상 좋은 일이 생길 것이라는 믿음'을 마음속 깊이 새기셨습니다. 그것은 막연한 낙관이 아니라, 자신의 삶에 감사하고 주어진 것들에 충실할 때, 반드시 삶이 응답한다는 신념이었습니다.

가장 기억에 남는 순간은 51세의 나이로 드디어 정교수로 임용되었을 때였습니다. 주변 사람들은 "너무 늦었다"고 했지만, 교수님은 그보다 20년 전부터 같은 말을 들으면서도 자신을 믿고, 매 수업을 기도하는 마음으로 준비해 오셨습니다.

"최고가 되려고 욕심내기보다는, 오늘 내가 맡은 이 강의에 최선을 다하자는 마음이었어요. 명예는 나중 일이고, 매 수업을 정성으로 채우면 결국 그 모든 것이 따라온다고 믿었습니다."

그리고 정말로 그렇게 되었습니다. 지금의 김정수 교수님은 교육자로서의 권위와 명예를 모두 갖춘 분으로, 매년 수백 명의 학생들에게 인문학의 본질과 삶의 자세를 전파하고 계십니다. 하지만 무엇보다 존경받는 이유는 그분이 세상의 평가보다, 자신이 가진 신념과 감사의 태도를 더 소중히 여기며 살아가기 때문입니다.

교수님은 매 학기 첫 강의에서 학생들에게 이렇게 말씀하십니다.

"너무 복잡하게 생각하지 마세요. 세상의 기준은 언제든 바뀌지만, 여러분이 오늘 하루에 충실했다면 그 하루는 절대로 헛되지 않습니다."

그는 매일 아침 커피 한 잔을 마시며, 감사할 것들을 떠올리는 시간으로 하루를 시작합니다. 오늘 강의할 수 있음에, 가족이 건강함에, 마음을 나눌 제자들이 있음에. 그리고 언제나 마지막에는 조용히 이렇게 말씀하십니다.

"오늘은 반드시 좋은 일이 생길 것이다."

그 믿음은 마치 햇살처럼, 주변 사람들에게도 퍼져 갑니다. 교수님의 강의를 들은 한 학생은 편지에 이렇게 썼습니다.
"교수님의 그 말 한마디 덕분에 저는 오늘도 살아갈 용기를 얻었습니다."

믿음은 단순한 마음가짐이 아니라, 인생을 바꾸는 위대한 출발점입니다.

오늘 하루, 우리 모두가 김정수 교수님처럼 감사로 시작하여 믿음으로 살아간다면, 인생은 반드시 응답하게 되어 있습니다.

지금 이 순간, 우리 각자의 삶에 반드시 좋은 일이 생길 것입니다.

위대한 동반자

서울 종로의 한 도서관 뒤편, 매일 아침 7시에 나타나는 남자가 있습니다. 바로 김진서 박사님. 그는 평생 철학을 연구하신 분으로, 이제는 대학 강단을 떠나 시민들을 위한 '철학 산책 모임'을 이끌고 계십니다. 그의 하루는 늘 고요한 묵상으로 시작됩니다.

"생각을 정리하는 가장 좋은 방법은, 아무 생각도 하지 않는 겁니다."

그는 그렇게 웃으며 말을 꺼내십니다. 박사님의 하루는 다소 느리지만, 그 속엔 질서가 있습니다. 늘 같은 시간에 일어나 묵상하고, 정갈하게 차려입고, 미소 띤 얼굴로 사람들을 맞이하십니다. '표정은 내면의 풍경'이라는 철학이 몸에 배인 분이십니다.

어느 날, 산책 모임에 처음 참여한 40대 직장인 정태원 씨는 깊은 번아웃 상태였습니다. 회사에서는 중간관리자의 책임감에 눌리고, 집에서는 가장으로서의 부담감에 지쳐 있었습니다. 말수 적고 무표정한 얼굴로 앉아 있던 정 씨에게 박사님은 이렇게 말하셨습니다.

"당신은 누구보다 성실하게 살아오셨습니다. 오늘은 스스로를 가장 가까운 동반자라 여기며, 한 번 품에 안아 주시겠습니까?"
그 말에 정 씨는 눈시울을 붉혔습니다. 누군가에게 따뜻하게 말 걸어 본 지 오래였다고 했습니다.

박사님은 그날 이후 그에게 '자기 인식 일지'를 권하셨습니다. 하루를 시작하며 자신의 마음을 담담히 들여다보고, 계획하고, 점검하고, 확인하는 습관을 가지라고요. 매일 아침 짧은 명상과 묵상으로 마음을 정돈하는 시간을 가지도록 안내하셨습니다. 몇 달 뒤, 정 씨는 어느새 표정이 환해졌고, 주변 동료들에게도 부드러운 말투와 다정한 태도로 대하기 시작했습니다.

"하루가 변하니, 인생도 달라지더군요. 저는 저 자신과 친구가 되었고, 그 덕분에 다른 이들에게도 따뜻해질 수 있었습니다."

박사님은 말합니다.
"위대한 동반자는 언제나 내 마음속에 있습니다. 우리가 그 동반자에게 미소 짓고 손 내밀어야, 세상도 우리에게 응답하지요."

인생에서 가장 가까운 친구는 타인이 아니라 바로 자기 자신입니다.
자기 자신을 존중하고 돌보는 이가 타인을 향한 배려와 존중으로 이어집니다.

오늘 하루, 거울 앞에서 단정한 용모로 나를 바라보며 묵상해 보십시오.

계획하고, 점검하고, 확인하며, 철저하게 약속을 지켜 나가는 하루.
그렇게 사는 사람은, 어느새 타인에게 신뢰받고 존경받는 삶을 살아가게 됩니다.

그 시작은, '나 자신'이라는 위대한 동반자를 인지하는 일에서 비롯됩니다.

돈과 부(富)에 대해서

"돈이 도망치는 걸, 저는 직접 눈으로 본 것 같았습니다."

정연우 선생님께서 들려주신 첫마디는 단순한 회고가 아니라, 50대를 넘긴 삶의 진심 어린 고백이었습니다. 정연우 선생님은 과거 대기업 기획실에서 전략담당 임원으로 일하시다, 47세에 과감히 회사를 떠나 '느리지만 단단한 부의 철학'을 주제로 한 강연과 저술 활동을 시작하신 분입니다. 모두가 '빨리 벌자, 빨리 불리자'에 열중할 때, 그는 거꾸로 '속도를 늦추자'고 외쳤습니다.

"회사를 다닐 때는 돈이 늘 제 앞에 있는 것 같았어요. 보너스, 스톡옵션, 연봉 인상…. 그런데 신기하게도 마음은 늘 불안했습니다. 그리고 알았죠. 돈을 좇고 있었기에, 돈이 더 멀어졌다는 걸요."

그 불안의 정점에서 그는 투자 실패를 경험했습니다. 주변의 조언에 휩쓸려 무리하게 부동산에 투자한 것이 오히려 수억 원의 손실로 돌아왔습니다. 그 사건을 계기로 그는 모든 것을 내려놓고, 금융경제학을 다시 공부하기 시작했습니다. 주식, 채권, 부동산은 물론, 자산배분과 심리적 투자 요소까지. 서두르지 않고 천천히 자신만의 기준을 세우며, '지금 이 순간의 가치'를 중시하는 삶을 살기로 결심했습니다. 그렇게 삶의 중심을 돈에서 '의미'로 바꾼 이후, 선생님은 점점 더 많은 사람들로부터 신뢰와 존경을 받게 되었습니다.

"부는 쌓이는 것입니다. 좇는 게 아니고요. 시간을 들여 정성으로 다룬 씨앗처럼, 부도 천천히 쌓여 갑니다. 그리고 그것은 돈만이 아닙니다. 명예, 사람, 관계, 지혜. 이 모든 게 함께 오는 게 진짜 부입니다."

정연우 선생님은 요즘 서울시 평생교육원에서 50대 이상을 위한 '현명한 부의 철학'이라는 프로그램을 운영하고 계십니다. 강의가 끝나면 꼭 말씀하십니다.

"서두르지 마십시오. 부는 어느 날 갑자기 쌓이지 않습니다. 노력과 시간이 겹겹이 쌓였을 때, 문득 당신 손안에 들어와 있을 겁니다."

그 말에 감동받은 한 수강생은 이렇게 썼습니다.

"이제야 저는 돈이 내 인생을 지배하는 게 아니라, 내가 돈과 함께 살아가는 법을 배웠습니다."

돈과 부는 우리 삶에서 결코 외면할 수 없는 요소입니다.

그러나 그것이 불안의 이유가 되어서는 안 됩니다.
우리가 할 일은 다만, 돈과 부를 삶의 파트너로 삼고, 조급함 대신 성실함과 꾸준함으로 동행하는 것입니다.

오늘도 우리는 천천히, 그러나 분명히 부를 쌓아 가고 있습니다.

방황의 시간과 완성

"초승달도 결국은 보름달이 됩니다. 저는 그걸, 제 인생에서 배웠습니다."

이 말은 김영희 교수님께서 지난 봄 문학 강연에서 건넨 말씀이었습니다. 김 교수님은 국문학을 전공하시고 대학에서 오랫동안 문학과 인생에 대한 수업을 해 오신 분입니다. 그러나 누구보다도 '방황의 시간'을 길게 겪은 분이기도 하셨습니다.

그분은 서른아홉의 나이에 첫 정규직 교단에 섰습니다. 동기들 대부분이 서른 초반에 조교수로 자리를 잡을 때, 김 교수님은 육아와 가족 병간호, 생계 문제로 학업을 중단할 수밖에 없었습니다. 한때는 학원 강사, 출판사 교정 아르바이트, 그리고 번역 일을 병행하시며 하루하루를 버티셨다고 합니다.

"그땐 늘 초조했습니다. 남들은 보름달처럼 인생이 환한데, 나는 늘 초승달 같았어요. 하지만 마음을 다잡았죠. '남보다 늦더라도, 나는 나의 달을 채워 가자.'"

그 마음으로 그녀는 매일 새벽 다섯 시에 일어나 논문을 읽고, 밤늦게 퇴근한 뒤에도 30분씩 글을 썼습니다. 지친 하루 속에서도 자신을 격려하며, '지금의 길이 언젠가 열매를 맺는다'는 믿음을 놓지 않으셨습니다.

그로부터 십오 년 후, 김 교수님은 이제 수많은 학생에게 "늦어도 괜찮다"고 말해 주는 '인생의 등불'이 되셨습니다. 교수님의 강의는 늘 이렇게 시작됩니다.

"늦었다는 것은 아직 끝나지 않았다는 뜻입니다. 방황은 길이 아닐 수도 있지만, 인생의 깊이를 더하는 시간입니다. 초승달도, 결국 보름달이 됩니다."

이 말씀은 강의실을 넘어, 수많은 중년의 삶에도 깊은 울림을 줍니다.
50대에 전직을 고민하는 직장인, 40대에 다시 공부를 시작한 엄마, 60을 앞두고 새 길을 고민하는 아버지. 누구든 '내 인생이 완성될까' 고민할 수 있습니다.

그러나 김 교수님의 삶은 말해 줍니다.
"완성은, 타인과의 비교가 아니라 자신이 걸어온 시간의 밀도에서 온다"고.

자신의 시간을 존중하고, 가족과 친구에게 존경과 사랑을 표현하며, 조급함을 내려놓고 하루하루를 쌓아 갈 때, 결국 인생은 찬란한 보름달로 완성됩니다.

지금 이 글을 읽고 있는 여러분의 삶도, 초승달의 시간이 지나고 있습니다.

그러니 부디 조급해하지 마십시오.

여러분은 모두, 곧 보름달이 됩니다.

긍정적 생각 습관

김윤섭 교수님은 오랫동안 문학과 인문학을 연구하며 대학에서 후학을 양성해 오신 분이십니다. 학문의 길에서 쌓아 온 깊은 지식만큼이나 인간에 대한 따뜻한 이해심으로도 널리 존경받으시는 분입니다. 최근 김 교수님께서 들려주신 이야기는 우리 모두에게 긍정적 생각이 어떻게 삶을 변화시키는지에 관한 깊은 통찰을 전해 줍니다.

몇 년 전, 김 교수님께서는 뜻밖의 어려움을 마주하셨습니다.
평소 건강하셨던 몸에 큰 수술이 필요하다는 진단을 받으셨고, 당연히 그 과정은 신체적, 정신적으로 큰 부담이었습니다. 그러나 그분은 이 위기를 '삶을 다시 돌아보고 마음을 다듬는 기회'로 삼으셨습니다. 가장 먼저 하신 일은 '긍정적 생각 습관'을 일상에 철저히 적용하는 것이었습니다.

"사실, 세상과 인간관계는 참으로 복잡하고 예측 불가능합니다. 하지만 마음의 시야를 좁히지 않고 크게 열어 두면, 보이지 않던 희망과 사랑이 스며듭니다."

교수님의 말씀처럼, 그분은 매일 아침 눈을 뜨며 스스로에게 "오늘은 나와 주변 사람에게 친절하고, 낙천적인 마음으로 하루를 맞이하겠다"는 다짐을 하셨습니다.

치료와 회복 과정에서 만난 병원 직원들과 환자들, 가족들과도 매순간 진심을 담아 소통하며, 그분은 점차 주변 사람들의 마음에도 긍정의 파동을 일으키셨습니다.

특히 의외였던 점은, 그간 깊게 신뢰하지 못했던 가까운 동료 교수님과도 새로운 유대감을 형성하게 되면서, 삶의 의미가 더욱 풍성해졌다는 사실입니다.

교수님은 이 경험을 통해 "긍정적 생각 습관은 단순한 낙관주의를 넘어서, 내면의 강인함과 포용력을 키우는 길"임을 몸소 증명해 보이셨습니다. 그리고 그 마음가짐이야말로 진정한 행복과 평화를 이끌어 내는 가장 든든한 동반자라는 진리를 전해 주셨습니다.

이제 김윤섭 교수님께서는 자신의 삶뿐 아니라, 강의실과 저술활동을 통해 이 '긍정적 마음 열기'를 널리 전파하고 계십니다.

교수님께서 매일 실천하는 마음의 태도는 우리 모두에게 깊은 울림과 희망을 안겨 줍니다.

삶의 어려움 앞에서도 담대하고 따뜻한 시선으로 세상을 바라볼 때, 비로소 우리가 만나는 사람들과 세상이 달라진다는 것을 알려 주십니다.

우리 모두 김윤섭 교수님처럼 매일 마음의 문을 활짝 열고, 긍정적인 생각을 습관으로 삼아 인생을 더 아름답고 의미 있게 만들어 가길 바랍니다.

혼자서 걷기

한상윤 선생님께서는 서울의 한 중견 출판사에서 편집장으로 근무하시는 분입니다. 책과 사람 사이에서 늘 바쁜 나날을 보내시지만, 어느 봄날 혼자 걷기를 시작하시면서 전혀 다른 세상과 만나게 되셨습니다.

처음에는 그저 일상에 지친 마음을 달래고자 산책하듯 무목적적으로 걷기 시작하셨다고 합니다.

어느 날, 의식하지 못했던 새들의 지저귐과 나무 사이로 스며드는 햇살에 눈길이 머물게 되었습니다. 그날 이후로 걷는 걸음에 작은 변화가 생겼습니다. 새들이 먹이를 찾는 모습이 궁금해 발걸음을 잠시 늦추고, 스마트폰으로 꽃망울이 맺힌 나무의 모습을 담기도 하셨습니다.

이러한 소소한 관찰이 쌓이자, 매일 걷던 길이 점점 특별해졌습니다. 새싹이 움트고, 꽃망울이 피어나는 그 순간순간이 선생님께는 마치 작은 기적처럼 다가왔습니다.

선생님은 "내가 매일 지나던 그 길이 이렇게 변화하고 있었구나"라며, 일상의 반복 속에서도 자연의 섬세한 변화를 느끼는 것이 얼마나 큰 위로와 희망이 되는지 깊이 깨닫게 되셨습니다.

30여 일간 반복된 걷기 끝에 캠퍼스는 온통 초록으로 물들었고, 선생님의 마음 또한 평온과 생명력으로 가득 차올랐습니다.

책 속에서만 접하던 '자연의 순환'이라는 말이 이제는 몸과 마음으로 온전히 느껴지셨다는 말씀이었습니다.

그리고 그 경험을 통해 "바쁜 삶 속에서 잠시 멈추고, 눈앞의 작은 변화에 집중하는 것만으로도 우리가 잃어버린 마음의 평화를 되찾을 수 있다"는 소중한 깨달음을 얻으셨습니다.

한상윤 선생님의 이야기는 우리에게 일상 속 자연의 소중함과 함께 긍정적인 마음가짐의 중요성을 일깨워 줍니다.

무심코 지나치기 쉬운 순간에도 자연은 끊임없이 변화하며 우리에게 희망을 선물합니다.

선생님께서 걸으면서 느낀 설렘과 기쁨처럼, 우리 모두도 매일의 순간에 작은 기대와 감사를 품으며 살아간다면, 삶의 여정이 더욱 풍요롭고 행복해질 것입니다.

혼자 걷기의 소중한 의미, 그리고 자연과의 교감에서 얻는 평화로운 기쁨을 우리 모두 경험해 보길 바랍니다.

봉사활동

　서울 변두리의 작은 미술학원 원장님이신 박미현 선생님께서는 50대 중반의 나이에 인생의 또 다른 보람을 찾으셨습니다. 학원 운영과 학생 지도에 바쁘신 가운데도 늘 '어떻게 하면 이웃과 사회에 선한 영향을 줄 수 있을까' 고민하시던 분이십니다.

　어느 봄날, 박 선생님께서는 인근 공원의 벤치에 버려진 담배꽁초와 쓰레기들을 발견하셨습니다. 평소에는 눈에 잘 띄지 않던 사소한 문제였지만, 그날따라 마음에 깊이 다가왔습니다. "이 작은 오염이 쌓여 결국 우리 아이들과 자연의 건강을 위협하겠구나" 하는 생각에, 마음속 불씨가 타올랐습니다.

　다음 날부터 박미현 선생님은 일주일에 한두 번씩 공원과 주변 거리를 걸으며 쓰레기를 줍는 봉사활동을 시작하셨습니다. 그러나 단순히 청소를 넘어, 미술학원 학생들에게 환경의 중요성과 봉사의 가치를 가르치기로 마음먹으셨습니다.

　"그저 말로만 하는 교육이 아니라, 직접 몸으로 실천하는 경험이 진정한 배움입니다."

　학원 수업 시간에는 아이들과 함께 재활용 작품 만들기, 환경 보호 캠페인 참여 등 다양한 프로그램을 도입하셨습니다. 학생들은 선생님의 열정을 보고 자연스럽게 봉사활동에 동참하며, 자신들이 사는 동네를 사랑하는 마음이 커져 갔습니다.

몇 달이 지나자 공원은 점차 깨끗해졌고, 주민들도 박 선생님의 봉사와 아이들의 노력을 알아주기 시작했습니다.

어느 날, 동네 어르신 한 분이 다가와 "아이들과 선생님 덕분에 공원이 새로 태어난 것 같다"며 깊은 감사의 뜻을 전했습니다. 이 말을 들은 박미현 선생님의 얼굴에는 환한 미소가 피어났습니다. 박 선생님은 말씀하셨습니다.

"봉사는 누군가의 삶을 바꾸는 작은 씨앗입니다. 그 씨앗이 자라서 우리 공동체 전체에 희망과 기쁨을 선물하지요."

봉사를 통해 자신뿐 아니라 주변 사람들의 마음까지 따뜻해지는 경험을 하셨기에, 그 의미가 더욱 깊고 넓게 다가왔던 것입니다. 이처럼 박미현 선생님의 봉사 이야기는 개인의 작은 실천이 가족, 이웃, 그리고 지역사회에 긍정적인 변화를 가져온다는 사실을 아름답게 증명합니다.

누구나 삶의 한 걸음에서 시작할 수 있는 봉사의 힘, 그것은 결국 우리 모두의 행복과 연결됩니다.

오늘도 여러분 각자의 자리에서 마음을 열고 작은 사랑의 손길을 내밀어 보시길 권합니다.

그 손길이 모여 세상을 환하게 밝히는 등불이 될 것입니다.

나의 인생 이렇게 살고 싶다

충청북도 작은 도시의 마을 도서관 관장이신 장민수 선생님께서는 50대 중반에 접어든 지금, "나의 인생은 어떻게 살고 싶은가"라는 질문을 자주 되뇌십니다. 그는 서울의 유수 대학에서 철학을 전공하고 한때 도시에서 바쁘게 살았지만, 어느 순간 삶의 본질에 대해 다시 생각하게 되었고, 결국 자연과 사람의 온기가 있는 고향으로 귀촌하셨습니다.

그는 매일 도서관의 문을 열기 전, 손수 마당을 쓸고 동네 어르신들의 안부를 묻습니다. 아무런 대가도 기대하지 않지만, 그는 그렇게 살아가는 것이 '참 괜찮은 인생'이라고 믿고 계십니다. 장 선생님께서는 말씀하십니다.

"지금의 세상은 지식이나 돈보다, 따뜻한 마음이 더 절실한 시대입니다."

몇 해 전, 중학생 경수 군이 책을 훔치다 장 선생님께 들킨 일이 있었습니다.
그러나 장 선생님은 그를 혼내기보단 조용히 도서관 한켠에 앉혀 따뜻한 차 한 잔을 건넸고, 책의 소중함과 배움의 힘에 대해 이야기를 들려주셨습니다.

그날 이후 경수 군은 도서관의 단골이 되었고, 지금은 같은 도서관에서 청소년 자원봉사를 이끌며 동생들과 책을 읽고 삶을 나누고 있습니다.

"사랑은 행동으로 증명되는 가치입니다. 내가 먼저 따뜻하게 대하면, 그 온기는 분명 누군가의 마음에 닿고, 다시 퍼져 나갑니다."

장민수 선생님의 삶은 작지만 깊은 파장을 만들어 내고 있습니다.

도서관은 더 이상 책만 있는 곳이 아닌, 서로를 돌보는 마을의 사랑방이 되었고, 어르신부터 아이들까지 모두가 함께 어우러지는 공간으로 자라났습니다.

과학 기술은 편리함을, 경제는 풍요를, 의학은 생명을 지켜 주지만, '사랑'이 없는 삶은 외롭고 메마르기 마련입니다.

장민수 선생님처럼 이웃을 사랑하고 존중하며 살아가는 삶이야말로 진정한 지성인의 길이 아닐까요?

우리 모두가 이웃의 아픔을 외면하지 않고, 하루 한 번이라도 타인을 위한 따뜻한 말 한마디, 작은 배려를 실천한다면, 이 세상은 조금씩 더 아름답고 인간다운 방향으로 변해 갈 것입니다.

여러분의 인생은 지금 어떤 방향을 향하고 있습니까?

단 한 사람의 진심 어린 사랑이, 한 동네의 문화를 바꾸고, 세상을 변화시킬 수 있습니다.

오늘부터 그 사랑의 첫걸음을 내디뎌 보시지 않겠습니까?

제2장

'여름'의 인문학: 뜨겁게 몰입하는 나

내가 좋아하는 것, 내가 잘할 수 있는 것에 대한
깊은 탐구와 실천의 시기입니다.
퇴직 이후에도 '일'은 지속되어야 합니다.
단지 그 방향과 방식이 달라질 뿐입니다.

Ubiquitous Humanities Essay

불가능한 꿈은 없다

"선생님, 제가 쉰일곱인데요. 이 나이에 과연 새로운 걸 시작할 수 있을까요?"

지난해 봄, 평생을 중등 교육 현장에서 헌신해 오신 박철수 선생님께서 퇴직 후 저에게 조심스레 여쭈셨습니다. 언제나 온화한 눈빛으로 제자들을 품어 주시던 그분의 목소리엔 익숙지 않은 두려움이 실려 있었습니다. 저는 깊은 미소와 함께 이 말씀을 드렸습니다.
"불가능한 꿈은 없습니다, 선생님."

그날 이후, 박 선생님께서는 매일 새벽 다섯 시에 일어나 기도와 묵상을 겸한 산책을 시작하셨습니다. 처음에는 조용히 자연을 벗 삼아 걷기만 하셨으나, 어느 날부터는 지역 어르신들을 정성스럽게 모아 '사람책 도서관'이라는 인문학 독서모임을 여셨습니다. 첫 번째 도서는 『도산 안창호 평전』이었고, 매시간마다 선생님께서는 이렇게 말씀하셨습니다.

"저는 하나님의 뜻 안에서 오늘을 충실히 살아야만 내일도 더욱 빛날 수 있다고 굳게 믿고 있습니다."

이러한 실천은 곧 마을 사람들의 삶에도 잔잔한 파문을 일으켰습니다. 어느 날 한 참가자께서 눈시울을 붉히며 고백하셨습니다.
"선생님, 저는 은퇴 이후 하루하루가 공허했는데, 이 모임을 통해 다시 꿈꾸고 싶다는 마음이 생겼습니다."

그 말을 들은 박 선생님께서는 잠시 눈을 감고 기도하시더니, 따뜻한 미소로 이렇게 말씀하셨습니다.

"우리 모두는 하나님께서 선택하시고 축복하신 존재입니다. 저는 믿습니다. 오늘보다 내일이, 내일보다는 그다음 날이 더 아름다울 것이라는 사실을."

그 말씀이 단순한 위로의 말이 아니었음은, 선생님의 삶이 증명하고 계십니다. 그것은 날마다 실천을 통해 다져진 굳건한 신념이며, 충실한 하루가 모여 인생의 사명을 이루는 길이라는 것을 보여 주고 계셨습니다.

박 선생님께서는 지금도 매일 새벽 '감사 산책'을 계속하고 계시며, 매주 정성껏 써내신 짧은 글을 회원들께 나누어 주십니다. 그중 '실천은 선택받은 자의 특권입니다'라는 제목의 글은 회원들께 큰 감동을 안겨 주고 있습니다. 선생님께서는 말씀하십니다.

"제가 받은 재능과 소양은 하나님께서 주신 은총입니다. 그 은총을 온전히 활용하는 길은 다만 하나님의 영광을 드러내는 일이라 믿습니다. 오늘 하루, 이 삶의 한순간이 바로 저의 예배입니다."

그 말씀이 가슴에 깊이 새겨져 오랫동안 울림으로 남아 있습니다.

"이 나이에 뭘 더 하겠느냐" 하시는 분들께,
박 선생님은 오늘도 조용히 말씀하십니다.

"오늘 하루의 충실함이 곧 내일의 가능성입니다."

일이 즐겁다

이준호 선생님께서는 오랜 시간 공공기관에서 근무하시다가 작년에 퇴직을 하셨고, 현재는 서울 근교의 한 작은 농장에서 유기농 작물을 기르며 새로운 삶을 살아가고 계십니다.

선생님께서 은퇴를 앞두고 가장 두려워하셨던 것은 '일이 없는 하루'였습니다.

한평생 바쁘게 살아오셨기에, 아무것도 하지 않아도 되는 시간이 오히려 무거운 공허함으로 다가왔던 것입니다. 하루하루가 길고 무의미하게 흘러가던 어느 날, 선생님께서는 문득 창밖 텃밭에 핀 들꽃을 바라보다가 이런 생각을 하셨습니다.

'하루에 단 한 가지라도 나를 기쁘게 하는 일을 해 보자.'

그날부터 선생님께서는 작은 농장을 일구기 시작하셨습니다.
새벽에는 햇살 맞으며 흙을 만지고, 오후에는 다듬은 채소를 소포장해 근처 마을회관에 나누어 주셨습니다. 처음에는 단순한 육체노동이었지만, 어느 순간부터 그 일이 기쁨으로 바뀌기 시작했다고 하셨습니다.

"흙냄새를 맡으며 하루를 시작하고, 땀 흘린 뒤 마시는 한 잔의 물이 그렇게 달게 느껴질 줄 몰랐습니다. 제가 일하고 있다는 사실이 새삼 감사하더군요."

선생님께서는 일을 할 때마다 마음속으로 '이 일이 누군가에게 도움이 되기를'이라고 기도하신다고 합니다. 자신의 손으로 키운 상추 한 장, 배추 한 포기가 누군가의 밥상 위에서 작은 행복이 되기를 바라는 마음으로 하루를 시작하신다니, 일이 단순히 생계의 수단이 아닌 삶의 기쁨으로 승화된 것입니다.

"사람을 미워하지 않고, 과거를 후회하지 않고, 미래를 소망하며 오늘을 성실히 사는 것, 그게 제가 매일 일하는 이유입니다."

선생님께서는 그렇게 말씀하셨습니다.

지금도 선생님께서는 "오늘 할 일이 있어서 행복하다"고 하십니다.
일이란 고된 노동이 아니라, 자신을 움직이게 하는 삶의 에너지라는 것을 직접 증명하고 계시는 셈입니다.

그렇게 선생님께서는 오늘도 인자한 미소를 띤 얼굴로, 즐겁게 흙을 고르고 씨를 뿌리십니다. 하루의 일이 끝나고 집에 돌아오실 때면 마음속이 가볍고 충만하다고 하셨습니다.

"이보다 더한 축복이 어디 있을까요?"

오늘 내가 할 일이 있어서, 우리도 선생님도 행복하십니다.

오늘이 '가장 젊은 날'

"오늘이 인생에서 '가장 젊은 날'입니다."

이 말은 박진수 선생님께서 아침마다 거울을 보며 스스로에게 건네시는 인사입니다. 박 선생님께서는 대학에서 철학을 가르치고 계시며, 인생의 깊은 사유를 학생들과 함께 나누는 일에 큰 보람을 느끼고 계십니다.

사실 선생님께서 이 문장을 처음 마음속에 새기게 된 건, 50대 초반 갑작스럽게 찾아온 건강 위기 이후였습니다. 심장에 작은 이상이 발견되었고, 일시적으로 강의도 쉬어야 했습니다. 그때 선생님은 삶에 대해 깊은 성찰을 하셨습니다.

"왜 나는 늘 내일만 바라보며 살았을까? 지금 이 순간, 바로 오늘에 감사하는 마음으로 산 적이 얼마나 되었던가."

그 이후 박 선생님께서는 삶의 중심을 '오늘'에 두시기로 결심하셨습니다. 매일 아침 일어나면 창문을 열고 하늘을 바라보며 깊은 호흡을 하십니다. 그리고 "오늘도 살아 있음에 감사합니다"라고 중얼거리시며 하루를 시작하십니다.

학생들에게도 종종 말씀하십니다.

"우리는 항상 무언가를 준비하느라, 정작 오늘을 잃고 살아갑니다. 시험을 위해, 취업을 위해, 성공을 위해… 하지만 인생의 진짜 기쁨은 오늘이라는 시간 속에서 피어납니다. 오늘 이 강의실에서 함께 웃고, 함께 생각하며 살아 있다는 것이야말로 축복입니다."

그날그날 만나는 사람들, 마주치는 상황들, 겪게 되는 크고 작은 일들에도 선생님은 감사의 마음을 담아 대하십니다. 점심시간에 카페에서 커피를 건네주는 바리스타에게 "오늘도 고마워요"라고 하시고, 연구실 청소를 맡은 분에게는 "늘 깨끗하게 해 주셔서 감사해요"라며 인사를 잊지 않으십니다.

"감사는 내 마음을 여는 열쇠입니다. 오늘 하루를 감사로 열면, 어떤 일도 선물처럼 다가옵니다."

선생님의 이 말은 단지 철학적인 사유에서 비롯된 것이 아니라, 매일의 실천으로 다듬어진 진리이기도 합니다.

"결과는 천천히 옵니다. 하지만 오늘의 충실함이 쌓여 결국 내일을 빛나게 하지요."

선생님께서는 학생들에게 이 말을 전하며 늘 마지막에 덧붙이십니다.

"그리고 기억하세요. 오늘이 여러분 인생에서 '가장 젊은 날'입니다."

감사와 겸손의 삶을 살자

서울 근교에서 작은 출판사를 운영하는 이명주 대표님께서는 늘 '감사와 겸손'이라는 단어를 인생의 나침반으로 삼아 살아가십니다. 어려서부터 책과 사람을 사랑하던 이명주 대표님은, 누구보다도 치열한 경쟁의 출판 시장에서 자신만의 길을 만들어 가며, 하루하루를 감사한 마음으로 살아가고 계십니다.

이명주 대표님께서는 매일 아침 출근길에 마주하는 작은 꽃과 나무, 지나가는 사람들에게 감사 인사를 전하는 것으로 하루를 시작하십니다.

"이 세상 모든 존재가 나를 살아가게 하는 큰 선물입니다. 그 감사함을 잊지 않는 것이 저를 더욱 단단하게 합니다"라고 말씀하셨습니다.

이 단순하지만 깊은 일상의 감사는, 출판사 직원들과 작가, 독자들과의 관계에서도 겸손과 존중으로 이어지고 있음을 엿볼 수 있습니다.

출판사 경영은 때로는 뜻밖의 어려움을 동반합니다.
원고가 늦어지거나 예상치 못한 출판 일정 변경이 있을 때에도, 이명주 대표님은 냉철한 판단과 함께 항상 겸손한 태도로 임하십니다.

"실수도 저를 성장시키는 스승입니다. 무슨 일이든 겸손히 배우고 고쳐 나가야 더 큰 성공이 옵니다"라는 말씀이 직원들에게 큰 힘이 된다고 전해집니다.

또한, 약속과 책임을 중요시하는 이명주 대표님의 모습은 출판계뿐만 아니라 인생 전반에 걸쳐 깊은 신뢰를 쌓는 기반이 되고 있습니다. 어떤 어려움이 닥쳐도 약속을 지키려는 마음은 협력자와의 관계를 단단하게 하고, 이는 곧 출판사 성장의 든든한 초석이 됩니다.

더불어, 외모와 태도 역시 매우 단정하신 이명주 대표님은 항상 온화한 미소로 대화하며, 겸손한 자세로 사람을 대하십니다. 직원들은 그 모습에서 진정한 리더의 품격과 따뜻한 인간미를 느낀다고 이야기합니다.

이명주 대표님의 삶이 보여 주는 바는 명확합니다.

감사와 겸손을 삶의 중심에 두었을 때, 우리의 신체와 정신은 활력을 얻고, 효율과 생산성은 극대화되며, 인간관계는 더욱 부드럽고 깊어집니다.

그리하여 결국, 만사형통의 길에 들어설 수 있음을 우리에게 일깨워 주십니다.

오늘 이 글을 읽으시는 모든 분들도 이명주 대표님처럼, 오늘 하루를 감사와 겸손으로 채우며 인격자다운 삶을 실천해 나가시길 바랍니다.

그렇게 쌓아 올린 하루하루가 결국 여러분 인생의 가장 소중한 자산이 될 것입니다.

신체적, 정신적 건강을 위해서는

"건강은 단순히 병이 없는 상태가 아니라, 몸과 마음이 균형을 이루는 조화로운 삶입니다."

이 말은 서울에서 상담심리학을 연구하고 계시는 윤정민 박사님의 평소 철학입니다. 윤 박사님께서는 대학 강의와 지역 커뮤니티 상담 프로그램을 동시에 운영하시며, 중년 이후 삶의 건강한 전환에 대해 많은 이들에게 깊은 울림을 주고 계십니다.

윤 박사님께서 이 철학을 몸소 실천하게 된 계기는 7년 전, 아내분의 혈액암 판정 이후였습니다.

오랜 병간호 끝에 아내분께서는 회복되었지만, 그 기간 동안 박사님은 '몸과 마음이 함께 무너지는 것 같은 고통'을 경험하셨다고 회상하셨습니다. 그 고통 속에서 깨달은 건, '생활의 리듬'이 무너지면 건강도, 관계도, 삶의 방향도 쉽게 흔들린다는 것이었습니다.

그 후 박사님은 가장 먼저 아침 일찍 일어나는 습관을 들이셨습니다.
해가 뜨기 전 일어나 조용히 명상을 하고, 차 한 잔과 함께 하루를 시작하십니다.

"몸을 씻고, 옷을 단정히 입는 것이 내 마음을 준비시키는 첫 단계"라고 강조하십니다. 거울을 보며 "오늘도 나답게 살아가자"고 스스로 다짐하는 아침 의식은, 그에게 하루의 평온을 선물해 줍니다.

또한 윤 박사님께서는 사람을 대하는 태도에서도 큰 전환점을 가지셨습니다.

"상대는 나와 다를 수 있다는 사실을 이해하는 데 50년이 걸렸습니다."

타인에게 기대하기보다는, 자신의 반응을 조율하고 변화시키는 것이 진정한 건강의 길임을 절감하셨다고 합니다. 그래서 이제는 상담 중에도 "상대방을 고치려 하지 말고, 나의 마음을 이해해 보세요"라고 자주 말씀하십니다.

이러한 변화 이후, 박사님은 심리적으로도 더욱 단단해지셨고, 몸 또한 놀라울 정도로 활력을 되찾으셨습니다.

정기적인 걷기, 명상, 소식(小食), 그리고 일상의 감사를 실천하면서, "지금이 가장 건강한 시기"라며 웃음을 지으십니다.

"내가 먼저 변하면, 세상이 다르게 보입니다. 밝은 얼굴로 하루를 맞이하고, 내 마음의 평화를 먼저 지키는 것, 그게 진짜 건강입니다."

박사님의 이 말은 단순한 조언이 아니라, 인생을 통해 증명된 깊은 통찰입니다.

감사함, 기쁨이 충만한 삶을 위해서는

서울 마포구의 작은 출판사에서 오랜 기간 편집자로 일하신 박지훈 선생님께서 들려주신 이야기는 깊은 울림을 줍니다. 박 선생님은 늘 바쁘고 치열한 출판업계에서 살아남기 위해 분투하셨지만, 그 과정에서 '감사함'과 '기쁨'을 잃지 않으려 노력했다고 합니다.

"어려움과 도전이 많았지만, 저는 항상 그것을 의연하게 받아들이려 노력했습니다. 어떤 일이든 제게 주어진 과제라면 최선을 다해 행동하는 것이 가장 중요하다고 생각했지요."

박 선생님께서는 이렇게 말씀하시며, 직장 내 예상치 못한 마감 압박이나 저작권 문제로 인한 갈등 상황에서도 흔들리지 않고 최선을 다했던 순간들을 회상하셨습니다. 그 과정에서 박 선생님이 발견한 것은, '어제보다 오늘 조금 더 나아진 나'에 대한 인식이야말로 삶에 큰 활력을 불어넣는 원동력이라는 점입니다.

"출판 편집이라는 일은 매일 같은 듯해도 매번 다른 도전이 옵니다. 그런 도전을 맞을 때마다 '지난번보다 오늘은 더 잘했다'고 스스로 인정할 수 있었던 것이 결국 저를 지탱해 준 힘이었지요."

또한 박 선생님은 "목표를 향해 가는 길이 늘 순탄하지는 않지만, 중단하지 않고 꾸준히 이어 가는 태도가 결국 결과를 만들어 낸다"고 강조하셨습니다. 그는 몇 해 전 대형 프로젝트에서 여러 번 좌절을 맛보았지만, 포기하지 않고 끝까지 밀고 나가 결국 출판계에서 큰 반향을 일으킨 책을 세상에 내놓을 수 있었습니다. 그때 느꼈던 기쁨과 감사함은 지금까지도 박 선생님의 마음에 깊게 자리 잡고 있다고 합니다.

"감사함은 그저 고마운 마음을 느끼는 것만이 아니라, 어려움 속에서도 도전할 수 있는 용기를 주는 힘입니다. 기쁨이 충만한 삶은 결국 내가 지금 여기, 이 순간을 온전히 받아들이고, 어제보다 오늘 조금 더 나은 내가 되려는 꾸준한 노력에서 비롯됩니다."

박 선생님의 이 말씀은 우리 모두에게 큰 울림을 전합니다. 우리 삶에서 어려움은 피할 수 없는 현실이지만, 그것을 어떻게 대하는가가 우리의 내면과 삶의 질을 결정짓습니다.

도전을 의연하게 받아들이고, 하루하루의 작은 발전을 인식하며, 목표를 향한 꾸준한 노력을 멈추지 않을 때, 비로소 감사와 기쁨이 넘치는 진정한 삶이 펼쳐집니다.

박지훈 선생님의 이야기는 각자의 자리에서 묵묵히 최선을 다하는 모든 분들에게 힘과 영감을 줍니다.

지금 당장의 어려움 속에서도 감사함과 기쁨을 발견하며 한 걸음씩 나아가기를, 그것이 결국 삶의 깊은 만족과 행복으로 이어질 것임을 확신하게 만듭니다.

오늘도 감사와 기쁨이 충만한 하루가 되시길 바랍니다.

삶을 즐기고 신뢰하자

서울 광진구에 거주하시는 김현수 교수님께서 늘 강조하시는 말씀이 있습니다. "오늘 하루를 온전히 살아가는 것이야말로 내일을 만드는 첫걸음"이라는 말씀이 바로 그것입니다. 김 교수님께서는 오랜 연구와 강의 경력을 바탕으로 학생들과 동료들에게 이 메시지를 전하며, 자신의 삶 역시 그 철학대로 살아가고 계십니다.

"삶은 끊임없는 자기표현과 자아실현의 연속입니다."

교수님께서는 늘 이렇게 말씀하시며, 하루를 시작할 때마다 스스로에게 묻는다고 합니다. '오늘 내가 할 수 있는 최선의 일은 무엇인가?' 그리고 그 질문에 대해 차분히 답을 찾으며 계획을 세우신다고 합니다. 가정에서, 강의실에서, 연구실에서, 어느 자리에서든 도전과 난관이 찾아오지만, 김 교수님은 그 모든 상황을 침착하게 맞이합니다.

"도전은 불안함을 주기도 하지만, 동시에 성장의 기회를 의미합니다. 그래서 저는 마음속 깊이 목표를 향한 용기와 결심을 품고 매 순간을 살아갑니다."

교수님께서는 자신의 재능과 능력을 신뢰하며, 그 믿음을 행동으로 옮기는 것을 무엇보다 중요하게 여기십니다. "신념 없이 이루어지는 일은 없습니다. 자신을 믿고 꾸준히 노력하는 사람이 결국 챔피언이 됩니다."라고 확신에 찬 어조로 말씀하셨습니다. 무엇보다 김 교수님께서 강조하시는 것은 '오늘 현재 할 수 있는 일에 최선을 다하는 것'입니다.

"먼 미래의 막연한 희망이나 먼 곳의 희미한 목표만 바라보면 오히려 방황하기 쉽습니다. 하지만 오늘 내 앞에 주어진 환경과 상황에 집중하고, 거기서 최상의 결과를 내기 위해 노력하는 것이 진정한 실행력입니다."

그 실천력의 기반에는 긍정적이고 진취적인 마음가짐이 깔려 있습니다. 교수님은 매일 아침 거울 앞에서 자신에게 웃으며 인사를 건넵니다. 그리고 만나는 사람들에게는 밝은 미소와 친절을 베풀고, 스스로에게는 성실과 자존감을 높이기 위해 노력합니다.

"이런 작은 습관들이 쌓여 마음을 긍정적으로 유지하게 하고, 그러면 행동에도 자연스럽게 좋은 결과가 따라옵니다."

미래는 결코 저절로 오지 않습니다.
오늘 하루의 선택과 노력, 그리고 그에 대한 신뢰가 모여 빛나는 내일을 만듭니다.

우리는 각자의 자리에서 오늘 주어진 일에 최선을 다하며, 긍정과 용기로 하루를 살아가야 합니다. 그렇게 매일을 성실히 살아가는 사람만이 밝고 영광스러운 미래를 손에 넣을 수 있습니다.

오늘 하루, 자신을 믿고 삶을 즐기며 신뢰할 수 있는 그 힘을 발견하시길 바랍니다. 그러면 그 힘은 내일, 모레, 그리고 먼 미래까지도 여러분의 든든한 버팀목이 될 것입니다.

나의 창조 에너지

　서울의 한 대학교에서 오랜 시간 교수로 재직해 오신 이정훈 교수님께서는 늘 아침마다 자신만의 특별한 의식을 치르며 하루를 시작하십니다. 교수님께서는 매일 아침을 '나만을 위한 멋진 여행'이라고 생각하신다고 전해 주셨습니다. "아침에 눈을 뜨면, 오늘 하루가 나만을 위한 신나는 여행의 시작임을 상상합니다. 새로운 환경과 사람, 그리고 경험들을 탐험하는 하루 말입니다."라고 하셨습니다.

　교수님께서는 이 여행이 단순히 물리적인 여행만을 뜻하지 않는다고 하십니다. 새로운 사람과의 만남, 새로운 지식의 습득, 그리고 새로운 시도와 도전이 모두 '여행'의 일부라는 말씀입니다.

　예를 들어, 한 학기 강의 계획을 세우거나 연구 주제를 탐구하는 것도 교수님께서는 새로운 탐험과 모험이라고 여기십니다. "이 모든 경험이 나를 성장시키고, 창조 에너지를 키우는 밑거름이 된다"고 강조하십니다.

　이정훈 교수님께서 매일 아침 이처럼 긍정적인 마음가짐을 갖는 이유는 바로 '창조 에너지'에 있습니다. 교수님은 "내면의 창조 에너지는 내가 하루를 어떻게 바라보고 맞이하는가에 달려 있습니다"라고 하시며, "매일 아침을 새로운 시작으로 맞이할 때 창조 에너지가 폭발하듯 솟아납니다"라고 말씀하셨습니다.

　교수님의 일상 속에는 끊임없는 호기심과 도전이 가득합니다.
　때로는 낯선 학문 분야에 도전하기도 하고, 때로는 이전과 다른 방식으로 학생들을 가르쳐 보기도 합니다. 그 과정에서 실패와 시행착오도 분명히 있지만, 그 역시 '여행의 일부'로 생각하시며 언제나 낙관적인 태도를 유지합니다.

"실패조차도 귀중한 경험입니다. 그것이 내 창조 에너지에 불을 지피는 중요한 순간이니까요."

이런 교수님의 태도는 주변 사람들에게도 큰 감동과 긍정적 영향을 줍니다.
동료 교수님들과 학생들은 이정훈 교수님의 활기 넘치는 자세와 긍정적인 에너지에 자극받아 함께 성장하고 도전하는 문화를 만들어가고 있습니다.

"우리 모두가 매일 새로운 여행을 시작한다면, 그 속에서 발견하는 창조 에너지가 각자의 삶을 풍요롭게 만들 것이라 믿습니다"라고도 말씀하셨습니다.

이처럼 매일 새롭게 시작하는 작은 '여행'이 쌓여 큰 삶의 변화를 만들어 갑니다. 그리고 그 변화를 통해 '세계적인 지도자'로서 필요한 소양과 덕망도 자연스레 갖추게 된다는 교수님의 믿음은 깊은 울림을 줍니다.

오늘도 여러분이 이정훈 교수님처럼 하루를 '나만을 위한 여행'으로 생각하며, 새로운 모험과 경험을 통해 창조 에너지를 발산하시길 바랍니다.

그 에너지가 삶의 모든 영역에서 빛나는 변화를 만들어 낼 것입니다.

유비쿼터스 긍정의 힘

서울에서 오랜 세월 중소기업 경영과 인문학을 병행해 오신 박진호 선생님께서는 '긍정의 힘'에 대해 깊이 있는 통찰을 나누어 주셨습니다. 수많은 사업과 강연, 저술 활동 속에서 겪은 크고 작은 실패에도 불구하고 언제나 웃음을 잃지 않는 모습이 인상적입니다. 박진호 선생님께서는 "실패는 두려워할 대상이 아니며, 오히려 긍정적 변화를 위한 시작점"이라고 말씀하십니다.

한때 큰 프로젝트가 예상치 못한 난관에 부딪혀 큰 손실을 입었던 경험을 이야기하며, 그때 좌절하지 않고 '이번에는 더욱 구체적으로 계획하고 실행하자'는 결심이 성공으로 이어졌다고 전하셨습니다. 그분은 실패 후에도 주저앉지 않고 오히려 더 적극적인 태도를 갖는 것이 중요하다고 강조하셨습니다.

"문제가 닥치면 도망치거나 주저앉지 말고, 더 단단해지고 더 지혜롭게 대처해야 합니다. 그럴 때 긍정의 힘이 진짜 빛을 발합니다."

그가 추천하는 방법은 바로 인내와 기다림입니다.
때로는 조용히 문제 해결의 시기를 기다리는 것이 최상의 전략이며, 이 역시 적극적인 자세의 일부라 할 수 있습니다.

또한, 매일 아침마다 '오늘은 좋은 일이 일어날 것'이라는 희망을 품고 하루를 시작하는 습관이 박진호 선생님의 긍정 에너지 비결입니다.

"희망이 없다면 동기부여도, 에너지 유지도 어렵습니다. 마음속 깊이 긍정적인 기운을 심어 놓는 일이 그 무엇보다 중요합니다."

박 선생님의 인생에서 가장 기억에 남는 일화 중 하나는 '레몬의 법칙'입니다.

어느 시절 사업이 어려워지자 그는 그 상황을 '레몬'에 비유했습니다. "주어진 레몬으로 레몬수를 만드는 법을 배워야 한다"고 스스로 다짐하며, 어려움 속에서도 최상의 결과물을 만들기 위해 매진했다고 합니다. 그 결과, 위기를 성장의 발판으로 삼아 더욱 견고한 성공을 일궈 낼 수 있었습니다.

이처럼 박진호 선생님은 어떤 어려움 속에서도 웃음을 잃지 않고, 항상 즐거운 표정으로 문제를 마주하는 자세가 주위에 긍정적인 파동을 일으킨다고 말합니다. 주변 사람들도 그 에너지에 힘입어 함께 발전하고 새로운 도전에 도전하는 용기를 갖게 되었다고 전했습니다.

오늘 이 글을 읽는 여러분도 박진호 선생님처럼 실패를 두려워하지 않고, 주어진 상황에서 최선을 다하며 긍정의 힘을 키워 나가길 바랍니다.

문제를 기회로 바꾸는 지혜와 적극성, 그리고 무엇보다도 웃음과 희망을 잃지 않는 마음가짐이 우리 모두의 삶을 더욱 빛나게 할 것입니다.

유비쿼터스 희망이란

　서울의 한 대학교에서 경제학을 가르치시는 김수현 교수님께서는 오랜 시간 연구와 교육을 통해 한 가지 깊은 깨달음을 얻으셨습니다. "희망은 완벽함이 아니라, 불완전함 속에서도 최선을 다하는 용기에서 비롯된다"는 사실입니다. 교수님께서는 학문과 인생 모두에서 크고 작은 성공과 실패를 경험해 오셨습니다. 어느 날, 강의실에서 학생들과의 토론 중에 이런 말씀을 하셨습니다.

　"우리 모두는 완전하지 않습니다. 하지만 중요한 것은 완전함에 가까워지려는 노력과 경험입니다. 실패도 있고 성공도 있겠지만, 그 과정을 통해 우리는 점점 성숙해집니다."

　김 교수님께서는 이성(理性)과 감정(感情)을 분리하는 지혜에 대해서도 이야기하셨습니다. 인생의 어려운 순간일수록 이성을 통해 현실을 객관적으로 바라보고, 감정은 따로 다스리면서 조화롭게 균형을 찾을 때 행복에 한 걸음 더 가까워진다는 것입니다.

　"우리가 맞닥뜨리는 고난 앞에서 감정만 앞세우면 흔들리기 쉽습니다. 하지만 이성과 감정을 분리해서 다룰 줄 알면 마음의 중심을 잡을 수 있죠."

　또한 교수님께서는 인생의 목적을 명확히 세우는 것이 얼마나 중요한지도 강조하셨습니다.

　"각자가 선택한 목적을 향해 열심히 나아가고, 어려움을 극복하며, 주변 사람들에게 친절과 배려를 베풀 때 삶은 빛을 발합니다. 자신을 존중하고 감사하며 매일의 일상에서 기쁨을 발견하는 사람이야말로 참된 희망을 가진 사람입니다."

김수현 교수님의 삶 속에는 늘 '환경은 내가 선택할 수 없지만, 환경 속에서 무엇을 선택하고 어떻게 행동할지는 내가 결정한다'는 신념이 자리 잡고 있습니다.

어느 한겨울, 건강이 좋지 않아 병원에 입원했던 시절에도 그는 포기하지 않고 자신에게 주어진 시간과 환경 속에서 할 수 있는 최선의 독서와 연구에 몰두하며 희망을 키워 나갔습니다.

"희망이란 우리 모두에게 주어진 힘입니다. 어떤 환경이든 주어진 조건 속에서 최상의 선택을 하고, 최선을 다해 살아가는 능력과 용기에서 희망은 태어납니다."

교수님의 말씀은 많은 제자와 동료들에게 깊은 울림으로 다가왔고, 그 또한 자신을 지탱하는 힘이 되었습니다.

오늘 이 글을 통해, 우리 모두 불완전함을 인정하되 그 속에서 희망을 발견하며, 자신의 삶과 환경을 주체적으로 선택하고 사랑하는 용기를 키우기를 바랍니다.

그 '용기'야말로 인생을 빛나게 하는 진정한 희망의 씨앗입니다.

유비쿼터스 리더십

　서울의 한 대학교에서 사회학을 가르치시는 이정호 교수님께서는 오랜 연구와 현장 경험을 통해 진정한 리더십의 본질에 대해 깊이 탐구해 오셨습니다.
　교수님께서는 늘 "리더는 말보다 행동으로 보여 줘야 하며, 다른 이들의 마음을 진실로 어루만질 때 위대한 지도자가 될 수 있다"는 신념을 강조하십니다.

　교수님께서는 자신이 몸담은 학과의 운영위원장을 맡으며 여러 번 갈등 상황과 어려움에 직면하셨습니다. 한번은 교수진 사이에서 의견 차이가 크게 벌어져 분위기가 매우 냉랭해진 적이 있었습니다. 그때 교수님께서는 먼저 상대방의 입장에서 마음을 열고 이야기를 들어 주며, 진심으로 이해하고 배려하는 태도를 보이셨습니다. 그 과정에서 교수님은 상대 교수의 숨겨진 고민과 어려움을 발견했고, 그것을 함께 나누면서 자연스럽게 갈등은 해소되었습니다.

　"리더십은 남을 이끄는 기술이 아니라, 상대방의 장점과 잠재력을 먼저 보고 그것을 존중하는 마음에서 출발합니다."

　교수님의 이 말씀은 그동안 그가 보여 준 포용과 배려의 실천으로 진정성을 더했습니다. 특히 교수님은 직원과 학생들의 잘못이나 실수에도 쉽게 책망하지 않고, 오히려 기꺼이 용서하며 격려하는 태도를 잃지 않았습니다.

　또한 교수님께서는 '솔선수범'을 통해 리더십을 몸소 보여 주셨습니다. 어느 해 여름, 캠퍼스 내 오래된 도서관이 시설 보수 문제로 곤란을 겪었을 때, 교수님께서는 직접 현장을 방문하여 청소와 정리에 앞장섰습니다. 그 모습을 지켜본 학생들과 동료 교수들은 "말보다 행동이 먼저다"라는 교수님의 신념을 깊이 이해하게 되었습니다.

이러한 리더십에는 어떤 보상도 바라지 않는 무조건적인 봉사의 마음이 깃들어 있습니다.

교수님은 "기쁨보다 슬픔과 어려움이 더 클 수도 있다. 하지만 포기하지 말고 다시 시작하는 용기가 리더를 위대하게 만든다"고 말씀하십니다.

그 말씀처럼 여러 번의 도전과 실패 속에서도 교수님은 흔들리지 않고 묵묵히 다시 나아가며 주변에 좋은 영향력을 전파해 왔습니다.

김수현 교수님, 박지은 연구원, 그리고 다수의 제자들 역시 이정호 교수님의 진실하고 따뜻한 리더십을 경험하며, 자신도 삶과 일터에서 그 가치를 실천하려고 노력하고 있습니다.

이처럼 진정한 리더십은 권위가 아니라 '사람을 사랑하고 배려하는 마음'에서 비롯되며, 그 마음이 모여 조직과 사회를 건강하게 만들어 갑니다.

오늘 이 글을 읽으시는 모든 분께,
말보다 행동으로, 보상보다 사랑으로, 어려움 앞에서도 다시 시작하는 용기로 진정한 리더가 되는 길을 걸어가시길 응원합니다.

다른 사람에게 신임과 존경을 받는 방법

"사람은 결국, 사람으로 완성됩니다."

이 말씀을 삶으로 증명해 온 분이 계십니다. 대전에서 30년 넘게 교편을 잡으시다 퇴직하신 후, 현재는 인문학 모임과 마을 도서관을 이끄시는 김희정 선생님 이야기입니다. 선생님은 늘 차분한 미소로 사람들을 맞이하시고, 상대의 이름을 꼭 불러 주십니다.
"정은 씨, 오늘도 오셨군요. 참 반갑습니다."

그 짧은 한마디에 모임 참가자들의 얼굴에는 금세 따뜻한 기운이 돌았습니다. 누군가에게 이름을 불러 준다는 것은, 존재를 인정하고 존중하는 가장 쉬운 방식이라는 걸 선생님은 알고 계십니다.

김 선생님께서 가장 잘하시는 것은 '경청'입니다. 누가 말할 때든 결코 말을 자르지 않으시고, 눈을 맞추며 고개를 끄덕이십니다. 그러다 가끔씩 "그 말씀, 참 인상 깊네요"라고 정중하게 말하시며, 진심으로 타인의 말을 존중하십니다. 듣는다는 것이 단순히 '말을 안 하는 것'이 아니라 '존재를 받아들이는 일'임을 몸소 보여 주고 계신 것입니다.

한번은 모임에서 책에 대한 해석이 엇갈려 약간의 긴장이 흐른 적이 있었습니다. 선생님은 그때 조용히 말씀하셨습니다.
"제가 너무 제 입장에서만 말씀드렸네요. 다시 한번 귀 기울여 들을게요."

그렇게 분위기는 금세 누그러졌고, 오히려 더 깊은 토론으로 이어졌습니다. 자신의 실수를 인정하고 정중히 사과하는 태도가 얼마나 큰 신뢰를 만드는지를 모두가 체감한 순간이었습니다.

또한 김 선생님은 사람들의 장점을 아주 섬세하게 포착해 내는 분입니다.
발표를 마친 참가자에게는 "그 부분에서 따뜻함이 느껴졌어요", "그 질문은 정말 깊이 있었습니다"라며 진심 어린 칭찬을 아끼지 않으십니다. 덕분에 낯선 이들도 금세 마음을 열고 자신을 표현하게 됩니다.

그리고 선생님은 철저히 '비밀'을 지키십니다.
누군가 개인적인 이야기를 털어놓을 때도 절대 그 이야기를 다른 사람에게 전하지 않으십니다. 그 덕분에 마을 주민들은 그분을 "말보다 마음을 지키는 사람"이라고 부릅니다.

김희정 선생님의 삶은 조용하지만 강하게 주변을 변화시키고 있습니다.
신임과 존경은 큰 업적이 아니라, 작은 존중과 진심 어린 태도에서 비롯된다는 것을 그분은 늘 실천으로 보여 주고 계십니다.

우리도 오늘, 누군가의 이름을 먼저 불러 보고, 말을 가로막지 않으며, 따뜻한 눈빛으로 들어 주는 하루를 살아 보는 건 어떨까요?

사랑으로 충만한 마음으로 살아가기

경기도 파주에서 작은 출판사를 운영하고 계신 박성주 대표님은 요즘도 매일 아침 책상 앞에 앉아 가장 먼저 되새기시는 문장이 있습니다.

"나는 사랑이 충만한 마음으로 오늘을 행동하리라."

그 문장은 오래전, 힘겨운 시절에 손에 쥐고 외우듯 되뇌이시던 '삶의 선언문'이었고, 지금은 인생의 원칙이 되었습니다.

30대 후반, 안정적인 대기업을 그만두고 문학을 향한 열정을 따라 창업을 결심하셨을 때, 많은 이들이 고개를 저었습니다. 책이 잘 팔리지 않는 시대에 글로 먹고사는 길은 어리석다고까지 했습니다. 그러나 박 대표님은 단 한 권의 책이라도 누군가에게 위로가 된다면, 그 한 사람을 위해 충분히 가치 있는 일이 될 수 있다고 믿으셨습니다. 출판사는 초반 5년간 적자의 연속이었습니다. 그러나 대표님은 단 한 번도 포기하지 않으셨습니다. 이유는 단순했습니다.

"내가 이 일을 사랑하니까요."

매고 나간 가방에 원고 샘플을 넣고 전국 독립서점과 학교를 찾아다니던 그 시절, 고단한 하루의 끝에서도 대표님은 웃음을 잃지 않으셨습니다.
"내가 오늘 하는 이 일이 누군가의 마음을 어루만질 수 있다면, 그것만으로도 나는 성공한 인생입니다."

이 말에는 어떤 보상이나 계산도 없습니다. 그저 사랑으로 충만한 마음 하나뿐입니다.

그분은 사람도, 일도, 삶도 '사랑으로 관찰하고 사랑으로 이해'하려고 애쓰십니다.

원고를 들고 찾아온 신인 작가에게는 "무엇을 전하고 싶으셨어요?"라며 다정하게 묻고, 마감에 늦은 디자이너에게는 "당신이 집중해서 작업할 수 있는 환경을 만들지 못한 제 책임이 큽니다"라고 말씀하십니다. 모든 관계에서 먼저 사랑을 실천하시니, 직원들 역시 그를 '말없이 큰 나무 같은 분'이라 부릅니다.

성실함은 대표님의 두 번째 이름입니다. 정해진 출근 시간보다 늘 30분 일찍 도착하시고, 한 권의 책이 완성되기까지 직접 표지 인쇄까지 검토하십니다.

"중도포기란 말은 내 사전에 없습니다."

그 한 마디가, 회사 곳곳에 울림처럼 번집니다.

박 대표님의 이야기는 사랑으로 충만한 마음이야말로 일상의 모든 행동에 에너지를 불어넣는다는 것을 우리에게 증명합니다. 그리고 사랑과 성실, 그 두 가지는 결국 '오늘'이라는 하루를 가치 있게 채워 가는 가장 강력한 힘이라는 것을 알려 줍니다.

오늘 여러분의 하루도, 박 대표님처럼 사랑으로 시작하고 성실로 마무리해 보는 건 어떨까요?

성공은 끝에 있는 것이 아니라, 그런 하루하루 안에 이미 깃들어 있는 것이 아닐까요?

성공적인 협상을 위해서는

　서울에서 중견기업의 해외사업팀장을 맡고 계신 박정수 부장님께서는 수많은 국제 협상 경험을 통해 협상의 본질에 대해 명확한 깨달음을 얻으셨습니다.
　그는 늘 "협상은 상대방과의 마음을 나누는 예술"이라 말씀하시며, 단순히 이익을 좇는 싸움이 아니라 서로의 존중과 배려가 깃든 소통임을 강조하십니다.

　박 부장님께서는 얼마 전 한 다국적 기업과의 중요한 계약 협상에서 성공적인 결과를 이끌어 내셨는데, 그 과정이 매우 인상적이었습니다. 협상 초반부터 그는 항상 밝은 미소를 잃지 않았습니다. 상대측 대표가 긴장하고 딱딱한 분위기를 보일 때조차, 박 부장님은 따뜻한 미소와 함께 상대방을 편안하게 해 주는 말투로 분위기를 부드럽게 만들었습니다.

　협상 중 상대가 의견을 말할 때는 결코 말을 끊지 않고 끝까지 주의 깊게 경청하셨습니다. 때로는 상대방의 작은 제스처나 말투까지 세심하게 살피며 진심을 파악하려 노력하셨습니다. 그 결과 상대는 자신의 의견이 존중받고 있음을 느꼈고, 협상의 문은 점점 더 활짝 열렸습니다. 박 부장님은 협상에서 가장 중요하게 생각하는 원칙 중 하나가 '질문을 먼저 하고 대답을 경청한 뒤 신중하게 논평하는 것'이라고 말합니다. 실제 협상 자리에서도 그는 상대가 어떤 기대와 우려를 갖고 있는지 질문을 통해 파악한 후, 그 내용을 자신의 말로 정리하고 의견을 제시했습니다. 이런 과정이 서로의 신뢰를 쌓는 밑거름이 되었습니다.

또 하나 빼놓을 수 없는 점은 '상대의 체면을 살려 주는 것'입니다.

협상 중 상대방의 체면을 깎아내리는 발언이나 행동은 자칫 협상의 벽을 세우게 마련입니다. 박 부장님께서는 "상대가 스스로 존중받고 있다고 느끼면 협상의 문이 더 쉽게 열리기 마련"이라며 상대의 입장을 세심하게 고려해 말과 태도를 조절하셨습니다.

논쟁이나 싸움을 피하고, 때로는 기꺼이 양보하는 태도 또한 협상 성공의 핵심입니다. 박 부장님은 "승리란 상대방을 무너뜨리는 것이 아니라 함께 윈윈하는 데 있다"고 늘 강조하십니다. 그 과정에서 자신의 입장도 유연하게 조절하며 상대에게 마음의 공간을 내어 주셨기에, 결국 양측 모두 만족할 수 있는 합의가 이루어졌습니다.

가장 인상적이었던 점은 협상에서 상대방을 변화시키려 하기보다 자신을 변화시키려 노력하는 태도였습니다. 박 부장님은 "강물을 거슬러 흐름을 바꾸려 하기보다, 그 힘을 활용하는 지혜가 더 빨리 길을 열어 준다"고 말씀하십니다. 실제로 그는 상대방의 요구와 문화 차이를 인정하고, 자신의 협상 스타일과 전략을 바꾸는 유연성을 보여 주셨습니다.

이처럼 박정수 부장님의 협상 성공기는 인간적인 이해와 존중, 그리고 자신과 상대를 함께 바라보는 넓은 시야가 어우러졌기에 가능했습니다.

우리도 일상에서 크고 작은 대화와 협상의 순간마다 그 마음가짐을 실천한다면, 상대와 나 모두가 행복해지는 길을 발견할 수 있을 것입니다.

오늘, 여러분의 모든 협상과 소통의 자리에서 상대를 향한 따뜻한 미소와 깊은 경청, 그리고 포용의 마음이 함께하길 바랍니다.

내면의 평화를 위하여

"내가 나를 온전히 받아들이게 되자, 세상이 나를 환하게 반기기 시작했습니다."

이 말은 박은경 원장님이 지인들과의 작은 독서모임에서 나누셨던 고백입니다. 대기업 인사팀에서 20년을 몸담았던 그녀는 몇 해 전, 돌연 조직을 떠나 '심리 치유와 명상'이라는 전혀 다른 길을 걷기로 결심하셨습니다.

변화의 시작은 뜻밖에도 딸과의 갈등에서 비롯되었습니다.
때늦은 사춘기를 맞은 딸의 날선 언어에 깊은 상처를 입고, 직장에서의 성과 압박에 지쳐 있었던 어느 날, 박 원장님은 문득 거울 속 자신의 눈빛을 바라보셨습니다. 거기엔 누구보다 자신에게 냉정하고 비판적인 시선이 자리하고 있었습니다.
"그때 깨달았어요. 세상이 나를 비난한 것이 아니라, 내가 나를 용납하지 못하고 있었더라고요."

그 후, 그녀는 내면의 평화를 위한 공부를 시작하셨고, 명상을 통해 자신을 다독이는 시간을 매일 실천하셨습니다. 가장 먼저 변화한 것은 '받아들이는 태도'였습니다. 남편의 무심한 말도, 직장 동료의 날카로운 평가도, 딸의 반항도, 더 이상 상처가 되지 않았습니다.

"그들이 그렇게 말할 수 있다는 건, 나에게 여전히 기대가 있다는 뜻"이라는 해석이 그녀를 바꾸었습니다.

2년 후, 그녀는 아예 작은 명상 치유센터를 열었습니다.

매주 수요일 열리는 '고요한 수요일' 프로그램에는 스트레스로 지친 교사, 육아에 지친 엄마, 조직의 책임에 눌린 직장인들이 찾아와 마음을 내려놓고 갑니다.

원장님은 그 자리에서 조용히 말합니다.

"우리는 누구도 완벽하지 않습니다. 그러니 타인의 비판 앞에 움츠러들지 마세요. 그것은 관심의 또 다른 표현일 수 있고, 삶이 주는 성장의 자극일 수도 있습니다."

요즘, 원장님의 딸은 누구보다 엄마를 자랑스럽게 여깁니다. "엄마가 평화를 찾으니까, 우리 집 전체가 평화로워졌어요"라는 말에 박 원장님은 깊은 미소를 지으십니다.

내면의 평화는 결코 멀리 있지 않습니다.

누군가의 비난을 웃음으로 받아들이는 그 한 순간, 내면은 커다란 호수처럼 잔잔해지고, 그 위로 삶의 지혜가 잉태됩니다. 그리고 그러한 평온함이 모여, 결국 우리를 '호연지기(浩然之氣)'의 길로 이끕니다.

지금 여러분의 마음은, 잔잔한 호수인가요?

아니면 흔들리는 물결인가요?

여러분 자신 안의 고요함이 세상을 감동시킬 수 있습니다.

자신 있게, 자신답게

"이제야 진짜 제 이름을 부르는 것 같습니다. 제 인생을 제가 살아가기 시작했거든요."

이 말을 남긴 분은 한지연 교수님이십니다. 대학에서 무려 25년간 회계학을 가르쳐 온 분으로, 언제나 학생과 후배들에게는 모범이자 존경의 대상이었습니다. 하지만, 그 긴 시간 동안 정작 자신의 내면은 한 번도 돌아볼 겨를이 없으셨다고 고백하셨습니다.

"늘 누군가의 기대에 맞춰 살아왔습니다. '교수는 이래야 한다', '엄마는 저래야 한다', '여자는 참아야 한다'는 말들에 제 자아를 숨긴 채 살아왔지요."

어느 날, 그 모든 역할과 명함이 무의미해지는 순간이 찾아왔습니다. 남편과의 별거, 아이들의 독립, 대학 내 구조조정으로 인한 강의 수 감소까지. 마치 사회가 자신을 서서히 '퇴장'시키는 듯한 감각에 빠지셨다고 합니다. 하지만 어느 화창한 여름, 산책길에서 문득 핀 한 송이 야생화를 보며 깨달으셨습니다.
"저 작은 꽃도, 아무도 보지 않아도 자기답게 피고 있구나."

그날 이후, 교수님은 '내 인생을 내 방식대로 살겠다'는 결심을 하셨습니다. 매일 아침마다 자신의 내면에게 질문하는 시간을 가지셨습니다.
"지연아, 오늘 네가 하고 싶은 일은 뭐니?"

그렇게 시작된 하루 30분의 '나와의 대화'는, 점차 교수님의 삶을 바꾸기 시작했습니다. 그 첫걸음으로 선택한 것이 바로 글쓰기였습니다. 기존에 쓰던 논문이나 보고서가 아니라, 자신만의 감정과 이야기를 담은 수필과 시. 처음엔 손이 떨릴 정도로 어색했지만, 자신을 솔직히 드러내는 순간마다 묘한 해방감과 기쁨이 따라왔습니다.

그리고 놀라운 일이 벌어졌습니다. SNS에 올린 짧은 글 한 편이 수많은 사람의 공감을 얻으며 퍼져 나갔고, 1년 만에 『나답게 살아도 괜찮아』라는 제목의 첫 에세이집을 자비 출간하게 되었습니다. 지금은 다양한 시민강연과 문화교육 프로그램에서, '자기답게 살아가는 법'을 주제로 강연을 이어 가고 계십니다. 한 교수님은 말씀하십니다.

"과거는 바꿀 수 없지만, 내가 오늘 어떻게 살지는 온전히 내 선택입니다. 자신 있게, 자신답게 살아갈 때, 진짜 인생이 시작되더군요."

누구도 그녀에게 다시 '어떻게 살아야 한다'고 말하지 않습니다.

이제 그녀는 자기 이름으로, 자신의 목소리로 세상과 소통하고 있습니다.

그리고 그 모습은 수많은 이들에게 이렇게 속삭이고 있습니다.

"당신도 당신답게 살아도 괜찮습니다."

즐겁게 행복하게 살아가기

강민자 교수님께서는 오랫동안 대학에서 교육학을 가르쳐 오신 분입니다. 그녀는 매일 아침 거실 창문을 활짝 열고, 작은 화분들에게 인사를 건네며 하루를 시작합니다. 그 모습이 주변 사람들에게도 잔잔한 감동을 줍니다.

강 교수님은 하루를 설계할 때 항상 '오늘은 즐겁고 행복한 그것만 생각하자'는 마음가짐으로 시작하신다고 합니다.

한때는 치열한 학문 세계와 교육 행정으로 인해 스트레스와 번아웃에 시달리기도 하셨지만, 어느 순간 '하루하루를 기쁘게 살아야 진짜 의미 있는 인생'이라는 깨달음을 얻게 되셨다고 합니다.

그 계기는 작은 일상에서 시작됐습니다.
어느 날, 제자가 전한 짧은 쪽지 한 장에 적힌 "교수님의 웃음이 제 하루를 밝힙니다"라는 문장을 본 순간, 자신이 누군가에게 '빛'이 될 수 있다는 사실이 놀라움이자 기쁨으로 다가왔다고 합니다. 그날 이후 그녀는 하루를 의미 있게 만드는 작은 실천들을 실험해 보기 시작했습니다.

강 교수님은 아침에 감사한 일 세 가지를 적으며 마음을 다잡습니다.
점심시간엔 학교 복도에서 마주치는 학생들에게 "오늘도 멋지네요"라고 말하며 칭찬을 건넵니다. 동료 교수의 작은 실수도 따뜻하게 웃으며 넘기시고, 무엇보다 중요한 것은 자신에게도 관대해지는 법을 익혀 가고 계십니다.

"어쩔 수 없는 일은 있는 그대로 받아들이고, 내가 바꿀 수 있는 일에 집중하면 하루가 훨씬 가볍고 명랑해져요. 저는 실패보다 성공한 기억을 일부러 떠올리는 훈련을 매일 해요. 마음의 초점을 어디에 두느냐가 결국 인생을 결정짓는 것 같아요."

그녀는 지혜롭게 말합니다.

"하루라는 시간은 생각보다 짧고, 삶이라는 여정은 의외로 금방 지나가요. 그러니 오늘을 기쁘고 다정하게 살아가는 것이야말로 우리가 할 수 있는 최고의 선택이죠."

강 교수님의 하루는 그리 특별하지 않지만, 그녀가 실천하는 작은 다짐들은 많은 사람에게 삶의 방향을 바꿔 주는 영감을 줍니다.

그녀는 오늘도 활짝 웃으며 학생들을 향해 인사를 건넵니다.

"좋은 하루예요. 당신이 있어서 오늘도 참 좋아요."

우리도 그녀처럼 마음의 중심을 '기쁨과 감사'에 두는 하루를 시작해 보면 어떨까요?

인격의 크기, 비전(Vision)의 크기

경기도의 한 비영리 단체에서 오랫동안 리더십을 발휘해 온 이성재 선생님께서는 인격과 비전의 관계에 대해 깊은 통찰을 지니고 계십니다. 그분의 이야기는 갈등과 경쟁 속에서도 어떻게 협력과 존중으로 더 큰 목표를 달성할 수 있는지 보여 주는 좋은 본보기입니다.

이성재 선생님은 여러 팀과 조직이 함께 일하는 과정에서 가장 중요한 것은 '내가 반드시 옳아야 한다'는 고집을 내려놓는 것이라고 강조하십니다.
실제로 선생님께서는 한 대형 프로젝트를 추진할 때 여러 부서가 서로 다른 의견으로 충돌했지만, 모두가 자신의 주장만을 내세웠던 상황을 회상하셨습니다.

"그때 우리가 서로를 이해하려고 하기보다 '내가 옳다'고만 생각했다면 그 프로젝트는 실패했을 것입니다."

선생님께서는 그때 '두 가지 생각이 모두 옳을 수 있다'는 깨달음을 팀원들과 나누셨습니다.
"내 생각과 상대방의 생각이 모두 의미 있고 가치가 있을 수 있습니다. 완벽한 사람은 없고, 완벽한 방법도 없습니다. 중요한 것은 우리가 함께 협력하여 더 나은 결과를 만들어 내는 일입니다."

그분은 인격의 크기란 곧 상대를 인정하고 포용하는 능력이며, 비전의 크기는 그 협력의 힘을 모아 공동의 목적을 향해 나아가는 힘이라고 말합니다.
"인격이 크면 내 의견이 틀려도 상대를 탓하지 않고, 비전이 크면 갈등 속에서도 길을 찾게 됩니다."

특히 이성재 선생님은 "신비한 협력의 힘"이라는 표현을 자주 쓰십니다. 그것은 각자의 생각이 모여 한층 더 깊고 폭넓은 해결책을 만들어 내는 과정입니다.

"나만의 옳음에서 벗어나 모두의 지혜를 모으는 순간, 놀라운 시너지 효과가 생깁니다. 그 협력의 힘을 우리는 반드시 찾아내야 합니다."

이런 가르침은 선생님의 조직뿐 아니라, 가정과 사회 모든 관계에도 깊은 울림을 줍니다.

"부부나 가족 간에도 '내가 옳다'는 주장보다는 '우리 모두 옳을 수 있다'는 마음가짐으로 대화한다면 갈등은 줄어들고 이해는 커집니다."

이성재 선생님의 이야기는 결국 인격과 비전이 함께 자라야 한다는 점을 분명히 합니다. 인격이 크지 않으면 비전도 좁아질 수밖에 없고, 비전이 크지 않으면 인격도 한계에 부딪힙니다. "인격과 비전은 동전의 양면이며, 둘 다 성장시켜야만 진정한 협력과 성과가 가능하다"고 그는 전합니다.

우리 모두가 인격의 크기를 키우고, 비전의 크기를 확장시켜 서로 다름을 존중하며 함께 나아갈 때, 개인을 넘어 조직과 사회가 건강하게 발전할 수 있음을 이성재 선생님의 삶에서 배울 수 있습니다.

오늘도 우리 각자가 가진 생각과 가치를 소중히 여기면서, 상대의 의견에도 귀 기울이고 더 큰 공동의 목표를 향해 함께 협력하는 자세로 하루를 시작해 보시길 권합니다. 그 길에 '인격의 크기'와 '비전의 크기'가 함께 자라날 것입니다.

준비된 행운

　서울 양천구의 용왕산 산책길을 매일 아침 거닐며 깊은 숨을 내쉬는 정정석 교수님. 그분의 하루는 이 평범한 산책에서 시작됩니다. 하지만 그 산책길은 단순한 일상이 아닙니다. 수십 년간 학문과 교육 현장에서 헌신하신 그분에게 있어, 지금 이 순간의 자연과 평화는 '준비된 행운'의 결정체이기 때문입니다. 교수님께서는 어느 날, 이렇게 말씀하셨습니다.

　"젊은 시절에는 더 많은 것을 이루고자 마음이 급했지요. 하지만 지금 와서야 깨달았습니다. 진정한 행운은 멀리 있지 않다는 것을요. 매일 마주하는 맑은 공기, 새소리, 그리고 이 작은 산의 아침 기운이 나에게 주는 평온함, 그것이 바로 준비된 행운입니다."

　그분은 오랜 세월 정직과 성실을 삶의 원칙으로 삼으셨습니다. 연구실에서, 강단에서, 그리고 가정에서도 늘 친절과 진심으로 임해 왔습니다. 그 꾸준한 마음가짐이 이제는 삶의 깊은 감사로 되돌아온 것이라 믿으십니다.

　50대 후반의 지금, 용왕산의 신비로운 아침 기운을 가슴 깊이 느끼며 스스로를 존중하는 자존감이 더욱 견고해졌다고 하셨습니다. 하루는 산책길에서 젊은 직장인과 마주쳤습니다. 그 직장인은 바쁜 일상에 지쳐 보였고, 교수님은 조심스레 말을 걸었습니다.
　"자연 속에서 잠시 멈춰 숨을 고르면 마음도 맑아진답니다. 준비된 행운은 이런 작은 순간에 깃들어 있지요."

　이 짧은 대화는 그 직장인에게도 큰 울림이 되었고, 두 사람은 서로 다른 세대지만 같은 마음으로 자연의 기운을 나누게 되었습니다.

정 교수님에게 있어 '행운'은 대단한 사건이나 거대한 성공이 아닙니다. 일상의 자유와 여유, 건강한 몸과 마음으로 누리는 감사함 그 자체입니다. 지금 이 순간도 산책길에서 만난 바람 한 점, 초록이 무성한 나뭇잎 한 장에 감사하며 삶의 깊이를 더하고 계십니다.

우리 모두에게도 이러한 '준비된 행운'은 존재합니다. 오랫동안 쌓아 온 성실함과 진심 어린 마음, 그리고 매일 마주하는 평범한 일상 속에서 그것을 발견하는 눈이 필요합니다.

정 교수님의 이야기는 우리에게 말해 줍니다. 진정한 행운은 '지금 여기'에 있으며, 그것을 알아차릴 준비가 되어 있는 이에게만 찾아온다고.

오늘, 용왕산 산책로를 걷는 그 평범한 순간 속에 담긴 인생의 귀한 가치를 떠올려 봅니다. 그리고 나 자신에게 묻습니다.

"나는 과연 내 삶 속에서 어떤 '준비된 행운'을 누리고 있는가?"

마음을 열고 감사하는 순간,
우리 모두가 이미 행운 속에 살아가고 있음을 깨닫게 될 것입니다.

나에게서 가장 강한 힘

서울 강남구의 한 중견기업에서 인사담당 임원으로 일하고 계신 김진호 이사님께서는 언제나 묵묵한 열정과 흔들리지 않는 의지로 주변의 귀감이 되시는 분입니다. 김 이사님은 40대 후반, 인생의 커다란 전환점 앞에서 두려움과 고민을 안고 계셨던 시절이 있었습니다.

당시 김 이사님께서는 직장 내 조직 개편으로 인해 업무 영역이 크게 바뀌었고, 낯선 영역에서 새로운 역할을 맡게 되셨습니다. 그 과정에서 초반엔 약간의 두려움과 불안이 있었고, 가끔은 마음속 깊은 곳에서 '과연 내가 해낼 수 있을까?'라는 의문도 생겼습니다.

그러나 그는 스스로에게 단념과 포기의 문턱을 넘지 말자고 다짐하셨습니다. 그가 택한 첫 번째 전략은 '현재 내가 할 수 있는 가장 작은 일부터 시작하는 것'이었습니다. 새로 맡은 업무의 전체를 한 번에 완벽히 해내려 하기보다는, 그 안에서 당장 실천할 수 있는 작은 업무부터 착실히 실행해 나가기 시작했습니다.

하루하루, 한 단계씩 차근차근 해 나가자 초기의 두려움은 점차 줄어들었고, 불안한 마음도 안정으로 바뀌었습니다. 김 이사님은 이러한 과정을 통해 "작은 성공들이 모여 자신감을 만들고, 자신감이 다시 큰 힘과 에너지를 만들어 낸다"는 사실을 몸소 체험하셨습니다. 그는 어느덧 새로운 업무에도 능숙해졌을 뿐만 아니라, 직원들과의 소통과 협업 능력도 한층 성장했습니다.

그의 불굴의 정신과 꾸준한 노력은 주위 동료들에게도 좋은 영향을 미쳤습니다.

김 이사님은 항상 "하늘은 스스로 돕는 자를 돕는다"는 말을 마음에 새기며, 어려움 앞에서 멈추지 않고 움직임을 멈추지 않는 것이 가장 강한 힘임을 몸소 증명해 보이셨습니다.

김 이사님의 이야기에서 우리는 어떤 일을 시작할 때 두려움이 당연하다는 점, 그러나 그 두려움에 굴복하지 않고 작은 실천부터 차근차근 쌓아 나가는 태도가 얼마나 중요한지 알 수 있습니다.

그리고 이렇게 꾸준히 나아가다 보면, 그 힘은 불가항력적인 에너지로 변화되어 결국 주변의 도움과 기회도 자연스레 따라온다는 사실을 깨닫게 됩니다.

삶이란 크고 어려운 도전을 만났을 때,
거대한 파도 앞에서 움츠러드는 대신 작은 발걸음부터 내딛는 일의 반복입니다.

여러분도 지금 마음속에 불안과 두려움이 있어도,
한 걸음, 한 걸음 당장 할 수 있는 일부터 시작해 보십시오.

그것이 인생에서 가장 강한 힘을 만들어 내는 길입니다.

일관성이란 꾸준함, 성실함이다

서울 서초구에 거주하시는 박진호 선생님은 50대 후반의 나이에 새로운 도전을 시작하셨습니다. 오랜 기간 학계와 기업 현장에서 쌓은 경험을 바탕으로, 인문학과 자기계발 분야에서 새로운 연구와 저술을 꿈꾸셨습니다.

하지만 막상 구체적인 목표를 세우고 나서도 마음속에 의심과 두려움이 끊임없이 밀려왔습니다. '내가 과연 해낼 수 있을까?', '결과가 기대에 못 미치면 어떻게 하지?'라는 생각들이 자주 머리를 스쳤습니다.

그때 박 선생님께서는 '마음속에 이루고자 하는 일을 뚜렷이 영상으로 그려라'는 조언을 떠올리셨습니다. 자신의 목표를 선명한 그림처럼 마음에 담고, 그것을 실현하기 위해 하루하루 최선을 다하기로 결심하셨다 합니다. 특히, 일단 결단을 내린 후에는 결과에 대한 걱정을 내려놓고, 계획대로 행동에 집중하는 법을 몸소 실천하셨습니다.

처음에는 계획대로 매일 정해진 글쓰기와 독서, 강의 준비를 꾸준히 이어가는 일이 쉽지 않았습니다. 의심과 두려움은 여전히 찾아왔고, 가끔은 초조함에 흔들리기도 하셨습니다.

하지만 매일 성실하게 한 걸음씩 나아가셨습니다. 그 꾸준함이 쌓여 어느 순간 자신의 생각과 아이디어가 명료해지고, 주변 동료들과 학생들에게 긍정적인 영향을 미치는 강의와 글이 완성되었습니다.

박진호 선생님의 경험은 '일관성'이란 결국 '꾸준함'과 '성실함'임을 명확히 보여 줍니다.

마음속에 분명한 목표가 있고, 그것을 이루겠다는 굳은 믿음과 함께 계획된 행동을 지속할 때, 자연스레 성공으로 가는 길이 열립니다. 걱정과 두려움에 휘둘리지 않고 철저히 실행하는 태도야말로, 모든 변화와 성장의 토대입니다. 선생님께서 말씀하십니다.

"성공은 먼 곳에 있는 것이 아닙니다. 매일의 작은 성실함과 꾸준한 실행에서 시작되는 것이지요."

우리는 종종 큰 결과만을 바라보며 조급해하지만, 박진호 선생님의 이야기는 우리에게 '오늘 내가 할 수 있는 최선을 다하는 것'이야말로 진정한 성공의 비밀임을 일깨워 줍니다.

오늘, 여러분도 자신의 목표를 마음속에 선명히 그리고, 두려움 없이 꾸준히 성실하게 걸어가는 여정을 시작해 보시길 바랍니다.

그 길 위에서 여러분만의 빛나는 성취가 반드시 찾아올 것입니다.

오늘은 좋은 일이 생길 것이라는 믿음

김영수 교수님은 대학에서 오랫동안 학생들을 가르치며 많은 후배 교수들에게 존경받는 분입니다. 그분은 언제나 '최고'가 되려는 욕심보다는 '최선'을 다하는 겸손한 마음가짐으로 일하셨습니다. 오늘도 캠퍼스에 들어서면서 "오늘도 좋은 일이 생길 것"이라는 굳은 믿음을 스스로에게 되뇌셨습니다.

교수님께서는 수년 전 큰 시련을 겪으셨습니다. 연구비가 삭감되고, 젊은 세대와의 소통에 어려움을 느끼며 자존심이 상할 때도 많았습니다. 하지만 그럴 때마다 '하나님께서 나에게 주시지 않은 것을 원망하지 말고, 지금 가진 것에 감사하자'는 신념을 붙잡았습니다. 그리고 주변 동료, 학생, 가족에게 진심으로 감사하는 마음을 전하는 데 집중하셨습니다. 그 마음이 교수님의 일상에 긍정의 에너지를 불어넣었습니다.

어느 여름날, 한 젊은 연구원이 교수님께 조심스레 다가와 말했습니다.

"교수님, 저희 팀이 이번에 작은 연구 성과를 냈습니다. 교수님께서 늘 보여 주신 긍정과 감사의 마음이 우리 모두에게 큰 힘이 되었어요."

그 순간 교수님의 눈가에는 깊은 감동의 빛이 스쳤습니다. 겸손한 마음으로 최선을 다하며 하루하루를 살아가는 모습이 다른 이들에게도 선한 영향력을 미친다는 사실을 다시금 확인한 순간이었습니다.

김영수 교수님께서는 누구보다 '좋은 일이 반드시 생긴다'는 믿음을 삶 속에서 실천하는 분이십니다. 세상의 평판이나 관습에 얽매이지 않고, 자신이 세운 계획을 흔들림 없이 밀고 나가는 의지는 곧 주변 사람들에게도 큰 희망과 용기를 전해 줍니다. 그리고 그 믿음은 마침내 좋은 결실로 돌아오게 마련입니다.

오늘도 교수님은 캠퍼스 곳곳에서 만나는 학생과 동료들에게 따뜻한 인사와 진심 어린 감사를 전합니다.
"함께할 수 있어 참 고맙습니다."

그 말 한마디가 누군가의 하루를 밝게 만들고, 새로운 긍정을 피워냅니다.
작은 감사가 쌓여 큰 행복이 되듯, 교수님의 하루는 '좋은 일이 생길 것'이라는 믿음으로 가득 차 있습니다.

우리 모두 김영수 교수님처럼, 지금 이 순간에 감사하며 겸손한 마음으로 최선을 다한다면, 반드시 좋은 일이 찾아올 것입니다.

그리고 그 좋은 일은 우리 삶뿐만 아니라, 우리 주변 모두의 마음을 밝히는 등불이 되어 줄 것입니다.

위대한 동반자

경기도 고양의 한적한 마을, 매일 아침 6시면 커피 한 잔을 손에 든 채 조용히 산책을 시작하시는 분이 계십니다. 장하영 선생님은 평생 중학교 국어 교사로 재직하시다 3년 전 은퇴하셨고, 지금은 마을 평생학습관에서 '삶을 돌아보는 글쓰기' 수업을 이끌고 계십니다. 장 선생님은 늘 이렇게 말씀하십니다.

"진짜 행복은 밖에서 오는 게 아닙니다. 내 안에 있는 조용한 친구, 내 마음이 가장 좋은 동반자입니다."

그분의 일상은 특별할 것 없어 보이지만, 그 속에는 깊은 성찰과 기품이 깃들어 있습니다. 아침 산책 중엔 늘 자신과 대화를 나누십니다. 마음이 무겁거나 감정이 소란할 땐, 나무 그늘에 앉아 '오늘 내가 나에게 해 주고 싶은 말'을 노트에 적습니다.

"하영아, 천천히 해도 괜찮아. 네가 너를 믿는 한 세상도 곧 따라올 거야."
그렇게 스스로를 다독이는 일에서 하루가 시작된다고 하십니다.

그는 주변 사람들과의 관계에서도 매우 섬세하고 따뜻합니다. 말 한마디에도 온기를 담아, 상대가 자신의 존재가 소중하다고 느낄 수 있게 해 줍니다. 특히나 이름을 자주 불러 주는 습관은, 글쓰기 수업에 참여한 50대 주부 박선미 씨에게 깊은 감동을 주었습니다.

"선미 님, 오늘 쓰신 문장 중 '바람이 내 어깨를 다정히 두드렸다'는 표현,

정말 마음이 맑아졌습니다."

그 한마디에 박 씨는 눈물을 글썽였습니다. 누군가 자신을 이름 불러 주고 진심으로 감탄해 준 것이 너무 오랜만이었기 때문입니다.

장 선생님은 약속을 절대 가볍게 여기지 않으십니다. 글쓰기 모임 일정, 마을 주민과의 식사 약속, 조카 손주의 입학식까지- 철저히 계획하고, 점검하고, 꼭 지켜 내십니다. 그 삶의 방식은 타인에게도 신뢰로 다가가고, 존경으로 되돌아옵니다.

장 선생님은 이렇게 말씀하십니다.
"삶은 매일의 선택으로 이루어진 길이지만, 그 길을 함께 걷는 가장 든든한 친구는 언제나 내 안에 있는 나 자신입니다."

오늘 하루, 마음속 위대한 동반자에게 말을 걸어 보십시오.
"괜찮아, 오늘도 충분히 잘하고 있어."

그리고 조용히 미소 지으며, 하루를 차분하게 계획해 보는 것입니다.
마음은 담담하게, 표정은 온화하게, 말은 다정하게, 행동은 신중하게.
그렇게 살아가는 삶은 결국, 주변 사람에게 따뜻한 온기로 스며들어 갑니다.

위대한 동반자는 늘 우리 곁에 있습니다.
아니, 우리 안에 있습니다.
바로 여러분 자신입니다.

돈과 부(富)에 대해서

서울 종로구의 한 작은 출판사에서 편집장으로 근무하고 계신 김정호 편집장님은 늘 주변 동료들과 후배들에게 '돈과 부에 대한 바른 태도'를 강조하시는 분입니다. 김 편집장님께서는 20대 초반 사회 초년생 시절부터 돈과 부를 대하는 마음가짐에서 중요한 교훈을 경험하셨습니다.

그 당시 김 편집장님은 빠른 부를 꿈꾸며 여러 투자처를 찾아다녔지만, 번번이 성급한 결정과 조급함 때문에 좋은 결과를 얻지 못하셨습니다. 젊음의 패기와 기대가 컸던 만큼, 작은 실패에도 큰 좌절감을 느끼곤 했습니다.

'빨리 돈을 벌어야 한다'는 압박감에 자신도 모르게 무리한 투자를 감행하다가 뜻하지 않은 손실을 본 기억은 지금도 생생합니다.

하지만 30대에 접어들며 그는 조금씩 생각을 바꾸기 시작했습니다.
'돈과 부는 쫓아가는 것이 아니라, 나 자신이 돈과 부, 그리고 시간과 노력을 소중히 여길 때 자연스럽게 쌓이는 것이다.'라는 깨달음을 얻었습니다.

이후 김 편집장님은 서두르지 않고 신중한 자산관리와 투자 분석에 집중하셨습니다.
그는 매달 수입과 지출을 꼼꼼히 기록하며 재정 상태를 점검했고, 투자할 때는 항상 충분한 정보와 시간을 갖고 분석에 임했습니다. 감정적인 결정보다는 이성적인 판단을 우선하며, 과도한 소비 욕구를 절제하는 법을 배웠습니다.

그 결과, 수년이 지나면서 차곡차곡 자산을 모을 수 있었고, 금전적인 안정과 더불어 마음의 평화도 얻으셨습니다.

김 편집장님은 "조급함과 성급함은 오히려 돈과 부를 나에게서 멀리 도망가게 한다"고 말합니다.

그는 "돈과 부는 마치 나무가 자라는 것과 같아서, 급하게 재촉한다고 빨리 자라지 않는다. 충분한 뿌리내림과 성실한 보살핌이 필요한 것"이라고 비유하셨습니다.

이처럼 김 편집장님의 이야기는 많은 이들에게 자산 관리의 중요성과 함께 '돈과 부를 향한 올바른 마음가짐'을 되새기게 합니다.

우리가 쫓기듯 빨리 큰 부를 얻으려 하기보다는, 자신만의 속도로 꾸준히 성실하게 준비하고 투자할 때 진정한 부의 길이 열린다는 메시지는 모두에게 깊은 울림을 줍니다.

돈은 목표가 아닌 도구이며, 부는 삶을 풍요롭게 하는 수단임을 잊지 않는다면 조급함 대신 평온한 마음으로 미래를 준비할 수 있을 것입니다.

김정호 편집장님처럼 오늘 당장 할 수 있는 작은 실천부터 시작하는 것,

그것이 바로 가장 현명한 부의 축적법임을 기억하십시오.

방황의 시간과 완성

서울에서 출판사를 운영하시며 수많은 책과 지식을 대중에게 전하는 데 헌신하신 이선화 대표님의 이야기를 들려드리고자 합니다. 평생을 책과 사람 사이에서 살아온 이 대표님도 인생의 한복판에서 깊은 방황을 겪으셨습니다.

출판업계가 급변하고 디지털 전환이 가속화되면서 대표님께서는 자신이 걸어온 길과 앞으로 나아갈 방향에 대해 심한 혼란을 느끼셨습니다.

어느 날, 오래된 서가 앞에서 우연히 만난 한 구절이 그녀의 마음에 잔잔한 파문을 일으켰습니다.
"초승달이 시간이 흐르면 반드시 보름달이 된다"는 말이었습니다.

이선화 대표님께서는 그 말에서 삶의 방황과 불확실성을 담담하게 받아들이고, 결국 완성에 이르는 자연스러운 과정임을 깨닫게 되셨습니다. 그녀는 그날부터 하루하루의 작은 변화와 진전을 소중히 여기기로 마음먹으셨습니다.

출판 시장의 변화에 맞서 새로운 디지털 콘텐츠 개발에 집중하며, 독자들과 직접 소통하는 다양한 프로그램을 기획했습니다. 동시에 내부 직원들과의 관계를 더욱 돈독히 하며 함께 성장하는 조직 문화를 만들기 위해 노력하셨습니다.

대표님께서는 "남과 비교하는 순간 마음은 흔들리고, 조급함은 실수를 부른다"라고 말씀하시며, 자신만의 속도와 방향을 지키는 것이 얼마나 중요한지 깨달으셨다고 합니다. 이 과정에서 가족과 지인들의 격려가 큰 힘이 되었으며, 무엇보다 스스로를 사랑하고 격려하는 마음이 그녀를 한층 더 단단하게 만들었습니다.

몇 년이 지나, 이선화 대표님은 출판사뿐 아니라 자신 인생의 '보름달'을 맞이했습니다.

급변하는 환경 속에서도 흔들리지 않고, 자신만의 색깔과 가치를 지켜낸 것에 대한 깊은 자부심을 느끼십니다. 또한 인생의 방황과 불확실성을 두려워하지 않고 오히려 그것이 성장의 토대임을 인정하는 용기를 가지셨습니다.

이 대표님의 이야기는 우리 모두에게 한 가지 분명한 메시지를 줍니다.

인생에서 방황하는 시기는 실패가 아닌, 완성으로 가는 필수적인 과정이라는 사실입니다. 지금의 어려움과 불안은 곧 더 밝은 내일을 준비하는 시간이자, 결국엔 우리 모두가 빛나는 보름달로 완성될 길임을 믿으시길 바랍니다.

매일의 소소한 성취와 주변 사람에 대한 감사함을 마음에 담으며, 자신만의 걸음을 흔들림 없이 걸어가십시오.

인생은 긴 여정이며, 우리 모두는 반드시 완성된 달처럼 빛날 존재임을 다시 한번 기억하시길 바랍니다.

긍정적 생각 습관

　서울에서 중견기업을 경영하시면서 왕성하게 활동하시는 김성준 선생님께서는 늘 사람과의 관계에 대한 깊은 통찰을 나누십니다. 그의 말씀에 따르면, 인간관계는 '보이지 않는 그물망'과 같아, 눈에 보이지 않아도 우리 삶 곳곳에 얽혀 있는 신비한 인연들이 있다는 것입니다.

　김 선생님은 자신도 한때 좁은 시야와 고정관념에 갇혀 여러 사람과의 관계에서 어려움을 겪은 적이 있었다고 고백하십니다. 그 시절에는 상대방의 작은 단점만 바라보았고, 오해와 갈등으로 마음의 문을 닫곤 했습니다.

　하지만 어느 날, 우연히 한 강연에서 "모든 관계에 낙천적이고 열린 마음을 가지라"는 조언을 듣고부터 인생이 달라졌다고 하셨습니다.

　그는 "사람들은 저마다 다르고, 나와 전혀 상관없어 보이는 사람들 속에도 인생의 중요한 연결고리가 숨어 있다"며 "시야를 좁히지 않고, 마음을 크게 열면 예상치 못한 인연과 배움이 찾아온다"고 강조합니다.

　그 후 김 선생님은 사람을 만날 때마다 담대하게 포용하며, 그 안에서 사랑과 배려를 실천하는 습관을 길렀습니다.

　한번은 직장 내 갈등으로 어려움을 겪던 동료와 마주쳤을 때였습니다.
　과거라면 대립하며 자리를 피했겠지만, 김 선생님은 그 동료에게 먼저 다가가 진심 어린 대화를 시도했습니다. 그의 열린 태도와 진정성에 마음이 녹아내린 동료는 점차 마음을 열었고, 두 사람은 서로의 입장을 이해하며 더 굳건한 협력 관계로 발전할 수 있었습니다.

이 경험은 김 선생님에게 긍정적인 생각 습관이 얼마나 큰 힘을 가지는지 다시 한번 일깨워 주었습니다.

"모든 사람에게 담대하고 포용적인 마음으로 대할 때, 나도 모르는 사이에 내 삶은 풍요로워지고, 상처받은 마음도 치유됩니다."

김 선생님은 후배들에게도 이렇게 권합니다.

"인간관계에서 생기는 갈등과 오해를 두려워하지 마십시오. 그저 큰 마음으로 포용하고, 모든 인연 속에서 긍정적인 배움을 찾으려 노력하십시오. 그것이 우리를 성장시키고, 행복한 인생으로 이끄는 길입니다."

오늘 하루도 김성준 선생님처럼 열린 마음과 담대한 사랑으로 주변 사람들을 바라보며, 낙천적인 생각을 습관으로 만들어 보십시오.

작은 변화가 여러분의 삶을 깊고 넓게 확장해 줄 것입니다.

혼자서 걷기

오늘은 삶의 무게를 짊어진 채, 그 무게를 아름다움으로 바꾸신 공학자이신 박정훈 선생님의 이야기를 들려드리려 합니다. 박 선생님께서는 오랜 연구와 현장 경험 속에서 높은 자리까지 오르셨지만, 어느 순간 마음의 갈증과 피로를 느끼셨습니다. 복잡한 공식과 데이터 뒤에 숨어 있던 진짜 '나'를 찾아가고자, '혼자서 걷기'라는 작은 습관을 시작하셨습니다.

처음에는 단순히 건강을 위해 시작한 산책이었지만, 걷는 매일매일이 선생님께 뜻밖의 선물이 되었습니다.

어느 날, 산책길에서 작은 개울가에 앉아 물고기 떼가 맑은 물살을 가르는 모습을 우연히 지켜보시게 되었는데, 그 순간 '흐름'이라는 단어가 깊이 와 닿았다고 합니다. 복잡한 문제와 결과에 집착하던 마음이 물살 따라 자연스레 흘러가듯 풀리기 시작한 것이었습니다.

시간이 흐르면서, 선생님은 매일 조금씩 걸음걸이를 달리하고, 들리는 새소리와 바람의 소리를 온몸으로 느끼며 걷기에 몰입하셨습니다.

작은 꽃망울이 피어나는 모습을 발견할 때마다 삶의 작은 희망을 다시 품으셨고, 나무가 바람에 흔들리면서도 단단히 뿌리내리는 모습을 보며 자신도 흔들려도 중심을 잃지 말아야겠다는 다짐을 하셨습니다.

특히, 어느 여름날 선생님께서는 길가에 핀 한 송이 야생화 꽃에서 큰 감동을 받으셨습니다. 그 꽃은 좁고 척박한 틈새에서도 고개를 들어 세상을 향해 빛나고 있었기 때문입니다.

　박정훈 선생님께서는 그 모습을 보며 '삶이 힘들고 좁은 길을 걷는 것 같아도, 그 안에서 충분히 빛나고 완성될 수 있다'는 희망을 다시 한 번 확인하셨습니다.

　그 후 선생님은 걷기를 통해 얻은 차분한 마음과 긍정적인 에너지를 바탕으로 연구실에서도 동료와 후배들을 더욱 따뜻하게 격려하며, 자신의 삶뿐 아니라 주변 사람들의 삶까지 깊이 생각하는 넉넉한 마음가짐을 가지게 되셨습니다.

　박정훈 선생님의 이야기는 우리 모두가 바쁜 일상 속에서도 '혼자서 걷기'라는 단순한 행위로부터 삶의 본질과 자연의 위로를 발견할 수 있음을 보여줍니다.

　오늘 이 글을 읽으시는 여러분께서도 잠시 걸음을 멈추고 자연과 자신과의 대화를 시작해 보시길 바랍니다.

　그 시간이야말로 진정한 치유와 성찰, 그리고 긍정의 출발점이 될 것입니다.

봉사활동

오늘은 우리 사회에 작은 빛이 되는 봉사활동의 의미를 다시금 일깨워 주신 김현수 선생님의 이야기를 전해 드리고자 합니다. 김 선생님께서는 오랜 기간 교육 현장에서 학생들을 가르치시면서, 늘 '책임감'과 '배려'를 강조해 오셨습니다. 그러나 어느 날, 캠퍼스 내 산책로를 걷다 무심코 버려진 쓰레기들을 보시고 마음 깊은 곳에서 변화가 시작되었습니다.

처음에는 '누군가가 치우겠지' 하는 생각에 지나쳤지만, 버려진 비닐과 마스크, 휴지가 오랜 시간 그대로인 것을 보면서 '내가 먼저 나서지 않으면 아무도 하지 않을 수도 있겠다'는 생각에 선생님께서는 직접 손에 장갑을 끼고 작은 봉사활동을 시작하셨습니다.

처음 며칠은 작은 쓰레기 몇 개를 주우며 시작했지만, 어느새 마음은 점점 더 풍요로워졌습니다. 선생님께서는 '내가 치운 이 작은 조각들이 누군가에게는 깨끗한 공간과 맑은 공기로 돌아갈 것이다'라고 생각하며 봉사의 기쁨을 느끼셨습니다.

특히, 자신이 몸담은 학교 캠퍼스라는 공간이기에 더욱 뜻깊게 느끼셨다고 합니다.

매주 일요일마다 반복되는 이 작은 습관은 선생님의 일상에 활력을 불어넣었고, 학생들과 동료들에게도 긍정적인 영향력을 끼쳤습니다.

김현수 교수님께서는 "봉사는 결과가 눈에 보이지 않아도, 마음속 깊이 쌓이는 행복이 있다"며, "누군가를 위한 작은 행동이 나와 우리 공동체 모두를 변화시킨다"고 말씀하셨습니다.

더욱이 선생님은 봉사활동을 통해 '나만의 작은 세상'을 가꾸는 기쁨을 다시 발견하셨고, 이 경험이 곧 삶의 의미와 연결됨을 깨닫게 되셨습니다.

누구에게나 주어진 일상의 시간 속에서 봉사를 실천하며, '함께 살아가는 세상'을 만드는 데 동참하는 것, 그것이야말로 진정한 행복의 비밀임을 다시 한 번 보여 주셨습니다.

김현수 선생님의 이야기는 우리 모두에게 묵직한 메시지를 전합니다.

우리 삶 속에서 너무나 쉽게 지나쳐 버리는 작은 쓰레기처럼 보이는 문제들도 누군가의 작은 관심과 손길로 깨끗해질 수 있음을.

그리고 그 작은 손길이 바로 우리 공동체를 밝히는 희망의 불꽃임을 말입니다.

여러분도 김현수 선생님처럼 일상의 작은 봉사부터 시작해 보시길 바랍니다.

그 속에서 자신만의 깊은 행복과 사회에 대한 새로운 사랑을 발견하게 될 것입니다.

나의 인생 이렇게 살고 싶다

　서울의 한 대학교에서 꾸준히 인문학 강의를 해 오시는 박진우 교수님은 오늘도 강의실에 앉아 인생의 본질에 대해 깊이 사유하십니다. 교수님께서 강조하시는 인생의 가치는 단순히 물질적 풍요가 아닌, 정신적 행복과 사랑으로 완성되는 '가치 있는 삶'입니다. 박 교수님께서는 한 번 이렇게 말씀하신 적이 있습니다.

　"과학과 의학, 경제가 눈부시게 발전했지만, 우리 사회에는 여전히 외로움과 불평등이 만연합니다. 물질이 넘쳐나도 정작 마음은 허전한 사람들이 많아요. 그 이유는 결국 '사랑'이 부족하기 때문입니다."

　그는 특히 자신의 인생을 돌아볼 때마다, 진정으로 '착한 사람, 멋진 사람, 훌륭한 사람'으로 기억되고 싶다는 소망을 간직하고 계십니다. 교수님께서는 이런 가치를 학생들에게 전달하기 위해 늘 '사랑과 배려'를 실천하려 노력하십니다.

　어느 날, 박 교수님은 강의 중 한 학생의 고민을 듣게 되었습니다. 학생은 인간관계에서 상처받고 힘들어하며, 세상에 대한 냉소적인 태도를 보였습니다. 교수님은 조용히 이렇게 말씀하셨습니다.
　"우리 모두는 서로를 사랑하고 배려할 때 비로소 마음의 평화를 찾을 수 있어요. 나 자신을 사랑하듯, 친구와 가족, 동료, 이웃 그리고 사회 구성원 모두에게 따뜻한 마음을 전해 보세요."

　그 학생은 교수님의 따뜻한 격려와 현실적인 조언에 마음이 열렸고, 조금씩 자신을 돌아보고 주변 사람들과 진심으로 소통하는 법을 배워 갔습니다. 그 경험은 그 학생뿐 아니라 박 교수님 자신에게도 '사랑'의 힘을 다시금 확인하는 계기가 되었습니다. 박 교수님은 늘 강조합니다.

"인생의 진정한 풍요는 내가 가진 물질이 아니라, 내가 나누는 사랑과 배려에서 나옵니다. 우리 모두가 자기 자신을 사랑하는 것처럼, 이웃과 사회, 나아가 세계 모든 사람들을 존중하고 사랑할 때 비로소 우리의 삶은 빛나고 존경받을 만한 가치가 생깁니다."

우리가 사랑을 실천할 때 불평등, 고독, 가정불화 같은 사회 문제도 조금씩 줄어들 것이라는 믿음이 그 안에 담겨 있습니다. 물질적 풍요가 아무리 쌓여도 사랑 없이는 결코 진정한 행복을 누릴 수 없다는 박진우 교수님의 메시지는 오늘을 사는 우리 모두에게 큰 울림을 전합니다.

마음의 온기가 세상을 밝히듯,
오늘 하루 나와 내 주변 사람들에게 사랑과 배려를 베풀어 보는 건 어떨까요?

박 교수님이 그랬듯,
작은 사랑의 실천이 모여 결국 우리 인생을 더욱 가치 있게 만들 것입니다.

우리 모두가 '착한 사람, 멋진 사람, 훌륭한 사람'으로 기억되는 그날까지 사랑으로 마음을 채워 가시길 바랍니다.

제3장

'가을'의 인문학:
결실을 맺는 나

지금까지의 삶에서 얻은 지혜와 경험을 나눌 수 있는 방법,
그리고 그것을 디지털 콘텐츠로 변환하여
타인과 연결되는 방식을 함께 배웁니다.

불가능한 꿈은 없다

"하나님은 우리에게 감당할 수 있는 꿈만 주신다."

이 문장을 가슴 깊이 새기며 살아가시는 분이 계십니다.
이정완 선생님은 해외 유수의 대학교에서 평생 마케팅을 가르치셨고, 명예퇴직 이후에는 '유비쿼터스 행복학'을 연구하며 제2의 인생을 활짝 열어가고 계신 분입니다. 그는 남들이 '불가능하다' 말할 때 오히려 더 단단해지는 분이었습니다.

선생님의 이야기는 3년 전, 평생 몸담았던 강단에서 물러나며 시작됩니다.
많은 동료들이 골프나 여행을 인생 2막의 낙으로 삼을 때, 그는 오히려 "지금이야말로 나의 소명이 시작되는 때"라며 노트북 하나와 책가방을 들고 다시 거리로 나섰습니다.

무려 3년간 매일 아침 5시에 일어나 기도하고, 독서하며, 자신의 경험을 녹여낸 인문학 강연을 무료로 진행하셨습니다. 그는 이를 '유비쿼터스 행복학'이라 불렀습니다. 많은 이들이 물었습니다.
"선생님, 지금 이 나이에 무슨 새로운 시작입니까?"

그러나 선생님은 흔들림 없이 대답하셨습니다.
"나는 선택받은 사람입니다. 하나님께서 내게 맡기신 일이 있기에, 오늘보다 나은 내일을 향해 나아갈 뿐입니다."

그리고 놀랍게도, 그의 진심이 닿은 강연은 CBS 세바시랜드 플랫폼을 통해 전국으로 퍼졌고, 1년 만에 온라인 강좌 13개가 연달아 개설되었으며, 수만 명의 수강생들이 선생님의 강연에서 인생의 방향을 찾게 되었습니다. 그는 말합니다.

"나는 정상에 오를 수 있는 사람입니다. 이건 교만이 아니라 믿음입니다. 나는 오늘에 충실하면, 하나님께서 내일을 아름답게 책임져 주십니다."

누군가의 꿈이 너무 커 보여 보잘것없어 보일 때, 선생님의 이야기는 우리에게 말합니다.
"불가능한 꿈은 없습니다. 다만 그 꿈을 위해 매일 기도하고, 배우고, 실천하는 사람이 드물 뿐입니다."

오늘도 그는 집 앞 작은 도서관에서 강연을 준비하며, 커피 한 잔 앞에 앉아 묵상하십니다.
"오늘 하루에 충실하자. 모든 것은 하나님의 영광을 위해."

그의 삶은 하나의 선언입니다.
"우리는 불가능한 꿈을 꾸는 사람들이 아니라, 그 꿈을 실천하는 사람이어야 한다"고.

일이 즐겁다

"오늘도 일이 있어서 감사합니다."

매일 아침, 이 문장을 소리 내어 읽는 분이 계십니다.
김미숙 선생님은 서울에서 대학 강의를 하시다가, 5년 전 명예 퇴직 후 인생 2막을 '행복한 일상노동'이라는 주제로 살아가고 계십니다. 그녀는 은퇴 후에도 하루 8시간씩 책을 번역하고, 틈틈이 시니어를 위한 철학 교양 강좌도 운영하고 있습니다.

"예전엔 일이 많아 힘들다고 투덜거렸는데요, 지금은 일이 없으면 마음이 허전해요. 일 덕분에 나는 오늘도 존재할 이유를 얻어요."

선생님은 하루를 명상으로 시작합니다. 과거를 되짚지 않고, 어제의 실수를 후회하지 않고, 마음속에 분노를 담지 않겠다는 다짐을 합니다. 책상 앞 거울엔 미소 띤 예수의 얼굴 사진이 붙어 있고, 그 옆엔 적혀 있습니다.
'기쁨으로 일하라, 그 자체가 기도다.'

그녀의 말에 따르면, 일을 '미션'이 아닌 '축복'으로 받아들이는 순간 삶이 달라졌다고 합니다. 과거엔 한 문장 번역하는 데 몇 번씩 한숨을 쉬었다면, 지금은 매 문장을 감사함으로 옮깁니다.
"이 문장이 나를 성장시켜요. 그러니 즐겁게 하지 않을 이유가 없지요."

최근엔 수원 도서관에서 '행복한 일상철학'이라는 강좌도 시작하셨습니다.

강의에 오는 중년 남녀들 대부분이 이렇게 말합니다.
"선생님처럼 나이 들어도 일하는 게 즐거울 수 있을까요?"

그녀는 이렇게 대답합니다.
"즐거움은 결과가 아니라 태도입니다. 마음을 바꾸면 일은 노동이 아니라 기쁨이 됩니다. 얼굴에 미소, 마음에 비전, 손에는 정성… 이 셋이 함께할 때 일이 곧 기도가 되죠."

놀랍게도, 그녀가 진행하는 모든 프로젝트는 수익보다 '함께 행복해지는 것'을 중심에 둡니다. 그래서 그녀의 번역서들은 서점가에 조용한 파문을 일으키고 있고, 그녀의 강의는 수강생들 사이에서 '삶의 리셋 버튼'이라 불립니다. 그녀는 오늘도 말합니다.

"나는 오늘도 해야 할 일이 있어 기쁩니다. 오늘 하루, 내가 할 수 있는 일에 충실히 하렵니다. 그것이 내 삶을 가장 아름답게 만드는 길입니다."

일이란 결국, 내가 살아 있다는 증거입니다.
그 일이 작은 번역이든, 누군가의 강의를 듣는 일이든, 가정에서의 소소한 살림이든.

그것이 기쁨으로 이어질 수 있다면, 우리는 이미 행복의 중심에 서 있는 것입니다.

오늘이 '가장 젊은 날'

"오늘은 내가 앞으로의 생에서 '가장 젊은 날'입니다."

이 문장을 매일 아침 노트에 써 내려가시는 분이 있습니다.
바로 은퇴 2년 차, 전직 교장 선생님, 박영철 선생님이십니다. 평생을 아이들과 함께한 그는 은퇴 후 잠시 허무감에 빠졌지만, 어느 날 손녀가 건넨 한 마디에 다시 일어설 용기를 얻었다고 합니다.

"할아버지, 내일은 언제 제일 좋아요?"
"음… 글쎄, 내일은 언제나 조금 늦지 않니?"
"그럼 오늘이 젤 좋은 거네!"

그날 이후 박 선생님은 '오늘'을 다시 보기 시작했습니다. 더 이상 '과거의 경력'이나 '앞으로의 계획'이 아닌, 지금 이 순간이 가장 소중하다는 깨달음을 갖게 된 것이죠. 그는 말합니다.
"오늘이 내 인생에서 '가장 젊은 날'이라는 말이 가슴 깊이 와닿았습니다. 그렇게 생각하니, 하고 싶은 것들을 미루지 않게 되더군요."

그는 매일 새벽 운동을 하고, 틈틈이 도서관에서 청년들과 철학 독서모임을 합니다. 자녀들에게도 이렇게 말합니다.
"아들아, 딸아. 과거나 미래를 붙잡지 말고, 오늘을 살아라. 오늘에 충실한 사람이 결국 가장 멀리 간다."

박 선생님의 삶의 태도는 그 자녀들에게도 영향을 주었습니다. 미국에서 스타트업을 운영 중인 장남은 최근 아버지의 철학을 사내 정신으로 삼았다고 합니다. "우리는 오늘 최선을 다하는 팀입니다"라는 슬로건이 그 회사 입구에 걸려 있습니다. 그는 자주 이렇게 덧붙이십니다.

"감사는 오늘을 사는 데 최고의 무기야. 오늘 마시는 커피 한 잔, 오늘 읽은 책 한 문장, 오늘 스쳐 간 사람 하나… 이 모두에 감사할 수 있다면, 그 사람은 지금 가장 젊은 거야."

그가 남긴 일기 한 구절은 많은 이들의 마음에 울림을 줍니다.
'어제는 지나간 추억일 뿐, 내일은 아직 오지 않은 기대일 뿐, 오늘만이 내가 바꿀 수 있는 현실이다. 그러므로 오늘에 최선을 다하자.'

누군가에게 오늘은 무심히 스쳐 가는 하루일 수 있지만, 박 선생님에게 오늘은 늘 새롭고 설레는 첫날입니다.

"오늘 내가 가장 젊다"는 다짐은, 그를 더욱 생기 있게 살아가게 만드는 원동력입니다.

그러니, 오늘. 우리가 '가장 젊은 날.'

지금 이 순간을 뜨겁게 살아가면 어떨까요?

감사와 겸손의 삶을 살자

"사람은 결국 자신이 반복한 것의 총합입니다. 그렇다면 우리는 어떤 습관을 오늘도 반복하고 있습니까?"

이 질문은 정우진 선생님께서 매 학기 첫 강의에서 학생들에게 던지는 말씀이십니다. 28년간 국내 대기업에서 인사와 전략을 총괄하셨고, 퇴직 후에는 젊은 세대와의 소통을 위해 대학 강단에 서신 그분은 '인격의 핵심은 감사와 겸손'이라는 철학을 매일 실천하고 계십니다.

그는 새벽 5시에 일어나 감사일기를 씁니다. 오늘 살아 있음에 감사하고, 어제 무탈하게 보낸 하루에 감사하며, 오늘 맡겨진 강의와 만남에 감사한다고 기록합니다. 일상의 크고 작은 모든 일에 감사를 표현하는 이 습관이, 그를 더욱 따뜻하고 여유 있는 사람으로 만들었다고 말합니다.
"젊은 시절에는 성과에만 집중했습니다. 하지만 지금은 결과보다 태도를 더 중요하게 여깁니다. 겸손한 태도는 사람의 품격을 결정짓는 마지막 벽이니까요."

한번은 이런 일이 있었습니다. 한 학생이 발표 중 갑작스레 말을 더듬고 당황하자, 다른 학생들이 웃기 시작했습니다. 그 순간 정 선생님은 자리에 일어나 정색하신 채 말했습니다.
"지금 이 학생은 자신의 한계를 뚫고 이 자리에서 도전하고 있습니다. 그 용기를 격려하지 못할망정 비웃는 건, 결코 인격자의 태도가 아닙니다."

그날 이후 그의 강의실에는 한 가지 규칙이 생겼습니다.

'상대의 용기를 환호로 지지하자.'
그 규칙은 정 선생님의 삶을 그대로 반영합니다.

그는 일상에서 만나는 모든 사람-경비 아저씨, 청소 아주머니, 후배 교수들에게도 존댓말을 쓰고 고개를 숙입니다. 그 겸손함은 보는 이들의 마음마저 다독입니다.

정 선생님은 매일 다음의 다섯 가지 실천을 되새기며 하루를 시작한다고 합니다.

첫째, 오늘 주어진 모든 환경에 감사하자.
둘째, 모든 사물을 긍정적으로 바라보자.
셋째, 행동은 성실히, 약속은 철저히 지키자.
넷째, 외모는 단정히, 표정은 부드러운 미소로 유지하자.
다섯째, 모든 사람을 따뜻한 감정과 겸손한 태도로 대하자.

그는 말합니다.
"이 다섯 가지가 반복되면, 몸도 건강해지고 마음도 가벼워집니다. 인간관계도 신기하게 풀리고요. 그래서 저는 매일 '오늘 하루, 내가 어떤 사람으로 살아갈 것인가'를 스스로 묻습니다."

이러한 태도는 그의 삶을 풍요롭게 만들었고, 그와 관계하는 이들까지도 변화시켰습니다. 이제는 제자들까지 그 다섯 가지 실천을 이어받아 자신의 SNS에 매일 공유하고 있습니다.

"인격자는 하루아침에 되는 것이 아닙니다. 감사와 겸손, 이 두 가지를 반복할 때 삶이 만사형통해진다는 걸 저는 믿습니다."

여러분께서도 오늘 하루, 감사하고 겸손한 삶을 살아 볼 준비가 되셨나요?

신체적, 정신적 건강을 위해서는

"몸이 맑아야 마음도 맑아지고, 마음이 맑아야 세상을 긍정적으로 볼 수 있습니다."

박인호 선생님께서 강연에서 늘 하시는 말씀이십니다. 의사로 30년간 진료실을 지키셨고, 지금은 은퇴 후 인문학과 건강의 접점을 탐구하며 칼럼을 쓰고 계신 분입니다. 지금도 일주일에 세 번은 아침 5시에 일어나 동네 공원에서 걷고, 집필을 시작하기 전 명상으로 하루를 여십니다. 박 선생님이 강조하시는 건강의 비결은 의외로 단순합니다.

첫째, 생활의 리듬을 유지하라.
그는 말합니다. "사람이 아프다는 건 결국 '리듬이 깨졌다'는 뜻입니다."
매일 같은 시간에 일어나고, 같은 시간에 식사하고, 일정한 시간에 자는 것이 그분의 건강 철학의 핵심입니다. 특히 그는 "아침의 시작이 하루를 만든다"며, 아침을 밝은 표정과 정돈된 몸으로 시작할 것을 제안합니다. 실제로 박 선생님의 미소에는 묘한 에너지가 있습니다. 그가 가는 곳마다 사람들은 마음이 편안해진다고 말합니다.

둘째, 단정한 외모는 나를 다스리는 첫걸음이다.
은퇴 후에도 박 선생님은 항상 셔츠에 재킷을 걸치고, 머리는 가지런히 다듬습니다. "몸을 가꾸는 일은 남을 위해서가 아니라, 내 마음을 지키기 위한 예의입니다."
그의 단정한 외모는 자신에 대한 존중이자, 타인에 대한 배려의 표현입니다.

셋째, 다름을 인정하라.

박 선생님은 병원 시절 한 사건을 이야기하셨습니다. 한 노부부가 진료실에서 서로를 향해 원망을 쏟아 내다가 결국 눈물을 보였는데, 그 원인은 '당연히 상대도 나처럼 생각할 것'이라는 착각이었습니다. 그는 말합니다. "건강은 관계에서 비롯되며, 관계는 '다름'을 존중할 때 비로소 회복됩니다."

넷째, 나부터 바꾸자.

"세상을 바꾸려 하기보다, 나 자신부터 고요히 변화시키는 것이 훨씬 빠르고 지속적입니다." 그는 매일 밤, 하루 중 자신이 불편했던 순간을 떠올리고 그 감정을 정리하는 시간을 가집니다. 불쾌한 말이 떠올랐다면 '내가 왜 그렇게 느꼈는가'를 적어 보며, 감정의 뿌리를 스스로 파악합니다.

박 선생님이 운영하는 인문학 모임에는 매달 30여 명의 사람들이 모입니다.

이들은 함께 '몸과 마음의 리듬을 찾는 법'을 공부하며, 작은 실천을 이어가고 있습니다. 한 참여자는 "선생님 덕분에 처음으로 '나를 돌보는 것이 이기적인 일이 아니다'는 사실을 알게 되었다"고 고백합니다.

"건강이란 단순히 병이 없는 상태가 아닙니다. 내 몸과 마음이 조화를 이루는 상태, 그리고 그 균형을 통해 세상을 더 너그럽게 바라보는 힘. 그것이 진짜 건강입니다."

박인호 선생님의 말처럼, 신체적·정신적 건강은 거창한 변화가 아니라, 오늘의 작은 리듬을 회복하는 것에서 시작됩니다.

여러분께서도 지금 이 순간, 밝은 표정을 지어 보시겠습니까?

감사함, 기쁨이 충만한 삶을 위해서는

"기쁨은 어디서 오는가? 저는 그것이 '감사'에서 온다고 믿습니다."

정민호 선생님께서 어느 북토크에서 조용히 꺼낸 말씀이었습니다.
기업인으로 30년을 살고, 지금은 지방 소도시에서 작은 인문학 독서 모임을 이끄는 그분은, 과거의 치열한 시간보다 지금의 평온한 삶이 더 귀하다고 말합니다.

그의 삶에는 몇 번의 큰 도전이 있었습니다. 첫 번째는 2008년 금융위기, 두 번째는 예상치 못한 건강 문제, 세 번째는 은퇴 후의 정체성 상실이었습니다. 그러나 그 모든 시기를 그는 "감사의 눈으로 다시 보기"로 극복하셨다고 말합니다.
"어떤 일이든 도전이든, 피하고 싶은 고난이든, 결국 나를 성장시켜 주는 기회였습니다."

그는 실패 앞에서도 고개를 들고 "이것 또한 지나가리라"라고 되뇌며 하루를 묵묵히 살아 냈습니다. 특히 건강이 악화되던 시기, 병원 침대에 누워 아들과 주고받은 문자 하나가 그에게 전환점이 되었습니다. "아버지, 아프시니까 제가 더 강해져요. 고마워요." 그 문장에서 정 선생님은 삶이 준 가장 값진 선물, 감사함을 발견했습니다.

그 이후 정민호 선생님은 하루하루를 '어제보다 나은 오늘'로 만들겠다는 다짐으로 살고 계십니다. 그는 말합니다. "어제보다 한 문장이라도 더 깊이 읽었는가, 한 사람이라도 더 따뜻하게 대했는가. 그것이면 충분합니다."

독서 모임에서 만난 40대 여성 참가자가 정 선생님께 했던 말이 지금도 기억에 남습니다. "선생님 덕분에 하루를 감사하며 시작하게 되었어요. 오늘 내가 어제보다 나았다고 말할 수 있는 하루를 살게 됐습니다."

다음으로 그가 강조하는 삶의 태도는 '목표 앞에서 멈추지 않는 성실함'입니다.

은퇴 후 그가 세운 목표는 1년에 에세이 한 권 쓰기. 처음에는 자신도 글을 써서 책을 낼 수 있을 거라고 생각하지 않으셨습니다. 하지만 매일 새벽 6시에 일어나 30분씩 글을 쓰며, 3년 만에 첫 책을 출간하셨습니다. 출판기념회에서 누군가 "선생님, 이 정도면 성공한 거 아니세요?"라고 묻자, 그는 이렇게 답했습니다.

"성공이란 책이 나오는 순간이 아니라, 하루도 빠짐없이 써 온 그 시간들 속에 있었습니다."

정민호 선생님의 삶은 지금도 감사와 기쁨으로 충만합니다. 그는 매주 금요일, 인근 작은 도서관에서 무료 강의를 엽니다. 주제는 언제나 '오늘, 감사할 수 있는 이유'.

참가자들이 돌아가며 한 주간의 감사한 일을 나누는 그 시간은, 그의 표현을 빌리자면 "작지만 가장 빛나는 기적의 시간"입니다. 그는 말합니다.

"감사함은 지금 여기를 살아 내는 태도입니다. 그리고 그 위에 쌓이는 기쁨은, 세상 그 어떤 부와도 바꿀 수 없는 내면의 평화입니다."

감사하고, 어제보다 나은 오늘을 살며, 목표를 향해 묵묵히 걸어가는 삶.

그것이야말로 우리 모두가 꿈꾸는 기쁨이 충만한 삶의 비밀이 아닐까요?

삶을 즐기고 신뢰하자

"하루를 온전히 살아 낸다는 건, 오늘이라는 기적을 믿는 일입니다."

박지현 선생님은 이 문장을 삶의 좌우명으로 삼고 계십니다. 서울에서 교직 생활을 30년간 하신 뒤, 은퇴 후 속초 바닷가 근처로 내려와 소박한 집을 짓고 제2의 삶을 시작하셨습니다. 매주 지역 도서관에서 열리는 '유비쿼터스 행복학' 강좌는 늘 신청이 조기 마감될 정도로 인기가 많습니다. 그녀의 강의에서 사람들이 가장 깊이 귀 기울이는 주제는 바로, '자기 신뢰와 실행력'입니다.

"계획만 하는 삶은 아직 살아 있지 않은 삶입니다. 그걸 오늘 실천할 때 비로소 생명이 됩니다." 박 선생님은 이렇게 강조하십니다. 단순한 원칙 같지만, 이 말 뒤에는 박 선생님의 굵직한 경험들이 담겨 있습니다.

50대 중반, 그녀에게는 두 가지 선택지가 주어졌습니다. 교감 승진을 준비하며 행정 중심의 삶을 이어 갈 것인가, 아니면 인문학 공부를 깊이 있게 시작하고 자신만의 콘텐츠를 준비할 것인가? 많은 사람들이 안정을 택했지만, 박 선생님은 "내 안의 질문에 솔직하자"는 신념으로 새로운 길을 선택하셨습니다.

매일 새벽 5시 반, 그녀는 바다를 보며 명상합니다. 그 시간에 자신에게 던지는 질문은 하나입니다. "오늘 하루를 어떻게 살아갈 것인가?" 그렇게 하루하루를 성실히 계획하고, 작게나마 실천한 일이 쌓여 '유비쿼터스행복 인문학'이라는 콘텐츠로 발전했습니다.

"도전은 늘 두렵습니다. 하지만 도전 없이 자아는 실현되지 않습니다."

그녀는 강의 중 종종 한 제자의 이야기를 꺼냅니다. 40대에 직장을 떠난 한 수강생이 매주 강의를 들으며 자존감을 회복하고, 결국 독립출판으로 책을 냈던 사례입니다. "실행력은 환경보다 마음가짐에서 비롯됩니다. 생각만으로는 아무 일도 일어나지 않습니다."

박 선생님은 말합니다.
"주어진 상황 속에서 최고의 해석을 하고, 최선의 행동을 하는 것이야말로 진짜 철학입니다."

강연 말미에는 늘 이렇게 마무리하십니다.
"누구를 만나든 웃고, 따뜻하게 인사하고, 나를 믿는 것. 그것이 오늘 하루를 신뢰하는 방법입니다."

박 선생님의 삶은 화려하거나 대단한 사건으로 가득 차 있지는 않습니다. 하지만 그 삶의 자리에 있는 고요한 확신과 단단한 마음가짐은 많은 이들에게 울림을 줍니다.

"오늘 하루를 사랑하세요. 그것이 바로 내일의 나를 빛나게 합니다."

그녀가 가장 아끼는 문장처럼, 우리 모두가 오늘의 삶을 믿고, 즐기며, 최선을 다해 살아간다면 결국 원하는 곳에 도달할 수 있습니다.
지금 이 순간, 그 확신이 우리 안에도 있습니다.

나의 창조 에너지

"하루를 시작할 때마다 나는 세계 여행을 떠납니다. 그것도 단 한 번도 복사되지 않은 여정을요."

김도현 소장님은 이렇게 웃으며 자신의 하루를 소개하십니다.
대구에서 한 창의교육연구소를 운영하시며, 중·고등학생, 학부모, 직장인을 대상으로 창의적 문제 해결력과 인문 감수성을 결합한 강의를 해 오고 계십니다. 그런데 그가 강조하는 핵심 메시지는 언제나 '창조 에너지'입니다.

김 소장님은 매일 아침, 똑같은 동네를 산책하면서도 "나는 오늘 또 다른 도시를 걷고 있다"고 상상하십니다. 길가의 꽃이 새롭게 피어난 것처럼 보이고, 커피숍 창가에 앉은 사람들이 이전과는 전혀 다른 감정으로 느껴집니다. 그의 일상은 반복되는 루틴이 아니라, 매일 새로운 모험입니다.

"여행이란, 꼭 비행기를 타고 가야 하는 건 아니죠. 내가 마음을 어떻게 준비하느냐에 따라 매일 아침이 새로운 출국장이 됩니다."

그에게 '창조 에너지'는 특별한 재능이 아니라, 마음의 자세에서 비롯되는 힘입니다.
10년 전, 그는 대기업 교육 컨설턴트로 활동하며 안정된 커리어를 쌓고 있었습니다. 그러나 하루하루가 너무 똑같이 느껴졌고, 어느 날 '이대로는 내 안의 창조성이 메말라 간다'는 위기의식을 느끼셨다고 합니다. 그는 결국, 조직을 떠나 자신만의 콘텐츠를 만들겠다는 결심을 했습니다.

그 후, 매일 새로운 주제를 탐구하며, 수많은 실패와 실험을 거쳐 지금의 창의교육 콘텐츠를 개발하셨습니다. 수강생들에게도 이렇게 말씀하십니다.

"세상의 모든 경험은 결국 당신의 창조 에너지를 일깨우기 위해 준비된 여행입니다. 실패도, 만남도, 심지어 혼란도요."

그의 강연 중 특히 감동적인 순간은 '내 삶을 하나의 여행으로 인식하자'는 메시지를 전할 때입니다.

"여러분의 오늘은 어제의 연장이 아닙니다. 오늘은 전혀 새로운 경로를 걷는 첫날입니다."

"나이가 들수록 모험은 두려워지지만, 창조는 모험 속에서만 자랍니다."
김 소장님의 이 한마디는 수많은 40~60대에게 깊은 울림을 줍니다.
현실에 안주하지 않고, 자신 안의 가능성을 새롭게 열어 가는 용기, 그것이야말로 매일매일 우리의 에너지를 창조적으로 바꾸는 원천이라는 것입니다.

그의 삶은 결코 특별하거나 비범하지 않습니다.
하지만 매일 아침, 자신의 하루를 '나만의 여행'이라 선언하는 태도 덕분에 김도현 소장님은 오늘도 수많은 사람에게 선한 영향력을 전하고 계십니다.

"내일 또 새로운 나라로 떠납니다. 그 나라는 '내가 되어 가는 또 다른 나'입니다."

이 문장은 오늘 아침, 그가 일기장에 적은 문장이라고 합니다.

유비쿼터스 긍정의 힘

서울에서 대학 강사로 활동 중이신 이선우 교수님은 늘 학생들과 동료 교수님들께 긍정의 중요성을 이야기하십니다. 교수님께서는 인생의 굴곡 속에서 '실패'를 대하는 자세가 얼마나 중요한지를 삶의 경험을 통해 보여 주셨습니다.

몇 년 전, 이선우 교수님은 자신이 기획한 대형 학술 프로젝트가 뜻밖의 여러 문제로 실패 직전에 놓였던 경험이 있습니다. 초기 준비 단계에서부터 꼼꼼히 계획을 세웠지만 예상치 못한 예산 삭감과 참여자들의 일정 충돌, 기술적 문제 등으로 프로젝트가 중단 위기를 맞았습니다. 그때 주변에서는 좌절하거나 포기하는 목소리가 많았지만, 교수님은 절대 겁먹지 않으셨습니다.

교수님께서는 "실패하지 않는 사람은 없다"는 말씀을 자주 하시며, 실패는 오히려 '다시 시작할 수 있는 기회'임을 강조하셨습니다.

그날부터 더욱 구체적이고 완벽한 계획을 세우기 위해 자료를 재검토하고, 참여자들과 소통하며 문제 해결에 집중했습니다. 그리고 무엇보다도 긍정적인 마음가짐을 잃지 않으셨습니다.

"내가 할 수 있는 일을 최선을 다해 하면서, 상황이 좋아질 때까지 인내하는 것, 그리고 매일 희망을 품고 그날의 일에 최선을 다하는 자세가 중요하다"는 교수님의 믿음은 결국 프로젝트 성공으로 이어졌습니다.

그 과정에서 가장 크게 힘이 되었던 것은 '적극적인 자세'와 '항상 웃는 얼굴'이었다고 하십니다. 문제 앞에서도 즐거운 표정을 잃지 않는 그 태도는 주변 사람들까지 긍정의 에너지로 물들였고, 함께 일하는 팀원들 모두가 한마음으로 나아갈 수 있게 만든 원동력이었습니다.

이선우 교수님께서는 말씀하시길, "주어진 것이 레몬이라면 그걸 가지고 맛있는 레몬수를 만드는 사람이 되자"고 합니다.

우리가 맞닥뜨린 어려움이나 실패는 피할 수 없는 현실이지만, 그것을 어떻게 받아들이고 극복하느냐에 따라 결과는 크게 달라집니다. 낙담하거나 좌절하지 말고, 오히려 더 강한 긍정의 힘으로 다시 도전하는 사람이 되어야 합니다.

교수님의 이야기는 우리 모두에게 깊은 울림을 줍니다.
실패 앞에서도 두려움을 버리고, 구체적인 계획과 인내, 그리고 무엇보다 적극적이고 밝은 태도를 유지한다면 내일은 오늘보다 훨씬 더 희망적일 수밖에 없다는 사실을 일깨워 주기 때문입니다.

긍정의 힘으로 자신의 하루하루를 빛내며, 작은 성공을 쌓아 가는 여러분 각자의 여정에 이선우 교수님의 이야기가 등불이 되기를 바랍니다.

유비쿼터스 희망이란

"희망은 완벽한 미래가 아니라, 불완전한 오늘을 사랑하는 힘입니다."

은퇴 후 전남 순천의 작은 마을로 내려가 교육 봉사를 이어 가고 계신 박은철 선생님께서는 그렇게 말씀하셨습니다. 30여 년간 고등학교에서 학생들을 가르치며 교장으로 퇴직을 하신 후, 그는 여느 또래처럼 편안한 여생을 선택할 수도 있었습니다. 하지만 그는 오히려 더 작은 교실로 돌아갔습니다. 이름도 잘 알려지지 않은 농촌 마을의 지역 아동센터에서 아이들을 가르치는 일은 결코 쉽지 않았습니다.

처음 그곳에 부임했을 때, 선생님은 당황하셨다고 합니다.
"말보다 주먹이 먼저 나가던 아이들, 책보다 스마트폰에 익숙한 아이들… 처음엔 내가 여기서 뭘 할 수 있을까 싶었습니다."

하지만 박 선생님은 교육자로서의 신념을 꺾지 않으셨습니다. 완벽하지 않아도 괜찮다고, 중요한 것은 지금 여기서 내가 할 수 있는 최선을 선택하는 일이라고 스스로를 다독이며 하루하루를 살아가셨습니다. 아이들에게도 늘 그렇게 말씀하십니다. "실패해도 괜찮다. 우리가 진짜 어른이 되어 가는 길은, 넘어질 때마다 일어나는 그 연습에 있다."

어느 날, 한 아이가 박 선생님에게 이런 편지를 써 주었습니다.
"선생님이 저를 믿어 줘서, 저도 저를 믿기 시작했어요. 예전엔 매일 화만 냈는데, 지금은 내일을 기다려요."
그날 박 선생님은 눈시울이 붉어지셨다고 했습니다.

"그 아이가 변한 것이 아닙니다. 희망이 그 아이 속에서 고개를 들기 시작한 것이지요."

박은철 선생님은 말씀하십니다.
"우리가 완전할 수는 없습니다. 하지만 성숙할 수는 있습니다. 그리고 성숙은 선택의 반복입니다. 불안보다는 신뢰를, 체념보다는 희망을, 방관보다는 실천을 선택하는 반복입니다."

그의 하루는 여전히 소박합니다. 아이들과 마을을 걸으며 나무에 대해 이야기하고, 시를 낭독하며 감정을 표현하게 돕습니다. 누군가는 그를 '시골의 멘토'라 부릅니다. 하지만 그는 이렇게 답합니다.
"저는 그냥 오늘도 아이들과 함께 배우고 있는 학생입니다. 제가 가르치는 게 아니라, 희망이 우리 모두를 성장시키고 있을 뿐입니다."

희망은 거창한 미래의 계획이 아닙니다.
박 선생님의 삶이 보여 주듯, 희망이란 오늘 내가 만난 환경 안에서 나의 최선과 타인의 가능성을 믿는 작은 선택의 용기입니다.

우리는 모두 불완전하지만, 바로 그 불완전함이 우리에게 사람다운 따뜻함을 줍니다. 그리고 그 따뜻함 안에서, 우리는 매일 조금씩 더 나은 사람이 되어 가는 것입니다.

유비쿼터스 리더십

"진정한 리더십은 자리에 있는 것이 아니라 마음에 있다"는 것을, 김지훈 소장님은 삶으로 보여 주고 계십니다.

서울 구로구의 한 사회복지관. 무려 30년 가까이 한자리에서 어려운 이웃과 지역사회를 위해 헌신해 오신 김 소장님은 직원들 사이에서 '말없는 리더십의 표본'이라 불립니다. 그는 회의 때면 말보다 경청을 먼저 하시고, 직원이 실수했을 땐 추궁보다 격려부터 건넵니다. 그리고 누구보다 먼저 현장에 나가 봉사자들과 함께 땀을 흘리십니다.

어느 겨울, 폭설이 내린 날이었습니다. 복지관 앞에는 밤새 쌓인 눈으로 어르신들의 출입이 어려워졌고, 많은 직원들이 도착이 지연되던 그 아침, 김 소장님은 새벽 6시부터 혼자 눈을 치우고 계셨습니다. 주민 중 한 분이 "소장님, 이런 건 직원들 시키세요"라고 말씀드리자, 그는 조용히 웃으며 이렇게 말씀하셨다고 합니다.
"제가 먼저 하면, 굳이 시키지 않아도 함께해 주시잖아요."

그날 오전 9시가 되기 전에 복지관 앞마당은 이미 말끔히 정리되었고, 직원들과 자원봉사자들이 자발적으로 하나둘 눈삽을 들고 나왔습니다. 그날 이후 사람들은 눈이 와도 걱정하지 않게 되었습니다. 누구 하나의 지시가 없었어도, '함께 먼저 하는 문화'가 자리를 잡았기 때문입니다.

김지훈 소장님은 항상 말보다 행동을 앞세우십니다. 실수를 저지른 후배가 사직서를 내밀었을 때, 그는 이렇게 말하며 붙잡으셨습니다.

"잘못을 지적하는 건 쉽지만, 다시 일어서도록 손 내미는 건 리더의 역할이죠. 당신은 우리에게 꼭 필요한 사람이에요."

그 후배는 지금 복지관에서 핵심 간부로 성장해 또 다른 후배들을 품고 있습니다.

김 소장님의 철학은 단순합니다.
"진심으로 사람을 대하면, 그 진심은 반드시 통하게 되어 있습니다. 리더는 앞서서 빛나는 자리가 아니라, 조용히 뒤에서 등을 밀어 주는 자리가 되어야 합니다."

그는 언제나 사람의 약점을 보기보다, 장점과 가능성부터 찾아냅니다. 그리고 상대의 말 한 마디에도 귀 기울이고, 늘 선의로 해석하려는 노력을 멈추지 않으십니다. '진정한 리더십'이란 바로 이런 모습 아닐까요?

진정한 리더란, 규칙으로 지배하는 자가 아니라, 모범으로 이끄는 사람입니다.

그리고 김지훈 소장님의 일상은, 말이 아닌 행동으로 그것을 실천하고 있습니다. 기쁨보다 슬픔이 더 많은 순간에도, 그는 다시 시작합니다.
또다시, 묵묵히.

여러분은 어떤 리더가 되고 싶으신가요?

누군가를 움직이게 하는 힘은 말이 아니라, 여러분 각자의 실천에서 비롯됩니다.

유비쿼터스 오늘이 '가장 젊은 날'

다른 사람에게 신임과 존경을 받는 방법

서울의 한 대학교에서 오랜 시간 교육과 인문학 강의를 해 오신 이선우 교수님은 늘 사람들에게 '진정한 신뢰와 존경'이란 무엇인가를 몸소 보여 주시는 분입니다. 교수님께서는 사람과의 관계 속에서 어떻게 하면 신임을 얻고 존경을 받을 수 있는지 오랜 경험을 통해 얻은 지혜를 나누어 주십니다.

"먼저, 경청은 신임의 출발점입니다." 교수님의 말씀이 시작되면 늘 사람들은 고개를 끄덕입니다. 그는 상대의 말을 끊지 않고 끝까지 듣는 데 탁월합니다. 한번은 한 젊은 연구자가 연구 결과에 대해 설명하던 중, 교수님은 조용히 고개를 끄덕이며 끝까지 듣다가 이렇게 말했습니다.
"이 부분이 참 흥미롭네요. 혹시 이런 상황에서는 어떻게 대처할 계획이신가요?"
이렇게 질문을 던지며 상대방이 스스로 생각하도록 돕는 그 방식은 많은 이들에게 신뢰를 쌓는 가장 큰 비결이 되었습니다.

"이해하려는 노력도 중요합니다."
교수님은 누군가의 실수를 비판하기보다 왜 그런 선택을 했는지 상대방의 입장을 헤아리려 애쓰십니다. 어느 날, 한 연구원이 업무를 실수했을 때도 교수님은 꾸짖기보다 먼저 그 상황을 이해하고 다가가며 "무엇이 어려웠나요? 함께 해결해 봅시다."라며 진심 어린 마음을 전하셨습니다. 그 연구원은 큰 힘을 얻어 다시 용기 내어 일에 임할 수 있었습니다.

또한, 교수님은 항상 사람의 장점을 찾아 칭찬을 아끼지 않습니다. "김 박사님, 이번 강의 자료 준비가 정말 탁월했어요. 덕분에 많은 분들이 깊은 인사이트를 얻었습니다."라는 한마디는 그 누군가에게는 새로운 동기 부여가 됩니다. 그분께서 존경받는 이유 중 하나가 바로 이런 '진심 어린 칭찬'입니다.

자신이 틀렸을 때는 솔직하게 인정하고 정중히 사과하는 것도 신뢰를 얻는 지름길입니다. 교수님은 강의 중에 자신의 오류를 발견하면 "그 부분은 제가 착오가 있었습니다. 바로잡겠습니다."라며 당당히 인정하고, 오히려 그 모습이 학생들에게 진정한 신뢰를 안겨 주었습니다.

말수는 많지 않지만 필요한 순간에는 상대방에게 질문과 부탁으로 말을 건네십니다.
"이 부분에 대해 교수님 생각은 어떠신가요?", "조언 부탁드립니다."라는 부드러운 어투는 상대방에게 존중받는 느낌을 줍니다.

"사람 이름을 자주 부르는 것도 중요해요."
교수님은 만나는 이마다 이름을 기억하고 부르며, 그 따뜻한 미소로 상대방을 바라봅니다. "정희 씨, 오늘은 어떤 생각을 하셨나요?"라는 친근한 말투는 긴장을 풀고 진솔한 대화를 이끌어 냅니다.

또한, 비밀을 철저히 지키는 태도는 신임을 쌓는 데 필수입니다.
"내가 들은 이야기는 결코 밖으로 새어 나가지 않는다."는 믿음은 사람들이 교수님을 믿고 마음을 열게 만드는 큰 이유입니다.

이선우 교수님의 하루는 언제나 타인에 대한 존중과 신뢰를 바탕으로 움직입니다. 그의 삶이 보여 주는 신임과 존경의 비법은 결코 어려운 것이 아닙니다. 단지 '진심'과 '겸손', '배려'를 갖고 매일을 살아가는 것, 그리고 그것을 작은 습관으로 실천하는 것뿐입니다.

우리도 이 교수님처럼, 경청하는 태도와 따뜻한 미소, 진솔한 인정과 겸손한 마음으로 주변 사람들에게 신임과 존경을 받는 삶을 시작해 보는 것은 어떨까요?

사랑으로 충만한 마음으로 살아가기

서울 강북구의 한 작은 서점에서 인문학 강의를 이어 가시는 박진호 교수님은 늘 사랑으로 하루를 채우는 분으로 알려져 있습니다. 교수님께서는 '사랑'이라는 단어를 그저 추상적인 감정이 아니라, 삶을 살아가는 힘과 원동력으로 여기십니다.

교수님은 강의실 앞에서 조용히 말씀을 시작하십니다.

"매일 아침 눈을 뜨면, 저는 오늘 하루를 사랑으로 시작하겠다고 다짐합니다."

한번은 이런 이야기를 들려주셨습니다. 50대 초반에 갑작스러운 건강 문제로 몇 달간 힘든 시간을 보내셨지만, 그 고통 속에서도 '사랑하는 마음'만큼은 단 한순간도 놓지 않으셨다고 합니다. 자신의 몸과 마음을 사랑하며, 그 시간들을 이해하고 받아들이셨다고 하셨습니다. 그 마음이 결국 다시 건강을 회복하는 데 큰 힘이 되었다고 하십니다.

박 교수님은 일상에서 만나는 모든 사물과 상황을 사랑으로 바라보는 습관을 실천합니다. 예를 들어, 강의 준비 중에도 책과 자료에 대해 '감사하는 마음'으로 대하고, 청중 한 사람, 한 사람을 '귀한 존재'로 존중하는 마음으로 대합니다. 이는 강의의 깊이를 더하고, 청중에게 진정성 있게 다가가는 비결이 되었습니다.

"사랑이 깃든 관찰과 이해가 쌓여야 비로소 진정한 소통이 이뤄집니다"라고 말씀하셨습니다.

또한, 교수님은 '내가 하는 모든 일에 사랑을 담는 것'이 성공으로 가는 길임을 강조하십니다. 꾸준하고 일관된 노력을 통해 작은 성공을 하나씩 쌓아가는 과정에 사랑이 녹아 있어야 한다고 믿으십니다.

"중간에 포기하지 않고, 즐겁게 성실하게 행동하는 것이야말로 사랑의 실천입니다."

어느 날, 연구 프로젝트가 예상보다 늦어져 어려움을 겪을 때도 교수님은 늘 마음을 다잡으며 "내가 사랑하는 일에 최선을 다하는 한, 결코 실패하지 않는다"고 다짐하셨습니다. 이 다짐이 프로젝트를 성공으로 이끄는 큰 원동력이 되었습니다.

무엇보다 박진호 교수님의 사랑은 주변 사람들에게도 전해집니다. 그가 만나는 학생, 동료, 그리고 가족들 모두가 그의 진심 어린 배려와 따뜻함을 느낍니다. 한 학생은 "교수님께서는 늘 저희를 '존중받는 존재'로 여기셔서, 덕분에 스스로를 더욱 사랑할 수 있게 됐어요."라고 전합니다. 사랑의 힘은 이렇게 사람과 사람을 잇는 따뜻한 다리가 됩니다.

"내 생명이 숨 쉬는 한, 나는 사랑으로 충만한 마음으로 오늘을 살아가겠습니다."

박 교수님의 이 말은 결코 허언이 아닙니다. 매일의 작은 행동과 선택 속에 사랑이 스며들 때, 그 하루는 더 풍성하고 의미 있게 채워지기 때문입니다.

우리 모두에게 주어진 오늘이라는 하루가 사랑으로 가득 차게 만드는 힘은 바로 '나 자신과 주변을 향한 진심 어린 사랑'입니다. 그 사랑이 있어야 인생의 목표도 더욱 빛나고, 어려움도 견딜 수 있는 힘이 됩니다.

지금, 이 글을 읽고 있는 우리 모두가, 오늘부터 사랑의 눈으로 세상을 바라보며, 한 걸음, 한 걸음을 성실하게 내딛는 하루를 시작해 보시면 어떨까요?

성공적인 협상을 위해서는

'협상은 논리가 아니라 마음을 얻는 예술'이라고 말씀하신 분이 계십니다. 바로 의료경영 전문가로 널리 알려진 김정우 원장님이십니다. 수십 개의 병원과 요양시설의 인수·합병을 성사시키신 분이지만, 정작 본인이 가장 중요하게 여기는 것은 '따뜻한 첫인상'과 '경청의 자세'이십니다.

원장님께서는 회의실에 들어서는 순간부터 협상은 시작된다고 강조하십니다. 상대방보다 먼저 미소 짓고 인사하며, 자리에 앉기 전 상대의 눈을 마주 보고 고개를 살짝 숙이시는 그 모습엔 깊은 존중의 태도가 배어 있습니다. 이는 단순한 예의가 아니라, 협상의 문을 여는 열쇠라는 말씀입니다.

그분의 철학은 어느 실패에서 비롯되었다고 합니다.
15년 전, 한 병원의 M&A 협상에서 조건만 앞세워 밀어붙이시다가 협상이 결렬되었던 기억. 그 병원의 원장님이 마지막으로 하신 말씀이 원장님의 마음을 크게 울렸다고 합니다.
"이사장님, 저에게 단 한 번이라도 진심으로 귀 기울이신 적 있으신가요?"
그 한마디에, 원장님은 마음을 다잡고 협상의 기본부터 다시 배우셨다고 하셨습니다.

그 이후로 원장님은 어떤 자리에서도 절대 상대의 말을 끊지 않으십니다. 오히려 질문을 통해 상대방이 충분히 말할 수 있도록 도우시고, 끝까지 경청하신 뒤에야 조심스럽게 자신의 입장을 내놓으십니다.
"질문은 존중의 시작이고, 경청은 신뢰의 축적입니다"라는 원장님의 말씀은 깊은 울림을 줍니다.

또한, 협상 중에는 언제나 상대의 체면을 우선적으로 고려하십시오.

한번은 직원들의 급여 조정을 위한 협상에서, 대표 노조 위원장을 직접 찾아가 "위원장님 입장에서 먼저 말씀을 주시면, 저희가 배우는 자세로 듣겠습니다."라고 먼저 손을 내미신 적도 있습니다. 그 진심 어린 자세에 협상 분위기는 순식간에 부드러워졌고, 양측 모두가 만족하는 결과로 마무리되었다고 합니다.

무엇보다 인상 깊었던 원장님의 철학은 이것이었습니다.
"논쟁에서 이기려 하지 마십시오. 흐름을 따라가며 배려하는 쪽이 결국 더 멀리 갑니다."

때론 물줄기의 방향을 바꾸려 애쓰는 것보다, 흐름을 활용하는 지혜가 더 큰 성과를 만든다는 말씀은 협상뿐 아니라 인생 전반에도 적용될 지혜로운 통찰이었습니다.

김정우 원장님의 삶과 철학은, 우리가 협상이라는 단어에서 흔히 떠올리는 갈등이나 이익의 싸움이 아니라, 마음을 여는 소통과 신뢰의 예술임을 다시금 일깨워 줍니다.

오늘 하루도 원장님처럼 먼저 웃고, 먼저 듣고, 먼저 존중하는 태도로 누군가를 대한다면, 세상은 분명 조금 더 따뜻해질 것입니다.

내면의 평화를 위하여

"비판을 사랑으로 이해하게 된 날, 제 마음의 바람은 멈췄습니다."

서울의 한 대학교 철학과에서 30년간 강의해 오신 윤진하 교수님께서 어느 저녁, 제자들과의 작은 세미나에서 꺼내신 말씀입니다. 교수님의 이 고백은, 평생을 진리와 사유의 세계에 헌신해 온 분의 고요한 내면에서 우러나온 깨달음이었습니다.

윤 교수님께서는 젊은 시절 학계에서 '비판적 지성'이라는 별명으로 불리셨습니다. 논리와 증거로 상대를 꺾는 데 능하셨고, 학술 토론에서는 언제나 가장 날카로운 질문을 던지셨다고 합니다. 하지만 정작 본인을 향한 비평에는 쉽게 상처를 받으셨습니다. "나도 인간이니까"라는 말로 위로를 삼았지만, 어느 날 결정적인 전환점이 찾아왔습니다.

5년 전, 어느 논문 발표 자리에서였습니다.
후배 학자의 날 선 지적이 교수님의 논문 핵심을 정면으로 반박한 것이었습니다. 발표가 끝난 후, 교수님은 당황함을 감추지 못하셨고, 그날 밤은 잠을 이루지 못하셨다고 합니다.

그러나 다음 날, 산책길에서 마주한 작은 연못의 잔잔한 수면을 보며 문득 이런 생각이 드셨다고 합니다.
'내가 이토록 흔들리는 이유는, 내 마음이 호수 같지 않기 때문이구나.'

그날 이후, 윤 교수님은 자신을 비판하는 사람들의 말을 '관심의 표현'으로 바꿔 받아들이기 시작하셨습니다. 상대의 날카로운 언어 뒤에는, 나를 성장시키려는 다른 방식의 사랑이 숨어 있다는 해석이었습니다.

'칭찬은 듣기 좋은 비평이고, 비평은 듣기 싫은 칭찬이다'라는 말씀도 덧붙이셨습니다.

그 변화는 학문뿐 아니라 인간관계에서도 큰 변화를 불러왔습니다.
그를 두려워하던 제자들이 점차 가까이 다가오기 시작했고, 그는 한층 더 부드럽고 따뜻한 스승이 되셨습니다. 한 제자가 일기에 이렇게 썼습니다.
"교수님의 눈빛이 예전에는 섬뜩한 칼 같았는데, 요즘엔 따뜻한 가을날 같습니다."

윤 교수님은 지금도 늘 말씀하십니다.
"호수처럼 평온한 마음에는 지혜가 스며들고, 그 지혜가 인격을 이끕니다. 비난은 나를 단련시키는 바람입니다. 흔들리되, 부러지지 않는 바위처럼 살아야 합니다."

내면의 평화는 외부의 침묵이 아니라, 내부의 평온에서 시작됩니다.

우리도 한 번쯤, 내 마음의 바람을 가만히 들여다보면 어떨까요?

그 안에 이미 평화의 씨앗이 숨 쉬고 있을지 모릅니다.

자신 있게, 자신답게

서울의 한 대학교에서 평생을 연구와 교육에 바치신 이재현 박사님은 '자신 있게, 자신답게' 사는 삶의 진정한 의미를 몸소 보여 주는 분입니다. 박사님은 늘 말씀하십니다. "과거는 지나간 시간입니다. 어제를 되돌릴 수 없듯, 과거의 나에게 묶이지 않고 오늘부터 내가 나답게 살아가는 것이 가장 중요하다."

이 박사님께서는 오랜 세월 학계에서 인정받는 위치에 있었지만, 어느 순간 건강과 가족 문제로 인해 예상치 못한 도전을 마주하게 되셨습니다. 한때는 비교와 평가에 흔들려 스스로를 의심하던 때도 있었지만, 그 과정에서 '남과 나를 비교하는 것'이 얼마나 무의미한지를 깊이 깨닫게 되셨습니다. 그 깨달음은 삶을 변화시키는 전환점이 되었습니다.

"내가 가장 절실하게 바라는 것은 무엇일까?" 박사님은 이렇게 스스로에게 묻기 시작했습니다. 그리고 "지금 내가 처한 상황에서 내가 가장 잘할 수 있는 일은 무엇인가?"라는 질문에 집중했습니다. 대학 강의와 연구는 물론, 건강 회복과 가족과의 시간을 조화롭게 만드는 데 힘을 쏟기로 다짐하셨습니다. 주변의 잣대와 비교를 넘어서 자신만의 길을 걸으려는 의지가 생긴 순간이었습니다.

박사님의 변화는 눈에 띄었습니다. 하루하루를 '나의 방식대로' 계획하고 실천하기 시작하면서, 점차 자신감을 되찾으셨습니다. "비교하지 말자, 평가하지 말자"는 단순한 문장이 삶의 지침이 되면서, 오히려 남들보다 더 행복하고 충만한 하루를 보내게 되셨다고 합니다. 특히, 어느 학술대회에서 발표를 할 때, 박사님은 "남들의 눈을 의식하지 않고, 나만의 이야기를 자신 있게 전할 때 비로소 청중과 진정으로 소통할 수 있다"는 말을 하셨습니다. 이 말은 많은 동료와 학생들에게 깊은 울림을 주었습니다.

가족과의 관계도 크게 달라졌습니다. 박사님은 집에서 늘 '나답게' 행동하려 노력했고, 그 마음이 가족에게도 전해졌습니다. 아내 분은 "남편이 예전보다 더 편안하고 행복해 보여서 집안 분위기가 한층 밝아졌다"고 전합니다. 또한 자녀들도 아버지의 진솔한 태도와 자신감에서 많은 용기를 얻고 있습니다.

이재현 박사님의 이야기는 우리 모두에게 중요한 교훈을 줍니다. 인생에서 가장 값진 것은 '자기 자신을 발견하고, 자신답게 살아가는 용기'라는 사실입니다.

어제의 실패나 실수, 혹은 남들의 성공과 비교에 얽매이지 말고, 오직 오늘과 앞으로의 시간에 집중하십시오. 그 시간을 어떻게 활용하느냐가 우리 자신의 인생을 빛나게 할 열쇠입니다.

"내가 나일 뿐이다"라는 박사님의 깊은 깨달음은 우리 각자에게 자기다움을 찾아가는 여정을 상기시킵니다.

자신을 온전히 받아들이고, 나만의 방식으로 살아갈 때 비로소 진정한 성공과 행복이 우리 곁에 다가옵니다.

오늘 하루, 자신 있게 자신답게 행동해 보십시오.
세상은 그 진솔함을 기다리고 있습니다.

즐겁게 행복하게 살아가기

서울의 한 고등학교에서 오랜 시간 역사를 가르치신 박경희 선생님께서는 늘 '오늘을 즐겁고 행복하게 사는 법'을 몸소 실천하시는 분입니다. 힘든 시대를 살아가면서도 늘 웃음과 긍정의 에너지를 잃지 않는 박 선생님은 그 비결을 묻는 이들에게 이렇게 말씀하십니다.

"하루하루가 축복이라는 사실을 깨닫고, 오늘만을 온전히 즐기려 노력하는 마음가짐이 중요합니다."

박 선생님께서는 어느 해 가을, 갑작스러운 건강 문제로 병원을 오가며 힘겨운 시간을 보내신 적이 있었습니다. 그때에도 '오늘은 즐겁고 행복한 것만 생각하자'는 다짐이 큰 위로가 되었다고 합니다. 병상에서도 밝게 웃으며, 주변 사람들에게 다정한 말 한마디를 건네셨다고 합니다.
"그 작은 미소가 나뿐만 아니라 간호사 선생님들과 가족에게도 기쁨이 되더군요."

선생님께서는 하루의 시작을 축복받은 것들에 감사하며 맞이하십니다.
새벽녘 창문 너머로 비치는 햇살, 커피 한 잔의 여유, 따뜻한 가족의 인사. 이런 소소한 것들이 모여 행복의 근원이 된다고 하셨습니다.
"감사할 줄 알면, 그 순간순간이 축복임을 깨닫게 됩니다."

박 선생님이 강조하는 또 하나의 원칙은 '침착하게 지혜롭게 대처하기'입니다.
가끔 예기치 못한 어려움이 닥치더라도 흔들리지 않고 조용히 받아들이는 태도, 그리고 실패의 아픔에 집착하지 않는 마음가짐은 선생님의 하루를 평온하게 만들었습니다.

"실패를 되새김질하면 마음이 무거워지죠. 하지만 저는 성공했던 기쁜 일들을 떠올리며 다시 힘을 냅니다."

학생들과 동료들에게 다정하고 친절한 태도도 박 선생님의 하루를 빛나게 하는 요소입니다.

"칭찬과 용서는 마음을 넉넉하게 합니다. 서로가 서로를 인정하고 격려하면 학교라는 공간도, 삶도 훨씬 따뜻해지죠."

그 말처럼, 박 선생님 주위에는 항상 웃음꽃이 피어 있습니다.

무엇보다, 박경희 선생님의 이야기는 우리에게 '오늘'을 온전히 살라는 메시지를 전합니다. 과거의 후회도, 미래의 걱정도 잠시 접어 두고, 지금 이 순간을 즐겁고 행복하게 채우는 것. 그리하여 하루가 모여 인생이 되고, 행복이 쌓여 삶의 빛이 된다는 사실을 일깨워 줍니다.

여러분도 오늘 하루, 박 선생님처럼 축복받은 모든 것에 감사하며 활짝 웃는 얼굴로 주변을 따뜻하게 바라보세요.

그 작은 실천이 여러분의 삶을 한층 더 행복하고 즐겁게 만드는 시작이 될 것입니다.

인격의 크기, 비전(Vision)의 크기

서울의 한 대학교에서 사회학을 강의하는 김영수 교수님께서는 늘 인격과 비전의 깊이에 대해 이야기하십니다. 교수님께서는 '인격의 크기'와 '비전의 크기'가 개인의 성공과 더불어 조직과 공동체의 성장에도 직결된다는 점을 여러 강의와 삶의 현장에서 실천해 오셨습니다. 그분의 삶 속 한 에피소드는 오늘날 우리에게 협력과 이해의 중요성을 다시금 일깨워 줍니다.

몇 해 전, 김 교수님은 대학 내 한 프로젝트 팀장으로서 여러 전공의 교수님들과 협업할 기회를 맞았습니다. 하지만 각기 다른 전문성과 의견 차이로 인한 갈등이 잦았습니다. 한 교수님은 자신이 가진 사회학적 분석만이 옳다고 주장했고, 다른 교수님들은 다른 접근법을 밀어붙였습니다. 팀원들은 자칫 사소한 감정의 충돌로 프로젝트가 무산될 위기에 처했습니다.

그때 김 교수님께서는 냉철하게 '내가 옳다'는 주장 대신 '함께 이루는 목표'에 집중하자고 제안하셨습니다.
"우리는 모두 완벽할 필요가 없고, 각자의 생각이 모두 옳을 수 있습니다. 다만 그 옳음을 모아 더 큰 그림을 그려야 합니다."

그 말씀이 팀 분위기를 바꾸는 전환점이 되었습니다. 교수님은 서로의 입장을 존중하며 상대방의 견해를 경청하는 자세를 강조했고, 감정을 터뜨리는 대신 대화로 풀어 가도록 이끌었습니다. 이 과정에서 팀원들은 각자의 생각이 '정답'이 아니더라도 공동의 비전을 위해 유연하게 협력하는 법을 배웠습니다. 단지 '내가 맞다'는 고집을 버리면서 오히려 더 창의적이고 효과적인 결과물이 나왔습니다. 그 결과 프로젝트는 성공적으로 마무리되었고,

교수님들은 더 깊은 신뢰와 존중을 쌓게 되었습니다.

김 교수님은 "인격의 크기란 자신의 의견이 반드시 옳다는 집착을 내려놓는 데서 시작됩니다. 비전의 크기는 그 다름 속에서 공통분모를 찾아 함께 나아가는 능력에서 비롯됩니다"라고 말씀하십니다. 이는 단순한 팀워크를 넘어 삶의 근본 태도를 말하는 것입니다.

우리도 일상에서 때로는 내 생각이 가장 옳다고 믿고 상대방을 설득하려는 순간이 많습니다. 그러나 인격이 큰 사람은 상대의 의견도 귀하게 여기며 협력의 가치를 우선합니다. 비전 역시 개인의 목표에 머무르지 않고 모두의 성장과 발전을 위한 큰 그림을 그리는 데서 크기가 결정됩니다.

김영수 교수님의 이야기는 우리에게 말합니다. 자신과 타인의 다름을 인정하고, 그 차이를 '함께'라는 틀 안에 녹여낼 때 인격과 비전이 함께 성장한다는 것을. 그렇게 될 때 개인뿐 아니라 공동체 모두가 함께 빛나는 미래를 향해 나아갈 수 있습니다.

여러분도 김 교수님처럼 '내가 옳다'는 고집을 잠시 내려놓고, 서로의 생각을 존중하며 비전을 공유하는 협력의 힘을 실천해 보십시오.

그 힘은 크고 깊은 인격과 비전으로 여러분의 삶과 일터를 풍요롭게 할 것입니다.

준비된 행운

　서울 도심에서 가까운 작은 산인 관악산의 아침 산책길을 걸으며 박진호 선생님은 조용히 숨을 내쉬십니다. 바쁘고 복잡한 일상 속에서도 그가 매일 아침 이 산책로를 걸으며 맞이하는 맑은 공기와 새벽의 기운은 그에게 큰 선물과도 같습니다. 그는 언제나 바쁘고 치열한 삶을 살아왔지만, 이 평범한 일상의 순간이야말로 자신에게 주어진 진정한 행운임을 깨닫게 되었다고 말씀하십니다.

　박 선생님께서는 늘 일과 학문, 그리고 가족 사이에서 최선을 다해 왔습니다. "정직하게, 성실하게, 친절하게 살아왔다는 자부심이 제게는 가장 큰 재산입니다"라고 하시면서, 자신의 삶이 곧 자신에게 행운을 준비해 준 밑거름이 되었다고 강조하십니다.

　과거에는 늘 더 큰 목표와 성공을 향해 달려왔지만, 어느 순간 그 바쁨 속에서 정작 자신의 '지금 이 순간'을 놓치고 있다는 사실을 깨닫게 되셨습니다. 그때부터 박 선생님은 매일 아침 관악산 산책로를 거닐며 자연의 아름다움과 조용한 여유를 만끽하셨습니다. 새벽 공기의 청량함과 나무 사이로 비치는 햇살, 그리고 조용한 새소리는 그의 마음을 평온하게 만들었고, 바쁜 삶의 균형을 맞추는 귀한 시간이 되었습니다.

　"이 평범한 시간이야말로 진정한 '준비된 행운'임을 알게 되었습니다. 내가 그동안 살아온 모든 날들이 오늘 이 순간을 더욱 소중하게 만들어 준 거죠."

박 선생님의 이야기는 우리에게 중요한 깨달음을 줍니다. 성공이나 행운이란 거창한 것이 아니라, 바로 지금 내가 누리고 있는 '일상의 감사' 속에 숨어 있다는 사실입니다. 우리는 때로 멀리서 행운을 찾으려 하지만, 이미 우리에게 주어진 자연과 건강, 그리고 자유로운 시간을 진심으로 느끼며 감사하는 태도야말로 가장 큰 행운을 맞이하는 길임을 잊지 말아야 합니다.

더 나아가 그는 "진정한 행운은 내가 그 행운을 받아들일 준비가 되었을 때 찾아온다"고 말씀하십니다.

준비된 마음가짐과 성실한 삶, 그리고 감사하는 태도가 조화를 이룰 때, 비로소 일상의 모든 순간이 축복으로 다가온다는 뜻입니다. 60을 앞둔 지금, 박 선생님은 관악산의 맑은 기운과 함께 한층 성숙하고 여유로운 삶을 즐기고 계십니다.

여러분도 박 선생님처럼 오늘 나에게 주어진 자연, 건강, 그리고 여유 속에서 진정한 '준비된 행운'을 발견해 보시길 권합니다.

그리고 그 행운을 누리는 마음으로 하루하루를 감사와 행복으로 채워 가시길 바랍니다. 인생의 진정한 행운은 바로 그 '지금, 여기'에 있습니다.

나에게서 가장 강한 힘

"시작은 언제나 두렵습니다. 하지만 저는 그 두려움을 뚫고 나가야 진짜 제 길을 만난다는 걸, 이제야 깨달았습니다."

경기도의 한 도서관에서 독서문화기획자로 일하고 계신 김도영 선생님께서 조용히 꺼내신 말씀이었습니다. 선생님은 30년간 고등학교 국어 교사로 재직하시다가 퇴직 후, '제2의 인생'을 찾기 위해 문화기획 분야에 도전하셨습니다. 교육계에서의 안정된 자리에서 벗어나 완전히 새로운 영역에 발을 들이는 것은, 결코 쉬운 결정이 아니었습니다.

"처음 기획서를 썼을 때, 손이 덜덜 떨리더군요. 이게 과연 될까? 아무도 안 읽어 주면 어쩌지? 수십 번을 고치고, 고치고 또 고쳤죠. 하지만 낙담은 하지 않았습니다. 손에 잡히는 작은 일부터 하나씩 해 보자고 마음을 다잡았습니다."

김 선생님은 도서관 구석 작은 강의실 하나를 빌려 '시낭독과 인문학' 프로그램을 시작하셨습니다. 참여자는 고작 다섯 명, 그중 두 명은 지인이었습니다. 하지만 선생님은 주어진 여건 속에서 할 수 있는 최선을 다하셨습니다. 프로그램을 진행하며 시를 소리 내어 읽고, 감정을 나누며, 참가자들과 깊은 공감대를 형성해 나가셨다고 합니다.

한 달, 두 달이 지나면서 입소문이 퍼졌고, 참여 인원이 서서히 늘기 시작했습니다. 도서관 측에서도 김 선생님의 열정에 감동해 더 넓은 공간과 예산을 지원하게 되었습니다. 그렇게 몇 해가 흐른 지금, 김 선생님의 인문학 프로그램은 전국에서 모범 사례로 꼽히며, 다양한 기관에서 초청 강연 요청이 들어올 정도로 성장했습니다.

"불안한 마음은, 그저 시작하지 못한 채 머릿속에서만 맴돌기 때문에 생기는 거더군요. 막상 한 발을 떼고 나면 그다음 발은 생각보다 어렵지 않았습니다. 내가 가진 가장 강한 힘은 '계속하는 힘'이었습니다."

김 선생님의 이 말은 많은 이들에게 큰 울림을 주었습니다. 포기의 유혹 앞에서 단념하지 않고, 지금 할 수 있는 것부터 묵묵히 실행해 나간다면 길은 반드시 열립니다.

"하늘은 스스로 돕는 자를 돕는다"는 말은, 그저 옛말이 아닙니다.
그것은 삶을 진심으로 대하는 사람들에게 주어지는 보이지 않는 응원입니다.
여러분 자신이 한 걸음 내디딜 때, 그 걸음을 지켜보는 수많은 인연과 기회가 함께 움직이기 시작합니다.

지금, 무엇이 두렵습니까?
두려움은 실패가 아니라, 시작하지 않음에서 비롯됩니다.

가장 강한 힘은 용기가 아니라 '작은 실천의 지속'임을, 김도영 선생님의 삶이 보여 주고 있습니다.

일관성이란 꾸준함, 성실함이다

김영준 교수님은 오랫동안 학계와 교육 현장에서 명망 있는 인물로 꼽히십니다. 하지만 그가 지금의 자리까지 오르기까지는 결코 쉽지 않은 여정이었습니다.

김 교수님께서는 늘 "성공의 비결은 거창한 재능이나 행운보다 '일관성'에 있다"는 말씀을 자주 하십니다. 그 일관성은 다름 아닌 꾸준한 노력과 성실함에서 비롯되었다고 강조하십니다.

교수님께서 40대 초반이던 어느 시절, 학문적 성취를 목표로 삼고 끊임없이 도전하던 시기가 있었습니다. 당시만 해도 많은 유혹과 어려움이 있었지만, 그는 마음속에 이루고자 하는 목표를 뚜렷이 영상처럼 그려 냈습니다.

'내가 반드시 학계에서 인정받는 연구자가 되리라'는 강한 의지로 하루하루를 보냈습니다. 그 목표를 위해 매일 새벽 연구실에 나가고, 끊임없이 논문을 읽고 쓰는 생활이 반복되었습니다.

"한 번 결단이 내려지면, 그 실행만 남는다"는 교수님의 말처럼, 목표를 향한 걱정과 두려움은 접어 두셨습니다. 오히려 마음속에 의심이 스며들 때마다 '지금 내가 해야 할 일은 오직 한 가지, 계획대로 꾸준히 실천하는 것'이라는 신념으로 다시 마음을 다잡으셨습니다. 그 꾸준함과 성실함이 모여, 비로소 그가 바라던 성과들이 서서히 나타나기 시작했습니다.

김 교수님의 일화는 우리 모두에게 강력한 메시지를 던집니다.

삶에서 목표를 이루기 위한 일관성이란 거대한 의지가 아니라, 매일의 작은 실행들이 모여 만들어지는 꾸준함이라는 점입니다.

의심과 두려움에 휩싸여 주저하는 대신, 오직 실행에만 집중할 때 결과는 자연스레 따라오는 법입니다.

더욱이, 일관성은 '결과에 대한 걱정'을 버리는 용기를 필요로 합니다.

많은 사람들이 결과에 집착하며 조바심을 느끼지만, 김 교수님께서는 결과를 미리 걱정하지 않고 '지금 해야 할 일'을 묵묵히 해내는 것이야말로 성공에 이르는 가장 빠른 길임을 몸소 증명하셨습니다.

우리도 김 교수님처럼 명확한 목표를 세우고, 매일 그 목표를 향해 꾸준히 나아가야 합니다. 그러다 보면 어느 순간 '내가 이룬 것'이 쌓이고 쌓여, 결국 큰 성공과 만족으로 돌아오는 것을 경험하게 될 것입니다.

일관성은 결국 우리 인생의 큰 변화를 만들어 내는 '꾸준함'과 '성실함'임을 깊이 새겨야 할 때입니다.

오늘은 좋은 일이 생길 것이라는 믿음

　서울의 한 대학교에서 평생을 교육과 연구에 헌신해 오신 김지훈 교수님은 오랜 세월 동안 학계에서 존경받는 인물이자, 후학들을 아끼는 따뜻한 멘토로 널리 알려져 있습니다. 교수님께서는 늘 "내가 최고가 되려는 욕심보다, 최선을 다하는 겸손한 마음이 가장 중요하다"는 신념을 강조하십니다. 그 마음가짐이 오늘의 존경받는 지도자로서의 김지훈 교수님을 있게 한 밑거름입니다.

　김 교수님은 어느 날 강연에서 이렇게 말씀하셨습니다.
　"저도 한때는 권위와 명예, 물질적인 풍요를 갈망하던 시기가 있었습니다. 그러나 그 욕심이 나를 흔들기보다는 오히려 겸손과 감사의 마음으로 나를 이끌어야 한다는 사실을 깨달았습니다."

　매일 아침 교수님은 오늘 만나는 사람들 한 분, 한 분에게 감사하는 마음을 되새기며 하루를 시작하십니다. 단순한 인사 한마디에도 진심을 담아, 사람과의 관계 속에서 존경과 감사가 쌓이는 것을 느끼신다고 합니다. 그 과정에서 가장 중요한 것은 '좋은 일이 생길 것이라는 믿음'입니다. 김 교수님은 늘 "오늘은 반드시 좋은 일이 생길 것이다"라는 다짐을 마음 깊이 새기며, 그 믿음이 삶의 긍정적인 변화를 이끌어 낸다고 말씀하십니다. 이 믿음은 단순한 희망을 넘어, 상황이 복잡하고 어려울 때조차도 흔들리지 않는 내면의 힘이 되어줍니다.

　교수님은 신앙심도 깊어, "하나님께서 나에게 주신 것들에 감사하고, 주시지 않은 것에 대해서는 불평하지 않는 자세가 인생을 더욱 풍요롭게 만든다"고 늘 말씀하십니다. 실제로 김 교수님은 대학 총장 선거에 나섰을 때도, 자신에게 주어진 역할과 책임에 감사하며 겸손하게 임하셨고, 그 자세가 많은 이들의 신뢰를 받는 계기가 되었습니다.

이처럼 김 교수님의 삶은 '감사'와 '믿음'으로 채워져 있습니다. 그는 주변 사람들과의 관계에서도 항상 존경심을 잃지 않으며, 그 겸손한 마음이 사람들을 끌어당기는 힘으로 작용합니다. 그리고 그 힘은 자연스럽게 그에게 좋은 일들을 끌어들이는 자석이 되었습니다.

우리 모두에게도 김 교수님의 이야기는 중요한 교훈을 줍니다. 지나치게 사물이나 상황을 복잡하게 바라보지 말고, 세상의 평판이나 관습에 얽매이지 않는 마음으로, 오늘 주어진 소중한 것들에 감사하는 자세를 갖출 때 비로소 좋은 일이 우리에게 다가옵니다. 그리고 그 좋은 일들은 결국 우리의 삶을 더욱 풍성하게 만들 것입니다.

마음속 깊이 "오늘은 반드시 좋은 일이 생길 것이다"라는 믿음을 굳게 세우십시오.

그러면 어떤 어려움 속에서도 희망을 잃지 않고, 내일을 향한 힘찬 발걸음을 내딛을 수 있을 것입니다.

김지훈 교수님처럼 겸손하고 감사하는 마음으로 오늘을 살아간다면, 여러분의 인생에도 좋은 일들이 끊임없이 찾아올 것입니다.

위대한 동반자

"참된 동반자는 내 안에 있었습니다. 그것을 깨달은 날부터, 세상이 달라졌습니다."

전주 한옥마을 인근의 작은 인문학 상담실. 매주 화요일 오전이면 김은영 박사님은 이곳에서 삶에 지친 이들을 만나 따뜻한 차 한 잔과 함께 '행복한 묵상의 시간'을 나누십니다. 김 박사님은 서울의 유명한 심리상담센터의 원장 자리에서 내려와, 스스로 선택한 조용한 삶을 살아가고 계십니다.

그녀의 전환은 어느 가을날의 깊은 침묵에서 시작되었습니다. 쉴 새 없이 상담과 강의에 매몰되어 살던 어느 날, 박사님은 거울 속의 자신에게서 미소가 사라졌다는 사실을 깨달으셨습니다. 타인을 위한 조언은 넘치지만 정작 자신의 마음을 돌볼 여유는 없었던 것이었습니다.

그날 이후 박사님은 매일 아침 30분씩 '묵상의 시간'을 가지기 시작하셨습니다.

책상 앞에 앉아, 아무런 판단 없이 자신의 내면을 들여다보는 시간을 갖는 것입니다. 처음엔 불편했습니다. 해야 할 일이 산더미처럼 쌓여 있었고, 생각은 자꾸만 어제의 후회와 내일의 걱정으로 흘러갔습니다. 하지만 멈추지 않았습니다.

"조용히 마음을 들여다보니, 제 안에도 여전히 사랑받고 싶은 어린 내가 있었어요. 위로받고 싶고, 인정받고 싶고, 그냥 좀 쉬고 싶다고 말하는 아이요."

그 아이의 목소리를 들은 순간, 박사님은 참된 동반자가 '내 안의 나'라는 사실을 비로소 인식하셨습니다. 누구보다 자신을 따뜻하게 품어 주고, 다시 일어설 수 있는 힘을 주는 존재가 바로 자신임을 말입니다. 그 이후 박사님의 말투는 더욱 부드러워졌고, 표정엔 여유가 깃들었습니다. 어떤 클라이언트는 "선생님의 얼굴을 보는 것만으로도 마음이 편안해져요"라고 말하곤 합니다. 김 박사님은 말합니다.

"삶이 복잡하게 느껴질 땐 멈추는 용기가 필요합니다. 조용히 나를 만나는 시간, 묵상의 시간은 누구에게나 필요합니다. 위대한 경영자도, 지도자도, 먼저 자신의 마음을 다스릴 수 있어야 하니까요."

박사님은 하루하루를 계획적으로 살아가십니다. 급하지 않게, 그러나 철저하게.
약속은 반드시 지키고, 실천은 점검하며 나아가는 삶.
그 단정한 일상이 주는 안정감은 사람들에게도 큰 신뢰를 줍니다.

우리는 종종 외부에서 해답을 찾으려 하지만, 진정한 동반자는 항상 가장 가까운 곳, 바로 우리 마음속에 있습니다. 그 동반자와 매일 대화하고 미소 짓고 함께 걸어갈 수 있다면, 인생은 더없이 충만해질 수 있습니다.

오늘, 여러분은 여러분 자신과 얼마나 대화를 나누셨나요?

당신의 마음은 오늘도 묵묵히 기다리고 있습니다.
말없이 당신의 손을 잡아 주기를.

돈과 부(富)에 대해서

　서울에서 교육행정을 맡고 계신 김윤경 선생님은 누구보다도 '돈과 부'에 대해 진지하게 고민하고, 자신만의 길을 걸어오신 분입니다. 공교육 현장에서 수십 년간 아이들과 학부모, 교사들의 신뢰를 받으면서도, 늘 '돈'과 '행복' 사이의 균형을 탐구해 오셨습니다.

　김 선생님께서는 50대 초반에 뜻하지 않은 경제적 위기를 맞이하셨습니다. 남편의 사업 실패와 자녀의 대학 등록금 문제로 인해 재정 압박이 심해졌지만, 김 선생님은 절망 대신 '돈과 부에 대한 본질적 이해'를 더욱 깊이 있게 탐색하기로 결심하셨습니다. 그 과정에서 가장 큰 깨달음은 '돈이란 결국 내가 삶을 얼마나 존중하고 사랑하는가의 반영'이라는 사실이었습니다.

　이후 김 선생님은 주변에 흔히 있는 '돈이 많으면 행복할까?'라는 질문에 대해 답을 찾아가기 시작했습니다. "돈이 행복을 보장하지 않지만, 올바른 마음가짐과 성실한 태도로 돈을 대할 때, 돈은 나와 주변 사람들의 삶을 지탱해 주는 든든한 버팀목이 될 수 있다"는 믿음으로 말입니다.

　매일 아침 일찍 일어나 명상을 하시고, 하루 일과를 계획하며, '감사일기'를 쓰시는 습관을 가지게 된 것도 큰 변화였습니다. 이 작은 일상이 모여 불안함을 줄이고, 돈에 대한 과도한 집착에서 벗어나게 해 주었습니다. 더불어 재정 계획도 냉철하고 신중하게 세우며, 필요 없는 지출을 줄이고, 장기적인 자산 관리에 힘쓰셨습니다.

　김윤경 선생님의 이야기는 '돈과 부'를 바라보는 우리의 태도가 얼마나 중요한지 다시 한번 일깨워 줍니다. 조급함을 버리고 매일 한 걸음씩 성실하게 쌓아 가는 노력과 감사의 마음, 그리고 자신과 가족, 공동체에 대한 사랑이 결국 부를 자연스럽게 끌어당긴다는 진리 말입니다.

오늘도 김 선생님은 조용하지만 굳건한 믿음으로 '돈과 부'를 다스리며, 더 큰 행복과 평화를 만들어 가고 계십니다.

그녀의 삶에서 배울 점은 많습니다.
돈이란 단순한 숫자가 아니라, 삶을 풍요롭게 하는 위대한 동반자라는 사실을.

이 글을 읽는 모든 분들께,
김윤경 선생님처럼 한결같은 믿음과 긍정의 힘으로 오늘의 삶을 사랑하며 꾸준히 걸어가시길 바랍니다.

그 길 위에 반드시 좋은 열매가 맺힐 것입니다.

방황의 시간과 완성

"지금은 초승달이지만, 저는 언젠가 보름달이 될 것이라 믿습니다. 그 믿음이 오늘을 버티게 했습니다."

서울 강북구의 한 조용한 골목길, '책과 사람들'이라는 인문학 북카페를 운영하고 계신 박상훈 선생님은 과거 25년간 대학교수로 재직하시다 자발적으로 교단을 내려오셨습니다. 연구실에 쌓인 논문과 학생들의 질문 속에서의 삶도 의미 있었지만, 마음 한켠엔 늘 '내가 정말 원하는 삶은 무엇일까' 하는 물음표가 떠나지 않았다고 하셨습니다.

그 물음표를 안고 시작한 방황의 시간은 생각보다 길고 고요했습니다. 도전과 실패, 불안과 후회가 엇갈리는 시기였습니다. 하지만 박 선생님은 누군가와 비교하거나 서두르지 않았습니다. 인생은 각자의 속도로 걷는 것이며, 시간의 격차가 결코 열등함을 의미하지 않는다는 것을 그는 알고 계셨습니다.

"처음 북카페를 열었을 때는 하루 방문객이 한두 명밖에 없었습니다. 책을 읽으러 오는 사람보단 커피 한 잔 마시고 금세 나가는 분들이 대부분이었죠. 한동안은 '내가 왜 이 길을 선택했나' 싶을 정도로 외롭고 막막했습니다."

하지만 박 선생님은 매일 아침 가게 문을 열고, 책장을 정리하고, SNS에 짧은 글을 올리는 일을 반복하셨습니다. 누가 보지 않더라도, 지금 이 순간 자신이 할 수 있는 일을 묵묵히 하다 보면 언젠가는 '보름달' 같은 시간이 올 것이라 믿었기 때문입니다.

그 믿음은 결국 현실이 되었습니다. 서서히 입소문이 나면서 다양한 사람들이 모이기 시작했습니다. 문학동아리, 철학세미나, 청년작가 낭독회까지… 이제는 '책과 사람들'이 서울에서 가장 매력적인 인문학 소통공간 중 하나로 손꼽히고 있습니다.

"사람들이 결과만 보려 하죠. 하지만 저는 과정이 더 중요하다고 생각합니다. 초승달이 되기까지도 긴 시간이 필요하고, 보름달로 가는 길도 점점 차오르듯 시간이 필요합니다. 중요한 건 내가 가는 이 길이 내 것이고, 내가 사랑하는 방식이라는 점입니다."

박 선생님의 삶은 지금도 진행형입니다. 그분은 아직도 완성되지 않은 '보름달'을 향해, 천천히 그러나 우직하게 나아가고 계십니다. 그 모습에서 우리는 삶의 진실한 의미를 발견하게 됩니다.

인생에서 방황의 시간은 결코 낭비가 아닙니다.
그것은 자신만의 리듬과 속도를 찾아가는 여정입니다.
타인의 시계가 아닌,
나만의 시계를 보고 걸을 때 비로소 삶은 깊어지고 단단해집니다.

누구든지, 모든 사람은 보름달이 될 수 있습니다.
오늘, 여러분은 몇 분쯤 찬 달입니까?
중요한 건 그 빛이 어디를 향하고 있는가입니다.

여러분의 걸음이 진실하다면, 완성은 반드시 찾아옵니다.

긍정적 생각 습관

서울 노원구에서 작은 인문학 카페를 운영하며, 매주 인문학 강의를 이어가는 이현우 선생님은 늘 사람들과의 관계에서 '넓은 시야와 긍정적 생각'을 강조합니다. 대학교에서 오랜 기간 철학을 가르치셨던 그는, 평소 "인간관계는 눈에 보이지 않는 실로 얽혀 있다"고 자주 말씀하시며, 사람 사이에 숨어 있는 인연과 기회를 찾아내는 데 탁월한 감각을 지니고 계십니다.

어느 가을날, 이현우 선생님은 예상치 못한 상황을 경험하셨습니다. 평소에 별 관심을 두지 않던 지역 커뮤니티 행사에 우연히 참여하셨는데, 그 자리에서 마주친 분이 자신의 오랜 대학 동기였음을 알게 되셨습니다. 그 동기는 사회에서 다소 멀어져 있었지만, 두 분은 즉시 깊은 대화를 나누며 서로에게 긍정적인 영감을 주는 소중한 인연을 다시 발견했습니다. 이 경험은 선생님께 '넓은 마음과 열린 시야'가 얼마나 중요한지 다시 한번 일깨워 주었습니다.

이현우 선생님께서는 "사람과 사람 사이의 관계는 우리가 알지 못하는 곳에서도 반드시 연결되어 있다"라고 강조하십니다. 그는 이 연결 고리를 발견하려면 시야를 좁히지 않고, 사소한 만남도 소중히 여기는 긍정적인 태도가 필수라고 믿으십니다. 그리고 이런 마음가짐은 사람들에게 담대한 포용심과 사랑을 갖게 하여 더 깊은 인간관계를 만들어 줍니다.

선생님은 말씀하십니다.

"낙천적인 생각은 우리 삶에 놀라운 변화를 가져옵니다. 사람을 대할 때 담대하게 포용하고, 실패나 갈등도 새로운 배움으로 받아들이는 자세가 바로 그것입니다."

그의 강의에 참석한 많은 이들은 긍정적인 생각 습관이 어떻게 인간관계를 풍성하게 하고, 나아가 인생을 더욱 의미 있게 만드는지 깨닫게 되었습니다. 또한 이현우 선생님은 일상에서 간단하지만 강력한 긍정적 실천법을 소개합니다. 매일 아침 감사하는 마음으로 눈을 뜨고, 하루 동안 만나는 사람들의 장점을 한 가지씩 찾아내 기록하는 습관입니다. 이러한 작지만 꾸준한 노력들이 결국 '넓은 시야'와 '대범한 마음'을 기르는 밑거름이 된다는 것입니다.

그의 이야기는 우리 모두에게 의미심장한 메시지를 전합니다. 인간관계는 복잡하고 불가사의하지만, 긍정적인 마음과 열린 시야를 갖춘다면 어디서든 좋은 인연과 새로운 기회를 만날 수 있다는 사실입니다.

그리고 그 모든 것은 결국 우리 자신이 꾸준히 키워 나가야 할 '생각의 습관'에서 출발합니다.

이현우 선생님의 경험과 철학은 우리에게 삶의 태도를 새롭게 다잡는 계기가 됩니다. 오늘도 그분처럼 열린 마음으로 주변 사람들과 세상을 바라보며, 긍정적 생각 습관을 실천해 보십시오.

그러면 여러분의 인간관계는 한층 풍성해지고, 더 큰 행복으로 이어질 것입니다.

혼자서 걷기

서울의 한 대학교에서 철학을 강의하시는 김현수 교수님께서는 어느 가을날부터 혼자 걷기를 시작하셨습니다. 처음에는 특별한 목적 없이 그저 몸을 움직이고 싶다는 마음뿐이셨습니다. 처음 며칠간은 생각 없이 발걸음만 옮겼다고 하십니다. 그러나 시간이 지날수록 걷는 그 길 위에서 작은 변화들이 눈에 들어오기 시작했습니다.

교수님께서는 걸음을 늦추고, 때로는 멈춰 새들이 먹이를 주워 먹는 모습을 유심히 관찰하셨습니다. 스마트폰으로 새와 나무 사진을 찍으면서 자연이 주는 소소한 기쁨에 집중하셨습니다. 똑같은 길을 매일 반복해서 걸으며 주변의 사소한 변화를 발견하는 그 과정에서, 자연은 교수님께 새로운 삶의 의미를 전해 주었습니다.

"처음에는 새들이 모두 비슷해 보였는데, 나무에서는 꽃망울이 피어나고, 어느새 그 꽃망울이 꽃으로 활짝 피는 모습이 보이기 시작했습니다. 그 변화를 매일 관찰하면서 마치 어린아이처럼 설렘과 기대감이 생겼어요."

교수님의 말에는 깊은 감동이 담겨 있었습니다. 그 설렘은 자연과의 새로운 소통을 만들어 냈고, 교수님의 발걸음은 점점 더 빠르고 경쾌해졌습니다. 하루하루 꽃이 피고 지고, 그 자리마다 초록의 새잎이 돋아나는 과정을 지켜보면서 자연의 순환이 주는 힘과 아름다움을 온몸으로 느끼셨습니다. 30여 일 동안 이어진 이 작은 산책은 단순한 운동을 넘어 내면의 변화를 가져왔습니다.

교수님께서는 "매일 같은 길을 걷지만, 그 길 위의 세계는 매일 달라집니다. 자연이 주는 그 변화의 메시지는 제게 깊은 위로와 힘을 주었어요."라고 하셨습니다.

그동안 바쁜 강의와 연구에 몰두하며 미처 느끼지 못했던 자연의 섬세한 숨결과 계절의 흐름을 걷는 동안 다시 만난 김현수 교수님의 얼굴에는 평화롭고 따뜻한 미소가 가득했습니다.

혼자서 걷는 일상 속에서 발견한 자연의 소중함은 우리 모두에게 '지금, 여기'의 가치를 일깨워 줍니다.

우리 역시 하루의 바쁜 순간 속에서 잠시 걸음을 멈추고 주변을 돌아보면, 작지만 아름다운 변화들이 우리 삶을 더욱 풍요롭게 만들어 줄 것입니다.

김현수 교수님의 걷기 이야기는 평범한 일상에서도 행복과 감동을 찾는 법을 가르쳐 줍니다.

그 작은 발걸음들이 모여, 우리의 마음도 자연처럼 조용히 꽃피울 수 있기를 바랍니다.

봉사활동

　서울의 한 대학교에서 교수로 재직 중인 김성진 선생님은 늘 학생들과의 소통뿐 아니라, 캠퍼스 환경에도 남다른 애정을 가지고 계십니다. 그는 대학 캠퍼스 일주도로를 산책하며 느낀 작은 불편함이 뜻밖의 봉사활동으로 이어진 특별한 이야기를 공유해 주셨습니다.

　김 선생님께서는 어느 날 아침 평소처럼 캠퍼스 주변을 걸으며 일주도로를 따라 산책하던 중, 곳곳에 버려진 비닐과 마스크, 휴지들이 눈에 띄어 마음이 무거워졌다고 합니다. "청소 담당자가 많은데도 왜 이렇게 방치된 걸까?" 하는 아쉬움이 들었지만, 시간이 지나도 변함없이 그대로인 쓰레기들을 보면서 '이대로 둘 수 없다'는 생각이 들었다고 하셨습니다.

　그래서 선생님은 아무런 기대도 보상도 바라지 않고 그 자리에서 직접 휴지와 쓰레기를 줍기 시작하셨습니다. 한 장, 한 장 주울 때마다 가벼워지는 손과는 달리 마음은 점점 더 풍성해졌다고 하셨습니다.

　"내가 주운 이 작은 쓰레기 하나가 캠퍼스 일주도로를 조금 더 푸르고 깨끗하게 만들었다는 사실이 내게 큰 기쁨으로 다가왔습니다."라고 말하며 미소 지으셨습니다.

　그날 이후부터 김성진 선생님은 매주 일요일 아침, 휴지 줍는 봉사활동을 꾸준히 이어 가기로 결심하셨습니다.
　"이곳은 내가 일하는 직장이자, 학생들이 매일 이용하는 공간입니다. 그 공간을 소중히 여기고 돌보는 것은 당연한 의무이자 기쁨"이라고 강조하셨습니다.

그의 봉사활동은 단순한 청소 그 이상의 의미를 지녔습니다. 그는 주변 동료 교수님들과 학생들에게도 자연스레 영향을 미치며 '작은 행동의 힘'을 알리고 있었습니다. "함께하는 마음이 모이면, 우리 캠퍼스는 물론이고 우리 사회도 더욱 깨끗하고 건강한 공간이 될 것"이라는 믿음이 점점 퍼져 나가고 있었습니다.

이 이야기는 우리 모두에게도 큰 울림을 줍니다. 거창한 목표나 보상을 바라지 않아도, 일상의 작은 봉사와 관심이 세상을 조금씩 바꾸어 나간다는 점을 다시 한번 일깨워 줍니다.

김성진 선생님처럼 긍정적인 마음과 꾸준한 실천이 모여, 결국 더 나은 공동체를 만드는 밑거름이 될 것입니다.

매주 일요일, 김 선생님이 걷는 캠퍼스 일주도로는 이제 더 깨끗하고, 그곳을 지나는 이들의 마음도 한층 가벼워졌습니다.

작은 봉사의 시작이 큰 행복으로 이어진다는 사실,
여러분도 직접 경험해 보시길 바랍니다.

나의 인생 이렇게 살고 싶다

　서울의 한 대학교에서 인문학을 가르치시는 박지훈 교수님께서는 어느 날 문득 자신의 인생에 대해 깊은 질문을 던지셨습니다.
　"내가 진정으로 살고 싶은 인생은 어떤 것일까?"
　그 질문은 단순한 호기심을 넘어서 삶의 방향과 가치를 점검하는 성찰의 시간이 되었습니다.

　박 교수님은 늘 학생들과 동료들에게 '착하고 멋지며 훌륭한 사람이 되자'고 강조해 오셨습니다. 그러나 그 뜻깊은 말씀이 자신의 삶 속에서 어떻게 실현되고 있는지 묻는 일은 결코 쉽지 않았습니다. 그는 말했습니다.

　"우리는 눈부신 과학기술과 경제 발전 속에 살고 있지만, 그 어느 때보다 마음의 외로움과 사회적 갈등이 심화되고 있습니다. 물질적으로는 풍요롭지만, 정신적으로는 점점 더 공허해지는 현실이 안타깝습니다."

　교수님께서는 이러한 현실을 단순히 사회 구조나 경제 문제로만 보지 않으셨습니다. 그 근본에는 '사랑'과 '배려'의 부족이 자리 잡고 있음을 깨달으셨습니다.
　"우리가 스스로를 사랑하는 만큼, 그리고 그 사랑을 주변 사람들에게도 베풀 때, 비로소 참된 행복과 의미가 찾아옵니다"라고 말씀하셨습니다.

　박지훈 교수님은 자신의 삶에서 '사랑'을 실천하는 방식을 구체적으로 바꾸기 시작했습니다. 그는 매일 아침 출근길에 만나게 되는 청소 직원, 경비원, 카페 점원들에게 먼저 인사를 건네고, 그들의 이야기에 귀 기울이셨습니다. 그리고 학생 한 명, 한 명에게 진심 어린 관심을 기울이며, 그들의 고민과 꿈을 함께 나누려 노력하셨습니다. 단순한 인사가 때로는 큰 위로가 되고, 작은 배려가 큰 신뢰로 이어지는 것을 몸소 체험하셨습니다.

그뿐만 아니라, 교수님은 가족과의 관계에서도 사랑과 존중을 더욱 깊이 새기셨습니다. 바쁜 일상 속에서도 가족과의 대화를 늘리고, 때로는 오랜 시간 떨어져 지내는 자녀들에게도 자주 전화하며 마음을 전하셨습니다. 그렇게 작은 사랑과 관심들이 모여, 박 교수님의 삶은 점차 주변 사람들에게 긍정적이고 따뜻한 영향력을 끼치기 시작했습니다.

"우리 사회의 불평등과 고독, 갈등은 결국 사랑의 결핍에서 비롯된 문제입니다. 각자가 조금씩 더 사랑하고 배려할 때, 그 변화가 세상 전체로 퍼져 나갈 것이라고 믿습니다."

박지훈 교수님의 이 말은 우리 모두에게 깊은 울림으로 다가옵니다. 오늘 이 글을 읽는 여러분께서도 자신의 삶을 되돌아보고, 주변을 사랑하는 작은 실천을 시작해 보시길 권합니다. 그 사랑이야말로 참된 인생의 가치이며, 결국 존경받는 삶의 바탕이 되리라 확신합니다.

삶이란 결국 서로를 아끼고 사랑하며 더 나은 세상을 만들어 가는 여정이니까요.

제4장

'겨울'의 인문학:
본질에 집중하는 나

고요한 자기와의 대화를 통해 불안과 외로움을 넘어서는 내면 훈련의 시간입니다.
감사, 명상, 글쓰기, 침묵의 기술을 통해 자기 치유와 자기 관리를 실천합니다.

Ubiquitous Humanities Essay

불가능한 꿈은 없다

서울의 한 대학교에서 인문학을 가르치시는 박정민 교수님은 오랜 세월 연구와 교육에 몰두해 왔습니다. 그러나 어느 순간, 마음속 깊은 곳에서 "나는 과연 성공할 수 있을까?"라는 의문과 불안이 자주 찾아왔던 적이 있었습니다. 주변의 기대와 비교 속에서 자신감을 잃고, 때로는 꿈조차 포기하고 싶은 마음이 들기도 했습니다. 그런 박 교수님께 변화의 전환점이 찾아온 것은 우연한 한 강연 자리에서였습니다.

그 강연에서 강연자는 "불가능한 꿈은 없다. 오늘보다 나은 내일을 믿고, 스스로를 하나님께서 선택하고 축복한 존재임을 확신하라"는 메시지를 전했습니다. 이 말씀은 박 교수님의 마음 깊은 곳에 큰 울림으로 다가왔고, 스스로를 다시 바라보게 하는 힘이 되었습니다.

"나는 하나님께서 내게 주신 소명과 축복을 받고, 정상에 오를 능력과 재능을 갖춘 사람이다."

이 신념을 마음에 새긴 후부터 박 교수님의 하루하루는 완전히 달라지기 시작했습니다. 단순히 바쁘게 지내는 것이 아니라, 하루하루 충실히 실천하는 삶이 되었고, 모든 행동 하나하나에 즐거움과 의미가 스며들었습니다.

예전에는 실패를 두려워하고, 타인의 눈치를 보느라 진정 원하는 길을 망설였지만, 이제는 오직 하나님의 영광을 위해 움직인다는 믿음이 모든 결정을 명확하게 해 주었습니다.

"매일 내 안에 주어진 은혜를 감사히 여기고, 그 은혜를 사회와 후학을 위해 나누는 삶이 얼마나 값진가를 깨달았습니다"라고 박 교수님은 말씀하십니다.

그 신념은 단지 개인적 성공에 그치지 않았습니다. 교수님께서는 자신만의 변화 경험을 학생들과 나누면서, 많은 이가 꿈을 잃지 않고 더 나은 내일을 향해 나아갈 수 있도록 돕고 있습니다.

"저는 이제 학생들에게 '불가능한 꿈은 없다'고 힘주어 말합니다. 그리고 그것은 단지 희망적인 구호가 아니라, 매일 실천하며 체험하는 진리임을 보여 주고 싶습니다."

박 교수님의 이야기는 우리에게 진정한 믿음과 실천이 만나면 불가능처럼 보였던 꿈도 현실로 이뤄진다는 강한 메시지를 전합니다.

성장과 성공은 먼 미래가 아니라, 오늘 하루 충실히 사는 것에서 시작된다는 진실을 일깨워 줍니다.

지금 이 순간, 여러분 자신을 선택받고 축복받은 존재로 믿으며, 오늘 하루를 충실히 살아가는 결단이야말로 불가능한 꿈을 현실로 만드는 첫걸음이 될 것입니다.

일이 즐겁다

서울의 한 작은 출판사에서 편집장으로 근무하시는 김윤호 선생님은 평생 책과 글을 사랑하며 살아오셨습니다. 하지만 몇 년 전까지는 매일 출근길이 무겁고 일이 버거워 마음이 지쳐 있던 시절이 있었습니다.

바쁜 업무와 높은 기대 속에서 후회와 불안, 때로는 동료들과의 갈등까지 겹치면서 일상이 고통스러웠던 때가 있었습니다. 그러던 어느 날, 김 선생님은 '일이 즐거워지는 마음가짐'에 관한 한 세미나에 참석하게 되었습니다.

세미나 강사는 "과거의 후회와 미움, 분노는 오늘의 행복을 가로막는 족쇄"라며 "얼굴에는 인자한 미소를, 마음에는 미래 성공의 확신을 품고 살아가야 한다"고 강조했습니다.
김 선생님께는 그 말씀이 마치 오랜 어둠 속의 한 줄기 빛처럼 다가왔습니다.

그날 이후, 김 선생님은 마음속에 작은 결심을 품으셨습니다.
과거의 무거운 짐을 내려놓고, 동료와의 갈등도 미움 대신 이해와 포용으로 바꾸며, 무엇보다 하루하루 하는 일에 즐거움을 발견하기로 한 것입니다. 그는 매일 아침 출근 전에 잠시 눈을 감고, 자신이 이루고자 하는 목표를 시각화했습니다.

'성공한 출판인으로서 동료와 함께 성장하며, 독자들에게 기쁨과 감동을 선사하는 나'의 모습을 생생하게 그렸습니다.

이러한 내면의 변화가 점차 행동으로 이어졌습니다.

김 선생님은 얼굴에 미소를 잃지 않았고, 업무 중 스트레스가 느껴질 때마다 심호흡을 하고 마음을 다스리며 즐겁게 임하는 연습을 꾸준히 하셨습니다.

그렇게 하자, 놀랍게도 업무의 생산성은 눈에 띄게 향상되었고, 동료들과의 관계도 한층 더 따뜻해졌습니다. 함께 일하는 기쁨이 커지면서 출판사 내부 분위기도 밝아졌고, 결과적으로 책의 품질과 성과도 높아져 출판사 전반에 긍정적인 변화가 일어났습니다.

김윤호 선생님께서는 지금도 "행복은 결국 내가 어떻게 생각하고 행동하느냐에 달려 있다"며 "일을 즐겁게 하는 마음이 행복한 삶과 성공의 토대가 된다"고 말씀하십니다.

매일 자신감 있게 미래를 그리며, 인자한 미소로 동료와 세상을 대하는 그의 모습은 우리 모두에게 '행복한 일상으로 가는 길'이 결코 멀지 않음을 일깨워 줍니다.

오늘 하루, 여러분도 김 선생님처럼 미소를 잃지 않고, 후회와 분노를 내려놓으며, 긍정적인 마음으로 맡은 일을 즐겨 보시길 권합니다.

그 작은 변화가 여러분의 일상뿐 아니라 주변 사람들의 삶까지도 밝게 비출 것입니다.

오늘이 '가장 젊은 날'

　서울의 한 대학교에서 철학을 가르치시는 박정훈 교수님은 평생 학생들과 소통하며 삶의 지혜를 나누어 오셨습니다. 함박눈이 펑펑 내리는 어느 겨울날, 교수님은 강단에서 학생들에게 이렇게 말씀하셨습니다.
　"아들아, 딸아, 사랑한다. 오늘 현재에 충실해야 미래가 빛난다"는 말씀이었습니다.

　교수님께서는 늘 "오늘이 '가장 젊은 날'"이라는 믿음을 갖고 살아오셨습니다.
　과거에 머무르지 않고, 미래에만 기대지 않는 삶의 태도야말로 진정한 행복의 출발점이라는 철학입니다.

　어느 날, 교수님은 평소보다 늦게 캠퍼스 산책길을 걷다 마주친 후배에게 자신의 마음을 나누셨습니다.
　"후배님, 우리 인생에서 가장 중요한 시간은 바로 지금입니다. 오늘, 현재에 최선을 다하는 사람이 결국 어제를 아름다운 꿈으로 만들고, 내일을 희망으로 가득 채울 수 있습니다."
　교수님의 말에는 깊은 울림이 있었습니다. 그 후배는 교수님의 말을 가슴에 새기고 매일의 삶에 감사와 최선을 다하는 자세를 갖게 되었습니다.

　박 교수님께서는 집으로 돌아오는 길에도 주변 사람들과 자연에 감사하는 마음을 놓치지 않으셨습니다. 캠퍼스에서 만나는 학생들, 지나가는 행인들, 그리고 바람에 흔들리는 나뭇잎 하나하나에까지 감사의 눈길을 보냈습니다. 이런 감사의 마음이 일상에 깃들면서, 교수님의 얼굴에는 자연스러운 미소가 피어났고, 강의실에서는 한층 더 깊은 소통과 활기가 넘쳤습니다.

"오늘에 충실한 사람은 결과에 인내하며, 과정의 아름다움을 즐길 줄 아는 사람입니다."

교수님은 이렇게 말씀하시며, 학생들에게 결과를 조급하게 바라지 말고 과정 속에 담긴 의미를 소중히 여기라고 강조하셨습니다. 이는 교수님이 인생에서 터득한 가장 소중한 교훈이기도 했습니다.

박정훈 교수님의 삶은 매 순간 현재에 충실하며, 감사와 사랑으로 가득 찬 인생이 어떻게 꽃피는지를 보여 줍니다.

오늘을 '가장 젊은 날'로 여기고, 그 하루하루에 최선을 다하는 그분의 이야기는 우리 모두에게 '지금 이 순간의 소중함'을 다시 한번 깨닫게 합니다.

여러분도 오늘, 이 순간에 감사하며 최선을 다해 보십시오.

그리고 결과를 인내심으로 기다리며, 만나는 모든 일과 사람들에게 감사한 마음으로 임해 보십시오.

그리하면 오늘이라는 시간이 여러분 인생의 가장 빛나는 '젊은 날'이 될 것입니다.

감사와 겸손의 삶을 살자

서울 외곽의 작은 카페에서 매일 아침 책을 펼치는 김선화 박사님은 감사와 겸손의 삶을 몸소 실천하는 분으로 널리 존경받고 계십니다. 대학에서 생명과학을 가르치시던 박사님은, 학문의 길에서 잠시 물러나, 지금은 청소년 멘토링과 환경 보호 활동에 헌신하며 새로운 삶의 의미를 찾고 계십니다. 어려운 시절을 겪으면서도 결코 마음의 빛을 잃지 않은 박사님의 삶은 우리 모두에게 깊은 감동을 선사합니다.

김 박사님께서는 늘 '오늘 주어진 순간이야말로 가장 소중한 선물'이라고 말씀하십니다.

어린 시절 가난과 가족의 병환으로 힘들었던 경험이 감사의 마음을 더욱 굳건하게 만들었다고 합니다.

"그때를 돌아보면, 힘든 만큼 감사가 컸습니다. 생명이 있는 것, 숨 쉴 수 있는 것, 사랑하는 이들이 곁에 있는 것, 그 모든 게 은혜였죠"라고 겸손히 고백하십니다.

그녀는 매일 아침, 자연 속에서 걷기를 실천하며 마음을 다스립니다.
작은 풀잎 하나, 하늘의 구름 한 점에도 감사하는 마음으로 하루를 시작하는 습관은 삶에 놀라운 활력을 불어넣습니다. 멘토링 수업에서 청소년들에게도 항상 이렇게 말합니다.

"지금 내 앞에 있는 것들에 감사하는 마음으로 시작할 때, 그 무엇도 두렵지 않고, 할 수 없는 일이 없습니다."

김 박사님의 겸손은 사람을 끌어당기는 힘이 있습니다.
청소년들과 함께하는 자원봉사 현장에서도 자신의 의견을 앞세우기보다 상대방의 이야기에 귀 기울이며 함께 고민하고 성장하는 자세를 잃지 않습니다. 그 모습은 많은 젊은이들에게 '사람답게 사는 길'을 보여 주는 빛이 됩니다.

최근에는 환경 보호 캠페인을 주도하며 지역사회와 소통하는 데도 적극적입니다.

"내가 가진 작은 힘과 시간도 감사하는 마음으로 내어 놓으면, 그것이 큰 변화를 만드는 씨앗이 됩니다"라며 겸손한 마음가짐을 잊지 않으십니다.

덕분에 그녀가 이끄는 모임에는 점차 더 많은 이들이 동참하며 희망의 물결이 퍼져 나가고 있습니다.

김선화 박사님의 이야기는 오늘 하루를 감사와 겸손으로 살아가는 일이 얼마나 소중한지를 깊이 일깨워 줍니다.

우리도 박사님처럼 매 순간 마음의 문을 열고, 주어진 삶을 충실히 살아낼 때, 우리 각자의 인생은 더욱 풍성해지고 따뜻해질 것입니다.

신체적, 정신적 건강을 위해서는

서울에서 작은 독립서점을 운영하고 계신 김현중 선생님께서는, 10년 전만 해도 과로와 불면으로 지쳐 계셨습니다. 대기업 마케팅 본부장으로서 치열한 성과 경쟁의 한복판에 계셨기에, 늘 이메일과 회의에 쫓기며, 몸도 마음도 텅 빈 듯한 나날을 보내셨습니다.

그러던 어느 날, 건강검진 결과에서 예상치 못한 경고를 받으셨습니다. 고혈압과 초기 당뇨, 심리적 번아웃까지 겹쳐 더 이상 지금처럼 살다가는 삶이 무너질 수도 있다는 말을 들으셨습니다. 그 순간, 김 선생님께서는 결단하셨습니다.
"삶의 리듬을 다시 찾아야겠다. 나 자신을 살리기 위해서라도."

그때부터 김 선생님은 매일 아침 5시 30분에 일어나 동네 한강 공원을 걷기 시작하셨고, 샤워 후엔 직접 커피를 내려 마시며 책 한 권씩 필사를 하셨습니다. 의복은 언제나 단정히 갖추고, 서점에 들어오는 손님들에게 밝은 표정으로 인사하며 대화를 나누는 것을 일상의 의식처럼 삼으셨습니다.

어느 날, 한 젊은 손님이 조심스럽게 말씀드렸다고 합니다.
"사장님, 여기 오면 참 마음이 편안해요. 이상하게도 무게를 내려놓게 돼요."

그 말을 들으신 김 선생님께서는 가만히 웃으며 속으로 생각하셨다고 합니다.
'내가 달라지니, 주변이 달라지는구나.'

이전에는 고객의 불만에 예민하게 반응하고, 다른 사람의 말 한 마디에 상처받곤 하셨지만, 이제는 다르게 생각하는 타인을 있는 그대로 받아들이는 여유가 생기셨습니다. 누군가를 바꾸려 애쓰기보다는, 자신의 내면을 정비하고자 노력하는 방향으로 삶의 축이 바뀐 것입니다.

"저는 이제 깨달았습니다. 건강이란 단순히 병이 없는 상태가 아닙니다. 내 몸과 마음이 조화롭게 살아 숨 쉬는 것이지요. 그리고 그 시작은, 나를 바꾸는 데 있습니다."

김 선생님의 이 말은 단순한 인문학적 통찰을 넘어, 실제 삶에서 체득한 귀한 교훈입니다.

오늘도 마포구 작은 서점 한편에는 김 선생님의 따뜻한 인사와 웃음, 그리고 변화의 기운이 조용히 피어오르고 있습니다.

'건강한 삶은 의도된 습관에서 시작된다'는 철학을 품은 한 분의 일상이, 그렇게 선한 영향력을 퍼뜨리고 있는 것입니다.

감사함, 기쁨이 충만한 삶을 위해서는

경기도 고양에서 한적한 전원생활을 즐기고 계신 김명진 선생님께서는, 퇴직 후 인생 제2막을 '감사와 기쁨의 훈련'이라 명명하고 하루하루를 설계하고 계십니다. 오랜 시간 교단에서 고등학생들을 가르치셨던 김 선생님은 퇴임 후 한동안 삶의 방향을 잃고 방황하셨다고 고백하셨습니다. 갑작스러운 공백 속에서 자신이 누구인지조차 헷갈릴 만큼 공허함이 깊었다고 하셨습니다.

그러던 어느 날, 우연히 아침 산책 중 들으신 한 어르신의 말씀이 전환점이 되었습니다.
"사는 게 별거 아니야. 하루에 감사 세 가지씩만 적어 봐. 인생이 달라져."
그 말씀을 마음에 새기고 그날부터 김 선생님은 작은 공책 하나를 들고 다니며 감사를 적기 시작하셨습니다.

첫날은 "따뜻한 햇살에 감사", "부인의 미소에 감사", "따뜻한 커피 한 잔에 감사"라는 세 문장으로 시작되었고, 그 이후로도 날마다 감사의 내용은 다양하게 채워졌습니다. 며칠 지나지 않아 삶은 분명히 달라졌습니다. 마치 어둡던 방 안에 천천히 불이 들어오듯, 마음에도 따뜻한 빛이 퍼지기 시작했습니다.

김 선생님은 자신에게 주어진 도전이나 불편한 일들 앞에서도 이제는 두려워하거나 회피하지 않으십니다. '이 일도 언젠가 나를 더 단단하게 해 줄 기회일 것이다'라는 태도로 차분히 받아들이십니다. 최근엔 건강상의 작은 이상 징후로 병원을 찾으셨지만, "조기에 발견하게 되어 얼마나 감사한가"

라는 말로 주변을 오히려 안심시키셨습니다.

또한, 선생님은 하루 일과를 마치고 난 뒤 꼭 오늘의 자신에게 질문을 하신다고 합니다.
"어제보다 오늘 조금 더 나아졌는가?"

그 질문에 고개를 끄덕일 수 있도록 매일을 설계하고 행동하시며, 작은 개선과 성장에 진심으로 기뻐하십니다.

그분은 목표가 생기면 결코 쉽게 포기하지 않으십니다. 시간이 오래 걸리더라도 좌절하거나 멈추지 않고, 때로는 더디더라도 꾸준히 자신의 속도로 나아가십니다.

요즘엔 손주들을 위해 그림책을 직접 쓰고 그리시는 작업을 시작하셨습니다.

"첫 책이 언제 나오느냐는 중요하지 않습니다. 매일 그리며 행복하니 충분하지요." 이 말씀이 김 선생님의 삶을 가장 잘 설명해 주는 문장일 것입니다.

오늘도 김 선생님은 감사로 하루를 시작하고, 기쁨으로 하루를 마무리하십니다.

감사와 기쁨은 특별한 순간에만 찾아오는 감정이 아니라, 매일의 행동과 태도 속에서 스스로 만들어 가는 '삶의 결실'임을 우리에게 일깨워 주십니다.

삶을 즐기고 신뢰하자

　서울 서대문구의 한 조용한 골목에서 이재문 선생님께서는 매일 아침 같은 시간, 같은 골목을 따라 걷는 산책을 일과처럼 실천하고 계십니다. 한때 국내 유수 기업의 인사교육팀장으로 근무하셨던 이 선생님은, 퇴직 후에도 인생을 '성장 중인 작품'으로 여기며 살아가고 계십니다.

　그분의 삶에는 분명한 철학이 있습니다.
"오늘 하루, 나에게 주어진 이 시간을 기꺼이 믿고, 온전히 살아 내는 것."

　선생님은 어느 날 문득, 과거의 후회나 미래의 불안에 삶을 뺏기는 것이 얼마나 무의미한지 깨달으셨다고 말씀하셨습니다.

　어느 해 겨울, 예상치 못한 건강 문제로 병원에 입원하시게 되었을 때였습니다. 평소처럼 업무에 몰두하던 중 갑작스러운 복통으로 쓰러지셨고, 검사 결과 장기 질환 초기라는 진단을 받으셨습니다. 큰 병은 아니었지만, 그 순간 삶의 속도를 멈춰야만 했습니다. 그 침대 위에서 선생님은 자신에게 조용히 질문하셨다고 합니다.
"이제까지 나는 누구의 인생을 살아온 것일까? 오늘이라는 시간을 나는 얼마나 믿고 있었는가?"

　그리고 그날 이후, 선생님은 매일 아침 자신에게 이렇게 말씀하신다고 합니다.
"오늘 하루를 즐기자. 오늘 하루를 신뢰하자."

퇴원 후 이재문 선생님은 자신의 일상을 완전히 새롭게 구성하셨습니다. 먼저 하루의 시작은 짧은 명상과 감사일기로 엽니다. 그런 다음, 자아실현을 위한 공부와 글쓰기를 습관처럼 실천하십니다. 최근에는 중년 이후의 성장과 회복을 주제로 한 칼럼을 주간지에 연재하시며, 독자들과 깊은 공감을 나누고 계십니다.

무엇보다도 그분이 강조하시는 것은 '행동의 철학'입니다. 이상적인 미래를 공상하는 것보다, 오늘 이 자리에서 할 수 있는 일을 가장 성실하게 실천하는 것이 진정한 챔피언의 자세라 하십니다. 때론 무기력하고, 때론 외로움이 찾아와도 그때마다 마음을 다시 다잡는 방식은 '긍정적인 자기암시'입니다.

"나는 할 수 있다. 나는 오늘의 나를 믿는다. 이 하루가 나의 미래를 만든다."

이 문장을 하루에도 몇 번씩 되뇌며, 만나는 이들에게는 미소로 인사를 건네고, 스스로에게는 격려와 신뢰를 보냅니다. 그 자세가 결국 이재문 선생님의 품격이 되었고, 지금의 내면의 평화와 자신감을 빚어낸 힘이 되었습니다.

그분의 삶은 우리에게 조용한 확신을 전해 줍니다.
먼 미래의 불확실성보다, 오늘이라는 한 페이지를 진심으로 살아 내는 것이 진정한 행복의 시작임을.

그리고 그 하루하루가 쌓여 결국 찬란한 미래를 이루는 길임을 말입니다.

나의 창조 에너지

　서울 성동구의 어느 조용한 서재에서 김민석 교수님께서 하루를 시작하는 모습을 떠올려 보십시오. 오랜 시간 대학에서 철학과 인문학을 가르쳐 오신 김 교수님께서는 매일 아침을 '나만을 위한 멋진 여행'으로 여기며 스스로에게 특별한 선물을 안겨 주십니다. 교수님께서 늘 강조하시는 말씀이 있습니다.
　"하루를 여행이라고 생각하면, 평범한 일상도 새롭게 보이기 시작합니다."

　어느 겨울 아침, 바쁜 강의 준비에 지쳐 있던 어느 날, 김 교수님은 갑자기 몸과 마음이 무겁고 창조적 에너지가 바닥난 듯한 느낌을 받으셨습니다. 평소처럼 강의 계획을 세우고 논문 작업을 하려 했지만, 집중이 되지 않아 괴로움이 깊어지던 순간이었습니다. 그때 문득 교수님은 '매일 아침을 새로운 여행으로 시작하자'는 자신의 신념을 다시 떠올리셨습니다. 그래서 평소 가던 길 대신 한강변으로 나가 가벼운 산책을 하며 주변 풍경과 바람, 새소리에 귀를 기울이기 시작하셨습니다. 평범한 일상이 특별해지는 순간이었습니다. 그 산책에서 만난 낯선 이웃들과의 짧은 대화, 새롭게 발견한 작은 카페의 향기, 그리고 그날 접한 문학 작품의 한 구절까지 모두가 교수님의 '여행지'가 되었습니다.

　이 경험을 통해 김 교수님께서는 창조 에너지란 외부에서 찾아오는 것이 아니라, 매일의 '새로움'을 인지하고 받아들이는 태도에서 비롯됨을 깊이 깨달으셨습니다.
　"창조적 삶은 우리가 마주하는 모든 순간을 탐험하는 마음가짐에서 시작된다"라고 말합니다. 매일을 여행하듯 살면서 자신만의 지혜와 영감을 키우는 일, 이것이야말로 세계적인 지도자로서의 내면을 단단히 다지는 길이라고 확신하십니다.

교수님께서는 매일 아침 이렇게 마음속으로 다짐하십니다.
"오늘은 나만을 위한 여행의 첫날이다. 새로운 것을 보고, 듣고, 느끼며 나의 창조 에너지를 깨우자."

이 다짐이 강의실에서도, 연구실에서도, 그리고 일상 속 대화 속에서도 그분의 밝은 에너지로 발현됩니다. 그 결과, 김민석 교수님은 동료들과 학생들 사이에서 '영감을 주는 멘토'로 불리며, 인문학적 통찰과 창조적 사고로 우리 사회에 긍정적인 변화를 이끌고 있습니다. 또한, 자신만의 여행을 통해 얻은 깨달음들을 담아낸 에세이집도 최근 출간하셨는데, 많은 이들에게 '매일의 삶을 창조적으로 바라보는 시각'을 선사하고 있습니다.

이렇듯, 우리의 일상도 한 편의 여행이며, 매일 맞이하는 새로운 경험과 사람들 속에서 창조 에너지를 발견하는 순간들이 모여 위대한 삶을 만듭니다. 김 교수님의 이야기는 우리 모두에게 오늘을 새롭게 바라보고, 자신의 삶 속에서 창조적 가능성을 키우라는 귀한 메시지를 전합니다.

매일 아침 '나만의 여행'을 시작할 때, 여러분 역시 세상을 향한 새로운 시선과 깊은 영감을 얻는 창조적 존재로 거듭날 수 있을 것입니다.

오늘도 내일도 계속되는 그 여행에서, 자신만의 창조 에너지를 마음껏 발산하시길 바랍니다.

유비쿼터스 긍정의 힘

서울에서 한평생 교육계에 몸담아 온 박정현 박사님께서는 언제나 긍정의 힘을 삶과 일터에서 실천하며 주변에 귀감이 되고 계십니다. 특히, 수십 년간 수많은 실패와 도전을 겪으면서도 좌절하지 않고 다시 일어나는 모습을 통해 많은 이들에게 희망과 용기를 전해 오셨습니다.

몇 해 전, 박 박사님께서 맡으신 대형 교육 프로젝트가 뜻밖의 난관에 부딪힌 적이 있었습니다. 예상보다 예산이 부족해지고, 팀 내의 의견 충돌로 일정이 늦춰지는 등 여러 문제가 한꺼번에 몰려왔습니다. 당시 팀원들은 하나둘씩 의기소침해졌고, 프로젝트 자체가 무산될 위기에 처했습니다.

그러나 박정현 박사님께서는 그런 상황 속에서도 "실패는 실패로 끝나는 것이 아니라, 더 나은 시작을 위한 밑거름"이라는 신념을 굳게 붙드셨습니다. 겁먹거나 포기하지 않으시고, 차분히 상황을 분석하며 다시 한번 구체적이고 완벽한 계획을 세우셨다고 합니다. 단순히 계획을 재수립하는 데 그치지 않고, 팀원들과 함께 한층 더 적극적인 실행 방안을 논의하고 각자의 역할을 명확히 재정립하셨습니다.

박사님께서는 당시 "문제가 발생할수록 더욱 인내하며, 조용히 최선의 때를 기다리는 것이 성공의 비결"이라고 말씀하셨습니다. 그 마음가짐으로 팀 분위기를 바꾸고, 매일매일 한 걸음씩 문제 해결에 힘썼습니다. 박사님의 미소와 격려는 팀원들에게 큰 힘이 되었고, 점차 어려움을 극복할 수 있는 긍정적 에너지가 모이기 시작했습니다.

결과적으로 프로젝트는 다시 활기를 띠었고, 최종적으로 성공적인 성과를 거두어 교육계에 신선한 혁신을 가져왔습니다. 박사님의 적극적 태도와 변치 않는 희망은 '레몬을 레몬수로 만드는' 지혜로운 긍정의 힘이었습니다.

어려움이 닥칠 때마다 자신과 주변을 믿고, 웃음과 즐거운 표정을 잃지 않는 태도가 얼마나 큰 변화를 가져오는지 몸소 보여 주신 사례입니다. 이처럼 우리 삶에서 실패와 난관은 피할 수 없는 현실입니다. 하지만 그때마다 마음을 다잡고 더 구체적이며 체계적인 계획으로 재도전한다면, 성공의 길은 분명 열립니다.

그리고 가장 중요한 것은, 매일매일 좋은 일이 일어날 것이라는 희망을 품고 즐겁게 하루를 살아가는 긍정적인 자세임을 박정현 박사님은 가르쳐 주십니다.

우리 모두가 박사님처럼 실패를 두려워하지 않고, 주어진 레몬을 맛있는 레몬수로 바꾸는 창조적 긍정을 통해 자신의 삶과 주변을 변화시키는 멋진 사람이 되길 바랍니다.

오늘 이 순간부터 긍정의 힘을 믿고 한 걸음 내딛는 용기를 가져보십시오.

그 길이야말로 여러분의 인생을 빛나게 하는 진정한 성공의 길입니다.

유비쿼터스 희망이란

서울 송파구의 작은 서재에서 인문학 연구를 이어 가시는 김민호 박사님은 학자이자 삶의 철학자이십니다. 그는 평생을 '희망'이라는 키워드로 자신과 주변 사람들을 다독이며 성장해 오셨습니다. 김 박사님께서 늘 강조하는 말씀이 있습니다.

"우리 각자는 완전하지 못하지만, 완전에 가까워지는 과정에 있다"는 진실입니다.

김 박사님은 함박눈이 내리는 어느 늦은 겨울 저녁, 후학들과의 토론 중 이렇게 말씀하셨습니다.

"우리는 이성과 감정을 분리할 때 더 깊은 행복에 이를 수 있습니다. 이성은 우리에게 길을 제시하고, 감정은 그 길을 따르는 원동력이지만 때로는 이성을 통해 감정을 객관화할 필요가 있습니다."

이 말씀은 많은 이들의 마음에 큰 울림을 주었습니다.

그의 삶 역시 수많은 도전과 실패, 그리고 성공의 연속이었습니다. 젊은 시절 한 차례 큰 연구 프로젝트가 예상치 못한 실패로 무산되었을 때, 김 박사님은 깊은 좌절을 맛보셨습니다. 그러나 그 순간에 좌절에 머무르지 않고 자신의 감정과 이성을 냉철하게 분리하여, 실패의 원인을 분석하고 더 나은 연구 방향을 모색했습니다. 그 결과, 더욱 견고한 연구 성과를 이루어 내며 학계에 귀감이 되셨습니다.

"인생의 목적은 자신이 선택한 그 무엇인가에 열정을 다하고, 어려움을 극복하며, 타인에게 친절하고 자신을 존중하는 데 있습니다."

김 박사님께서는 이렇게 말씀하시면서, 자기 삶에 감사와 기쁨이 충만할 때야말로 인생이 가장 가치 있다고 하셨습니다. 그가 늘 주변에 전하는 메시지에는 '용기'와 '최선의 선택'이 빠지지 않습니다.

어느 날, 김 박사님은 병상에 계신 어머니를 찾아뵙고, 삶의 의미를 다시금 되새기셨습니다.
"어떤 환경에서도 주어진 조건 속에서 최상의 것을 선택하고, 최선을 다하는 용기야말로 내게 가장 큰 가치입니다."

어머니의 미소를 보며 마음 깊이 다짐하셨습니다. 그 경험은 김 박사님의 연구와 강의에 더욱 진정성을 더해 주었습니다. 지금 이 순간에도 김민호 박사님은 자신의 삶과 연구를 통해 희망의 씨앗을 뿌리며, '완전하지 못한 우리 모두가 성장과 성숙을 향해 가고 있다'는 믿음을 나누고 계십니다.

우리 또한 그의 이야기를 통해, 실패를 두려워하지 않고 이성과 감정을 조화시키며, 매일의 선택에 용기와 최선을 다하는 삶의 지혜를 배울 수 있습니다.

희망이란 결국 '불완전함 속에서 완전함을 향해 나아가는 끊임없는 실천'입니다.

김 박사님의 여정은 우리 모두에게 '희망의 본질'을 깊이 이해하게 하는 감동적인 이야기가 되어 줍니다.

오늘 여러분도 주어진 환경에서 최상의 것을 선택하며, 인생의 매 순간을 희망과 용기로 채워 나가시길 바랍니다.

유비쿼터스 리더십

경기도의 한 작은 도서관, 이름 없는 이곳의 관장이신 정하윤 선생님은 화려한 이력도 없고, 방송 출연도 없지만, 마을 어르신들과 청소년, 그리고 이웃들의 마음속에선 누구보다 따뜻한 리더로 기억되고 있습니다.

정 선생님은 대기업 인사팀에서 25년을 근무하신 뒤, 뜻밖의 건강 문제를 계기로 과감히 퇴직을 하셨고, 이후 자신이 태어나고 자란 고향 마을로 돌아오셨습니다.

그곳에서 처음 문을 연 것이 바로 '햇살도서관'이었습니다. 책 한 권 제대로 기부받기도 어려운 상황에서, 그는 자신의 월급과 퇴직금을 털어 헌책을 구입하고 중고 책장을 조립해 나갔습니다.

하지만 진짜 변화는 그가 사람들과 '귀 기울이는 대화'를 시작하면서부터였습니다.

마을 주민들의 삶에 관심을 기울이고, 누구든 찾아오면 이야기를 들어 주고, 책보다 사람을 더 사랑하는 태도로 공동체에 스며들기 시작한 것이었습니다.

어느 날, 한 중학생이 가정불화로 마음의 문을 닫고 학교를 그만두려 했을 때, 정 선생님은 매일 도서관으로 찾아와 그 아이 옆에 조용히 앉아 책을 읽었습니다. 강요도 설득도 없이, 단지 그 옆에 존재하며 '같이 있어 주는 것'만으로 소년의 마음을 녹여내셨습니다. 그리고 이런 말씀을 나누셨습니다.

"사람의 변화는 말이 아니라 기다림으로 시작되는 거예요."

정 선생님은 어떤 보상도 바라지 않으십니다. 누가 고맙다고 말하지 않아도, 누가 알아주지 않아도 자신이 할 수 있는 선한 일을 묵묵히 해 오셨습니다. 마을 축제가 있을 때는 누구보다 먼저 현수막을 걸고, 눈이 오는 날엔 어르신 집 앞을 쓸며, 소소한 행동으로 신뢰를 쌓아 가셨습니다.

그는 사람을 볼 때 단 한 번도 단점부터 말한 적이 없습니다.
"그분 안에는 아직 드러나지 않은 재능이 있습니다. 저는 그걸 함께 기다려 주는 사람이고 싶어요."

진정한 리더십은 누군가를 지배하는 힘이 아니라, 누군가를 이해하려는 태도에서 시작된다는 걸 정하윤 선생님은 삶으로 보여 주십니다. 매 순간 따뜻하게 눈을 맞추고, 말보다 행동으로, 질문보다 경청으로 사람을 대하십니다.

정 선생님께 진정한 리더십이 무엇이냐고 여쭤본 적이 있습니다.
그때 들려주신 대답은 아직도 마음 깊이 남아 있습니다.
"내가 조금 더 늦게 먹고, 내가 조금 더 불편하면, 누군가가 조금 더 웃을 수 있습니다. 저는 그게 리더의 역할이라 믿습니다."

말없이 묵묵히 사람 곁에 서 주는 삶,
그 안에야말로 가장 깊고 울림 있는 리더십이 숨어 있습니다.

오늘 우리도 누군가에게 그런 존재가 되어 보면 어떨까요?

다른 사람에게 신임과 존경을 받는 방법

서울 강남에서 평생을 학문과 사회 봉사에 헌신해 온 김성우 교수님께서는 오랫동안 존경과 신뢰를 받는 인물로 알려져 있습니다. 교수님은 단순한 지식 전달자를 넘어, 사람 사이의 따뜻한 관계를 중시하는 인문학자로서 주변인들에게 깊은 인상을 남기셨습니다. 그 비결에는 몇 가지 특별한 실천법이 숨어 있습니다.

김 교수님께서는 늘 상대방의 이야기에 귀 기울이는 '좋은 경청자'가 되기를 강조하십니다. 어느 날 한 강연 후, 한 청중이 "교수님은 어떻게 그렇게 모두의 말을 잘 들어 주실 수 있나요?"라고 물었을 때 교수님은 웃으며 대답하셨습니다.

"사람은 누구나 자신이 존중받고 있다고 느낄 때 마음이 열립니다. 그러니 상대방의 말을 중간에 가로막지 않고 끝까지 들어 주는 것, 그 자체가 신뢰를 쌓는 첫걸음입니다."

또한, 김 교수님께서는 상대의 처지를 진심으로 이해하려는 노력을 멈추지 않으십니다. 예를 들어, 학교에서 학생들과 상담을 할 때도, 그들의 고민을 단순한 문제로 치부하지 않고 한 사람, 한 사람의 입장에서 깊이 공감하려 애쓰셨습니다. 이러한 마음 씀씀이가 학생들뿐만 아니라 동료 교직원들의 존경을 불러일으켰습니다.

교수님은 항상 상대방이 중요하다는 느낌을 주기 위해 작은 칭찬도 아끼지 않으십니다. "잘하셨어요", "그 부분에서 교수님의 생각이 정말 인상적입니다" 같은 진심 어린 말들은 상대의 자존감을 높이고, 자연스레 신임을 쌓는 밑거름이 되었습니다.

　김 교수님의 또 다른 덕목은 자신이 잘못했을 때 단호하게 인정하고 정중히 사과하는 자세입니다. 한번은 회의 도중 의견 충돌이 있었지만, 교수님은 "제가 잘못 이해한 부분이 있었습니다. 죄송합니다"라고 말하며 분위기를 부드럽게 이끄셨습니다. 이처럼 솔직함과 겸손함은 사람들 사이에서 진정한 존경을 불러옵니다.

　말은 꼭 필요한 순간에만 적절하게 사용하시고, 질문과 부탁의 형태로 대화를 이끌어 가는 것도 교수님의 특징입니다. 또한, 상대방의 이름을 자주 부르시면서 따뜻한 미소와 차분한 목소리로 소통하십니다. "성우 선생님, 오늘 의견 정말 감사합니다"라는 한마디가 주는 힘은 말로 표현할 수 없이 큽니다.

　이렇듯 김성우 교수님께서 실천하는 작은 행동들 속에서 신임과 존경은 자연스레 자라납니다. 우리 모두가 이와 같은 진심과 배려로 타인과 소통한다면, 사회는 더욱 따뜻하고 신뢰가 넘치는 공간으로 거듭날 것입니다.

　오늘부터 나부터 한 사람, 한 사람을 존중하고 귀 기울이며, 진심 어린 미소를 띠는 습관을 실천해 보시길 권합니다.

　그 길이 바로 신임과 존경을 얻는 참된 지혜입니다.

사랑으로 충만한 마음으로 살아가기

서울의 한 대학교에서 인문학을 가르치시며 삶과 사랑에 대한 깊은 통찰을 전하는 박수현 교수님은 많은 제자들에게 사랑과 성실함의 진정한 의미를 몸소 보여 주고 계십니다. 교수님께서는 늘 "사랑으로 충만한 마음이야말로 하루를 온전히 살아가는 힘"이라고 말씀하시며, 작은 일에도 사랑의 눈길을 잃지 않는 삶을 강조하십니다.

최근 박 교수님께서는 자신의 인생과 교육 철학을 담아 한 권의 에세이를 완성하셨습니다. 그 안에는 "사랑으로 사물을 관찰하고, 상황을 이해하며, 사람을 대하는 태도가 세상을 바꾸는 원동력"이라는 믿음이 담겨 있었습니다.

어느 날, 수업 중 한 학생이 어려운 가정환경에서 자신감을 잃고 좌절을 토로했을 때, 교수님은 따뜻한 미소로 이렇게 조언하셨습니다.
"그 마음속에 사랑이 가득하다면, 오늘의 어려움도 내일의 성장 밑거름이 될 것입니다."

박 교수님의 하루는 매 순간 사랑으로 가득 차 있습니다. 도서관에서 마주친 낯선 이의 눈길에, 길거리에서 만난 아이들의 웃음에도, 사무실 창밖으로 스며드는 햇살에도, 늘 사랑을 담아 바라봅니다. 그는 이렇듯 사랑의 시선으로 세상을 관찰할 때 자신도 모르게 마음이 평안해지고 행동이 즐거워짐을 경험하셨습니다.
"사랑으로 하는 행동은 자연스럽게 성실과 일관성으로 이어집니다."

교수님은 오랫동안 연구와 강의를 하며, 목표 달성을 향한 꾸준한 노력이 곧 사랑의 실천임을 체득하셨습니다. 그 결과, 여러 차례 힘든 시기가 있었지만 절대 중도에 포기하지 않고 자신의 소명을 향해 매일 최선을 다하고 계십니다. 그 모습은 주변 동료와 제자들에게 큰 귀감이 되었고, 함께 성장하는 공동체의 원동력이 되고 있습니다.

교수님께서 특별히 강조하시는 것은 '생명이 숨 쉬는 한, 사랑과 성실로 충실하게 행동하는 것'입니다. 그것이 곧 성공으로 가는 길이며, 진정한 행복의 비결임을 여러 강연과 저서를 통해 널리 전파하고 계십니다. 그의 진심 어린 말씀은 '성공'이라는 결과 너머 '지속 가능한 사랑'이 우리 삶에 얼마나 중요한지를 일깨워 줍니다.

오늘을 사랑으로 충만하게 살아가려는 박수현 교수님의 이야기는 우리에게 작은 행동 하나하나에 담긴 '사랑의 힘'을 다시 한 번 생각하게 합니다.

사랑을 마음 가득 채운 채 하루를 맞이할 때, 우리는 매 순간 성장하고 목표를 향해 한 걸음씩 나아갈 수 있습니다. 그 여정 속에서 우리 삶은 빛나고, 주변에도 선한 영향력을 미치게 될 것입니다.

오늘, 사랑으로 충만한 마음을 품고 하루를 시작해 보십시오.

그 마음이 여러분의 인생을, 그리고 세상을 따뜻하게 변화시키는 원천이 될 것입니다.

성공적인 협상을 위해서는

서울에서 한 중견 출판사 대표로 오랫동안 일해 오신 김지훈 선생님은 언제나 '사람을 먼저 생각하는 협상가'로 이름 높으십니다. 수많은 출판계 크고 작은 계약 협상에서 그는 단 한 번도 상대방을 적으로 대하지 않고 '함께 성장하는 동반자'로 여기며 협상의 길을 걸어오셨습니다.

최근 한 신진 작가와의 계약 협상에서 그 진가를 보여 준 일이 있었습니다. 신진 작가는 자신의 작품에 대해 열정적이었으나, 계약 조건에 대해선 요구가 많고 민감한 태도를 보였습니다.

많은 이들이 '협상 난항'을 예상했으나 김 선생님은 달랐습니다. 그는 먼저 상대방의 말을 끊지 않고 끝까지 경청하는 데 온 마음을 기울이셨습니다. 때로는 고개를 끄덕이고, 따뜻한 미소를 머금은 채 조용히 듣는 모습에 상대방도 마음을 열 수밖에 없었습니다.

그다음 김 선생님은 자연스럽게 상대방에게 질문을 던져 진심을 알아가는 데 집중했습니다.
"이 부분이 가장 중요하게 느껴지시는군요. 혹시 다른 부분은 어떻게 생각하시는지요?"라는 배려 어린 질문이 상대의 마음을 부드럽게 열었습니다.

또한 그는 '이름'을 자주 부르며 상대방의 존재감을 존중했고, 서로의 입장을 섣불리 판단하지 않고 최대한 긍정적으로 해석하려 애썼습니다.

협상 중간에 의견 차이로 잠시 긴장감이 돌 때도 있었습니다.
그 순간, 김 선생님은 자신의 견해를 고집하기보다 한발 물러서서 상대방의 체면을 살려 주는 '양보'를 선택하셨습니다.

겉으로는 손해 같아 보였지만, 이는 오히려 신뢰를 쌓는 기회가 되었고, 이후 협상은 서로 원원하는 방향으로 흘러갔습니다.

가장 인상적인 점은 김 선생님 스스로 '변화'를 두려워하지 않는 분이라는 것입니다.
"강물을 거슬러 흐르려 하지 말고, 그 힘을 타고 흐르는 법을 배워야 한다"는 그의 좌우명처럼, 그는 협상 중 자신이 고집하던 방식을 조금씩 바꾸며 유연함을 발휘했습니다.

김지훈 선생님의 이 따뜻한 협상 이야기는 '성공적인 협상'이 단순히 조건의 승패가 아니라, 서로를 이해하고 존중하는 마음에서 비롯된다는 점을 우리에게 깊이 일깨워 줍니다.

오늘 이 글을 읽는 모든 분들께, 상대방을 배려하며 자신을 돌아보는 그 마음가짐이 최고의 협상 전략이 될 것임을 전해 드립니다.

내면의 평화를 위하여

　서울 강동구에 거주하시면서 평생을 학문과 봉사에 바쳐 온 정재훈 박사님은 탁월한 연구자로서뿐만 아니라, 평화로운 내면을 유지하는 삶의 지혜로도 널리 존경받고 있습니다. 박사님께서는 수많은 비판과 오해, 심지어 적대적인 말들이 쏟아져도 흔들리지 않는 단단한 내면을 키우며 살아오셨습니다.

　그 비밀은 무엇일까요?

　어느 날, 박사님은 한 학회에서 연구 결과에 대해 거센 비판을 받았습니다.
　참석자 중 몇몇은 박사님의 연구 방법을 조롱하기도 했고, 논문 내용에 과한 비난을 쏟아 내기도 했습니다. 그러나 박사님은 고개를 숙이지 않고 미소를 지으셨습니다.

　그 후 인터뷰에서 이렇게 말씀하셨습니다.
　"사실, 그런 비난들은 제게 관심이 있다는 또 다른 표현이라고 생각합니다. 관심 없으면 아무 말도 하지 않죠. 저는 그분들의 말 한 마디, 한 마디를 '다르게 표현된 칭찬'으로 받아들입니다."

　그 말씀처럼 박사님은 불쾌한 감정을 품기보다, 그 비판 속에 담긴 애정 어린 관심과 기대를 읽어 내셨습니다. 마음이 가벼워 작은 자극에도 흔들리는 사람이 아닌, 큰 바위처럼 흔들림 없는 침착함을 지니셨기에 가능한 일입니다.

또한 박사님은 모든 비난과 오해를 '내면의 평화를 지키는 연습'으로 여기십니다.

"태풍이 몰아쳐도 변하지 않는 바위와 같아야 합니다. 마음이 호수처럼 고요해지면 지혜가 솟고 인격도 성장합니다. 포용심과 담대함을 갖춰야 진정한 평화가 찾아옵니다."

그는 자신을 비난하는 이들마저도 '사랑의 다른 표현'이라고 생각함으로써, 감정적으로 상처받는 대신 관대함으로 감싸안습니다. 그렇게 자신과 타인의 마음을 평화롭게 하여 사회에도 선한 영향을 미치는 것입니다.

박사님이 강조하는 '내면의 평화'는 단순한 감정 조절을 넘어서 인격의 깊은 성숙과 지혜를 내포합니다. 그 덕분에 동료들과 후배들은 물론, 가정에서도 따뜻한 신뢰를 받고 있습니다.

우리는 때로 비난과 비평 앞에서 마음이 흔들리곤 합니다.

그러나 정재훈 박사님의 삶에서 배우듯, 그 어떤 비난도 유쾌한 미소와 침착함, 관대함으로 맞설 때 내면의 평화는 더욱 단단해집니다.

내면이 바다처럼 넓고 호수처럼 고요해질 때 비로소 우리는 진정한 지혜와 인격을 갖춘 삶을 누릴 수 있습니다.

오늘부터 내면의 평화를 위한 작은 실천, 미소와 침착함을 실천해 보시길 권합니다.

자신 있게, 자신답게

　서울 은평구에서 거주하시면서 평생을 교육과 연구에 헌신해 온 김영수 교수님께서는 언제나 자신만의 길을 묵묵히 걸어오신 분입니다. 주변에서는 늘 '더 빨리, 더 높이' 경쟁하는 분위기가 넘쳤지만, 교수님은 '나답게 살아가는 것'에 집중해 왔습니다.

　한때 교수님께도 인생의 굴곡이 있었습니다. 어느 연구 프로젝트가 뜻밖의 실패로 돌아가면서 큰 좌절을 겪었습니다. 그동안 쌓아 온 성과가 한순간에 흔들리는 듯했습니다. 그때 한 제자가 교수님께 조심스레 질문했습니다.
　"교수님, 그 실패에 대해 어떻게 생각하시나요?"

　교수님은 미소를 지으며 대답하셨습니다.
　"과거는 이미 지나간 일, 돌이킬 수 없는 어제는 흘려보내야지. 그 실패가 나를 정의하지 않아. 오늘부터 남은 시간만큼은 내 방식대로, 내 계획대로 살아가려 하네."

　그 말은 제자에게 깊은 울림을 주었습니다. 누구나 실수하고 실패할 수 있지만, 그 실패에 머무르지 않고 앞으로 나아가는 것이야말로 진정한 성장임을 깨닫게 해 주었기 때문입니다.

　김 교수님은 주변과 비교하는 습관을 버리셨습니다. "다른 사람의 삶과 나를 비교하는 것은 불필요한 시간 낭비요, 마음의 짐일 뿐이네"라고 말씀하시며, 언제나 자신의 환경에서 자신에게 주어진 역할에 최선을 다하는 데 집중하셨습니다.

교수님께서는 늘 '자기 자신을 발견하는 과정'이야말로 인생의 진정한 여정이라고 강조하십니다. 매일 아침 거울 앞에 서서 "오늘 나는 나답게 살 것인가?"를 스스로 묻고 답하시는 것이 일상이 되었다고 하셨습니다. 그 결과 김 교수님은 학문적 성취뿐 아니라 따뜻한 인간미와 소신 있는 삶의 태도로 동료와 학생들에게 깊은 존경을 받고 있습니다.

그는 자신의 이야기를 통해 "내가 가장 절실하게 바라는 것을 향해 자신 있게 걸어가라. 다른 누구도 아닌 '나 자신'을 믿고, 나답게 행동하라"고 전합니다.

우리가 이 글을 읽는 이 순간에도 각자의 과거와 실패, 그리고 비교의 무게가 어깨를 짓누를 수 있습니다.

하지만 김영수 교수님의 삶처럼, 그 무게를 내려놓고 자신만의 길을 묵묵히 걸어가는 용기를 가져 보십시오. 여러분은 오직 여러분 자신일 뿐입니다.

그 자체로 충분히 가치 있고, 그 자체로 멋진 존재입니다.

오늘부터 자신 있게, 자신답게 한 걸음씩 내딛는 것,

그것이 바로 성공한 인생을 만드는 비결이 아닐까요?

즐겁게 행복하게 살아가기

서울 서초구에서 거주하시면서 문화예술계에 몸담고 계신 박정희 선생님께서는 늘 밝은 미소로 주변 사람들에게 희망과 따뜻함을 전하는 분입니다. 어려운 시절을 지나오면서도 '하루하루를 즐겁고 행복하게 사는 법'을 몸소 실천하신 선생님의 삶에는 특별한 비결이 숨어 있습니다.

선생님께서 가장 강조하시는 것은 '오늘 하루, 오늘 하루를 축복으로 받아들이는 마음'입니다. "어떤 일이 있어도 오늘은 내가 축복받은 하루라는 사실을 잊지 말아야 한다"는 신념으로 매일을 시작하십니다. 그 마음가짐은 자연스럽게 선생님의 얼굴에 환한 미소를 띠게 하고, 그 미소는 주변 사람들에게도 전해져 긍정의 에너지로 퍼져 나갑니다.

박 선생님은 늘 "오늘은 즐겁고 행복한 것만 생각하자"는 간단하지만 강력한 주문을 자신에게 거십니다. 때로는 예기치 않은 어려움이 닥쳐도, '즐겁고 행복한 것'에 집중하며 마음을 다잡습니다. 예를 들어, 얼마전 코로나19로 문화 활동이 위축되었던 시절에도 선생님은 매일 자신이 좋아하는 책 한 권을 읽으며 기쁨을 찾으셨습니다. 그 작은 습관이 쌓여 삶의 활력이 되었습니다.

더불어 박 선생님께서는 타인을 향한 다정함과 친절을 실천하십니다. 매일 아침 출근길에서 만나는 가게 주인에게 인사를 건네고, 어려움에 처한 이웃에게는 손길을 내밀며 진심 어린 칭찬과 격려를 아끼지 않으십니다. 선생님께서 전하는 따뜻한 말 한마디는 상대방에게 큰 힘이 되고, 이는 다시 선생님의 마음을 더욱 풍요롭게 만듭니다.

"다른 사람들의 실수는 그들의 성장 과정"이라 여기며, 용서와 관용의 마음으로 대하는 자세도 박 선생님만의 매력입니다. 한번은 문화 행사에서 준비 실수가 있었지만, 선생님은 조용히 침착하게 그 상황을 대처하며 행사를 무사히 마무리하셨습니다. 그때의 지혜로운 대처는 주변 모두에게 신뢰와 존경을 얻는 계기가 되었습니다.

불가피한 일들에 대해서는 인정하고 받아들이는 넉넉한 마음도 선생님이 갖춘 삶의 지혜입니다. "삶은 완벽할 수 없지만, 있는 그대로를 사랑하고 받아들이는 태도가 행복의 출발점"이라고 늘 말씀하십니다.

또한, 박 선생님은 "성공했던 기쁜 일들만 생각하라"고 강조하십니다. 실패와 고통은 과거에 묻어 두고, 오늘 하루의 기쁨과 소소한 행복에 집중할 때 삶은 더욱 풍요로워진다고 믿습니다. 선생님의 삶을 통해 우리 모두가 하루를 더 즐겁고 행복하게 살아갈 힘을 얻을 수 있습니다.

오늘 이 글을 읽는 여러분도 박정희 선생님처럼, 내일의 태양을 맞으며 "나는 오늘 축복받았다"는 마음으로 하루를 시작해 보십시오.

그 마음이 여러분의 하루를 환하게 밝히고, 여러분 삶의 소중한 행복을 더욱 깊게 만들어 줄 것입니다.

인격의 크기, 비전(Vision)의 크기

"내가 옳다고 믿는 순간, 비전은 사라지고 싸움만 남습니다."

공공건축 디자이너 정민호 소장님께서 회의실에서 들려주신 이 말은, 함께 일하던 후배들의 마음에 깊은 인상을 남겼습니다. 수많은 도시재생 프로젝트를 이끌어 오신 분답게, 정 소장님은 '협업의 미학'을 누구보다 잘 이해하고 실천하시는 분이십니다.

소장님께서 3년 전 맡으셨던 충청도의 한 소도시 도시재생 프로젝트는 당시 내부 갈등이 극심한 현장이었습니다. 지자체, 주민 대표, 기업, 설계사 등 수많은 이해관계자들이 제각각 자기 목소리를 내며 충돌하고 있었습니다. 소장님이 부임하시자마자 진행된 첫 회의는 감정 섞인 말들이 오가는 난장판이었습니다.

그러나 소장님은 한마디의 반박도 하지 않으셨습니다. 다만 말없이 모든 참여자의 의견을 꼼꼼히 적으며 고개를 끄덕이셨고, 회의 말미엔 단 한 문장만을 남기셨습니다.
"우리가 서로를 완벽하게 이해할 순 없어도, 이 도시의 미래를 위해 함께 할 수는 있습니다."
그 진심 어린 말에 회의장은 조용해졌고, 그 순간부터 모두의 태도가 조금씩 바뀌었습니다.

소장님은 그 프로젝트에서 누구의 손도 내치지 않으셨습니다. 오히려 의견이 다른 이들을 먼저 만나 식사하며 이야기를 들으셨고, 때로는 자신의 설계를 수정하면서까지 상대의 입장을 반영하셨습니다.

"디자인이 아니라 마음을 설계하는 일이 먼저입니다"라며 겸손히 말씀하셨습니다.

정 소장님의 협업 방식은 늘 '내가 옳다'는 주장보다 '우리가 함께 더 좋은 결과를 만들 수 있다'는 믿음에서 출발합니다. 그래서 그분의 프로젝트에는 언제나 다양한 시선과 아이디어가 어우러져 있습니다. 무엇보다 감동적인 건, 소장님이 늘 강조하시는 이 말입니다.

"모두가 완벽할 필요는 없습니다. 각자의 불완전함이 모여 더 깊고 따뜻한 결과를 만들어 내는 것, 그것이 진짜 협력입니다."

그 충청도 프로젝트는 결국, 지역 주민들이 자발적으로 참여한 대표적 모범 사례로 남았습니다. 마을은 살아났고, 사람들 사이의 신뢰도 회복되었습니다. 그리고 그 중심에는 한 사람의 '인격의 크기'와 '비전의 크기'가 있었습니다. 소장님의 이야기는 우리 모두에게 묻습니다.

"당신은 지금 누군가와 협력하고 있습니까, 아니면 옳고 그름을 따지고 있습니까?"

작은 감정을 넘어서고, 완벽함을 내려놓는 순간, 더 큰 비전이 열립니다.

준비된 행운

서울 도심에 자리한 남산은 도시 한복판의 작은 산이지만, 매일 아침마다 맑은 공기와 신선한 기운을 선사하는 숨겨진 보석과도 같습니다. 이곳을 매일 산책하시는 김재현 교수님께서는 "이 순간이야말로 준비된 행운"임을 몸소 체험하며 그 소중함을 많은 이들과 나누고 계십니다.

김 교수님께서는 서울의 한 대학교에서 인문학을 가르치며, 오랜 시간 정직하고 충실한 삶을 통해 다져진 내면의 성숙함을 갖춘 분이십니다. 그동안 학문과 교육, 그리고 가족과 사회를 위해 묵묵히 노력해 온 교수님은 어느 날, 무심코 걷던 남산 산책길에서 문득 자신이 얼마나 큰 행운을 누리고 있는지 깊이 깨닫게 되셨습니다.
"맑은 공기와 새벽의 차가운 기운이 폐 깊숙이 스며들 때마다, 나는 나 자신과 내 삶에 대한 깊은 감사함을 느낍니다."

교수님은 이처럼 자연의 아름다움 속에서 자신에게 주어진 평범한 일상이 얼마나 귀한지 깨닫는 순간이 진정한 행운임을 자주 말씀하십니다. 그리고 그 행운은 하루아침에 오는 것이 아니라, 그간 자신이 정직함과 성실함으로 쌓아 온 삶의 결과라는 사실도 깊이 인식하고 계십니다.

교수님은 늘 학생들과 후배들에게 "행운은 준비된 자에게 온다"고 강조하십니다. 이는 단순한 격언이 아니라, 자신의 경험에서 나온 진리입니다. 힘든 시절에도 흔들리지 않고 꾸준히 자신만의 길을 걸어가며, 늘 친절함과 배려를 잊지 않았기에 오늘의 감사한 순간들이 자연스레 찾아왔다는 믿음입니다.

"50대 후반이 된 지금, 나는 이렇게 자연과 함께하며 마음의 평화를 누릴 수 있음에 깊은 자존감을 느낍니다. 이런 순간순간이 쌓여 내 삶의 의미가 되고, 앞으로 나아갈 힘이 됩니다."

김 교수님의 말씀에는 겸손과 깊은 자기애가 동시에 담겨 있습니다. 또한, 그는 자연과 조화를 이루며 누리는 자유로움과 여유가 우리 모두가 갈망하는 준비된 행운임을 자주 되새기십니다.

이렇듯 김재현 교수님은 일상의 소소한 순간들에서 발견하는 감사함과 행복이야말로 진정한 행운이며, 그것을 누리기 위한 가장 큰 조건은 '꾸준한 자기 수양과 따뜻한 인간애'임을 삶으로 보여 주고 계십니다. 그의 산책길에서 느껴지는 조용한 기운과 평화로운 미소는 많은 이들에게 삶의 가치와 의미를 다시 한 번 생각하게 하는 깊은 울림을 전합니다.

오늘도 남산의 아침 햇살 아래 김 교수님은 천천히 발걸음을 옮기며 말없이 자신에게 그리고 우리 모두에게 이렇게 말합니다.
"준비된 행운을 누리기 위해 오늘도 최선을 다해 살아가자"고.

우리도 매일의 일상 속에서 작지만 확실한 행운, 즉 사랑과 감사함이 충만한 마음으로 충실한 삶을 꾸준히 준비하며 살아갈 때 비로소 '준비된 행운'을 맞이할 수 있을 것입니다.

나에게서 가장 강한 힘

　서울의 한 대학교에서 경영학을 가르치시는 박성준 교수님은 언제나 주변 사람들에게 "처음 한 걸음이 가장 강한 힘"이라는 메시지를 전하십니다. 교수님은 인생에서 맞닥뜨린 어려움과 두려움을 극복한 경험을 통해 이 진리를 온몸으로 증명해 오셨습니다.

　박 교수님께서는 학계와 사회적 활동을 병행하며 수많은 도전 앞에서 포기 대신 '작은 시작'의 힘을 믿으셨습니다. 어느 날, 연구 프로젝트의 큰 실패와 예상치 못한 재정적 난관에 부딪히셨을 때, 그 절망의 순간이 바로 출발점이 되었습니다.

　"그때는 참 두려웠고, 막막했습니다. 하지만 낙담하거나 포기할 수는 없었죠."
　교수님의 눈빛에는 그간의 고난을 견뎌 낸 단단함이 느껴집니다. 박 교수님은 당시 어려운 상황 속에서 '지금 할 수 있는 작은 일'부터 착실히 시작하셨습니다.

　"한 가지라도 착실히 해내다 보면 그 과정에서 생각지도 못한 에너지와 자신감이 생기더군요. 그리고 불안했던 마음도 점차 사라졌습니다."

　교수님은 그렇게 작은 성공들을 하나하나 쌓아 가면서 자신만의 계획을 실행해 나갔고, 곧 불굴의 정신이 몸에 배게 되었습니다. 그 꾸준함과 열정은 결국 주변 사람들의 관심과 도움으로 이어졌습니다.

"주변의 응원과 지원이 몰려오기 시작했어요. 하늘은 스스로 돕는 자를 돕는다는 말이 있듯이, 나 자신이 먼저 움직였기에 가능했습니다."

교수님의 경험은 단순한 격언을 넘어 인생의 진리로 자리 잡았습니다.

그는 제자들에게도 항상 강조합니다.

"처음 시작할 때의 두려움은 자연스러운 감정입니다. 중요한 건 그 두려움을 이겨 내고 당장 실천할 수 있는 작은 일부터 시작하는 용기입니다. 이 과정을 통해 자신감과 불굴의 정신이 자라나며, 마침내 여러분은 예상치 못한 행운과 기회를 마주하게 될 것입니다."

박성준 교수님의 이야기는 40~60대 한국 지식인으로서의 삶의 무게와 도전을 담아, 많은 이들에게 희망과 동기를 부여합니다. 특히 인생의 전환점에 선 이들에게 '포기하지 않는 꾸준함'과 '실천하는 용기'야말로 가장 강한 힘임을 생생하게 보여 줍니다. 오늘도 교수님은 새로운 도전에 맞서고 있는 우리들에게 말합니다.

"주어진 환경에서 작게라도 시작하십시오. 두려움에 멈추지 말고, 작은 걸음부터 떼세요. 그 한 걸음이 당신을 앞으로 나아가게 할 가장 강한 힘이 될 것입니다."

작은 시작이 만드는 큰 변화,
그 힘을 믿고 오늘부터 한 걸음씩 내딛는 여러분에게 진심 어린 응원의 박수를 보냅니다.

일관성이란 꾸준함, 성실함이다

　서울 은평구에서 거주하시면서 평생을 공공기관에서 근무하신 박지훈 선생님께서는, 은퇴를 앞둔 시점에서도 새로운 꿈을 향한 열정을 놓지 않는 분입니다. 박 선생님께서는 늘 '목표를 마음속에 선명하게 그리는 것'과 '하루도 빠짐없이 꾸준히 노력하는 것'이 얼마나 큰 힘을 주는지 몸소 체험하셨습니다.

　몇 해 전, 은퇴 후 제2의 인생을 준비하기 위해 박 선생님께서는 글쓰기 강좌를 시작하셨습니다. 처음에는 서툴고 망설임이 많았지만, 마음속에 늘 '내가 이루고자 하는 것은 한 사람의 삶을 진솔하게 담은 에세이집 출간'이라는 분명한 목표를 그리셨습니다. 그리고 그 목표를 위해 매일 아침 30분씩 글을 쓰기로 결심하셨습니다.

　처음 몇 달은 쉽지 않았습니다. 일상 업무에 쫓기고, 가족과의 시간도 소중했기에 꾸준히 글을 쓰는 일이 부담으로 다가왔습니다. 그러나 박 선생님께서는 그럴 때마다 자신의 결심을 되새기며 "결과에 대한 불안은 내려놓고, 오늘 내가 할 수 있는 일에 집중하자"는 마음으로 하루도 거르지 않고 노트북 앞에 앉으셨습니다.

　그 과정에서 의심과 두려움이 찾아올 때도 많았습니다. "내가 과연 이 길을 끝까지 갈 수 있을까?"라는 질문에 마주할 때마다 박 선생님께서는 자신에게 "이것저것 생각하지 말고, 지금 내가 할 수 있는 최선을 다하자"는 다짐을 반복하셨습니다.

　작은 한 문장, 한 단락이 쌓여 가면서 어느새 자신의 목소리가 점점 명확

해짐을 느끼셨습니다.

1년이 지나자, 그 꾸준한 노력이 결실을 맺어 박 선생님의 첫 에세이집이 출간되었습니다. 출간 직후에는 지인들과 지역 도서관에서 강연을 하며 많은 이들에게 삶의 희망과 도전을 전할 수 있었습니다. 박 선생님께서는 말씀하십니다.

"일관성 있는 노력은 나 자신에 대한 신뢰를 키우고, 결국은 꿈을 현실로 만드는 가장 강력한 힘입니다."

이처럼 박지훈 선생님의 이야기는 단순한 꾸준함이 어떻게 인생을 바꾸는지를 깊이 보여 줍니다.

마음속 목표를 분명히 하고, 흔들림 없이 실천하는 일, 그것이야말로 우리 모두가 지닌 가장 강력한 무기임을 다시금 일깨워 줍니다.

오늘도 자신의 삶에 작은 성실함을 쌓으며 일관성의 힘을 경험해 보시길 바랍니다.

오늘은 좋은 일이 생길 것이라는 믿음

서울의 한 대학교에서 교수로 재직 중인 김성환 선생님은 언제나 단단한 신념과 따뜻한 겸손함으로 주변 사람들에게 귀감이 되는 분입니다. 50대 중반의 나이에도 불구하고 그는 자신이 맡은 일에 최선을 다하는 자세를 잃지 않으며, 늘 '좋은 일이 반드시 생길 것'이라는 굳은 믿음으로 하루하루를 살아갑니다.

김 선생님께서는 스스로를 '위대한 지도자'로서의 모습을 꿈꾸시지만, 그 바탕에는 권위나 명예보다도 '겸손'과 '성실'이라는 단단한 뿌리가 자리 잡고 있습니다.
"최고가 되려는 욕심보다, 최선을 다하는 겸손한 마음으로 매일을 충실히 살아야 한다"는 신념이 선생님께서 사람들에게 전하는 가장 큰 메시지입니다.
이 믿음은 그가 겪은 작은 기적 같은 경험들에서 비롯되었습니다.

몇 년 전, 한번은 대학교 내에서 중요한 학술회의 준비가 어려움을 겪고 있던 때였습니다. 여러 가지 예상치 못한 문제들이 겹치면서 모두가 지쳐가던 상황에서, 김 선생님은 "오늘은 반드시 좋은 일이 생길 것"이라 다짐하며 하루를 시작했습니다. 그리고 그 마음가짐은 동료 교수진과 학생들에게도 전해져 작은 협력과 기쁨이 쌓이면서 결국 성공적인 행사가 이루어졌습니다.

김 선생님은 또한 지나치게 사물이나 상황을 복잡하게 만들지 않는 지혜를 강조하십니다. "세상의 평판이나 관습에 얽매이지 말고, 내 자신이 계획한 바를 힘차게 밀고 나가는 의지가 중요하다"는 말씀이 주변에 깊은 울림을 남깁니다. 실제로, 그는 학교 내에서 보수적인 분위기에 휘둘리지 않고 새로운 교육 방식을 도입하려 할 때도 흔들림 없이 자신의 길을 갔습니다.

또한, 그는 신앙심 깊은 분으로서 하나님께서 주신 것들에 대한 감사의 마음을 늘 잊지 않으십니다. "하나님께서 나에게 부여하지 아니한 것을 불평하지 말고, 주어진 것에 감사하라"는 말씀을 삶의 지침으로 삼아, 매일 만나는 사람들에게 진심 어린 감사를 전합니다. 이로 인해 김 선생님의 인간관계는 늘 따뜻하고 신뢰가 가득합니다.

선생님의 삶에서 가장 인상적인 점은 바로 '좋은 일이 생길 것'이라는 믿음이 그의 행동과 태도 전반에 스며들어 있다는 사실입니다. 이 믿음은 단순한 긍정적 생각을 넘어, 현실에 적극적으로 맞서고, 매 순간 최선을 다하게 하는 힘으로 작용합니다.

오늘도 김성환 선생님은 아침 햇살을 맞으며 '오늘은 반드시 좋은 일이 생길 것이다'라며 마음을 다잡고, 조용하지만 힘차게 하루를 시작합니다. 그 하루하루가 모여 그의 인생에 소중한 기적들을 만들어 가고 있습니다.

우리 모두도 김 선생님처럼 겸손한 마음으로 최선을 다하고, 주어진 것에 감사하며, '좋은 일이 생길 것'이라는 믿음을 굳게 품을 때, 삶은 더 큰 기쁨과 성공으로 빛날 것입니다.

위대한 동반자

서울 외곽에 위치한 한 출판사 대표이신 박명준 선생님은 연륜과 깊은 지혜를 갖춘 분입니다. 늘 바쁜 일상 속에서도 하루에 꼭 한 차례는 고요한 묵상의 시간을 갖는 그분의 일과는 주위에 귀감이 됩니다. 선생님께서는 "진정한 행복의 동반자는 결국 내 마음속에 있다"는 말씀을 자주 강조하시며, 그 믿음이 삶의 중심에 자리 잡고 있음을 행동으로 보여 주십니다. 박명준 선생님은 경영자로서 여러 가지 어려운 상황에 직면할 때마다 자신의 내면과 깊이 마주하는 시간을 소중히 여기십니다.

한번은 출판계의 큰 계약이 지연되면서 사내 분위기가 긴장되고, 동료들이 불안해하던 때가 있었습니다. 그럴 때마다 선생님은 묵상의 시간을 통해 마음을 가라앉히고 '내면의 동반자'를 찾아, 담담하게 상황을 바라보고 대응하셨습니다. 덕분에 주변 사람들도 선생님의 평정심과 부드러운 미소에 안도하며 다시 한 번 힘을 낼 수 있었습니다.

"경영자와 지도자의 표정은 항상 미소와 온화함으로 가득해야 한다"는 선생님의 철학은 단순한 말이 아니라 행동으로 체화되어 있습니다. 선생님이 직원들과 소통할 때면 언제나 다정하고 부드러운 말투로 격려하며, 그 미소는 무거운 긴장을 녹이는 마법과도 같습니다. 이러한 태도는 조직 전체의 협력과 신뢰를 더욱 단단하게 만드는 밑거름이 됩니다.

박명준 선생님은 하루를 시작할 때 자신의 얼굴에 환한 미소를 띠고, 단정한 용모와 부드러운 표정으로 주변 사람들을 대합니다. 이는 단지 겉모습의 치장이 아니라 '내면의 평화가 얼굴에 드러난 것'이라는 믿음에서 비롯됩니다. "마음이 담담하고 생각이 긍정적일 때, 사람의 얼굴은 자연스럽게 아름다워진다"는 선생님의 말씀이 많은 이들의 마음에 깊은 울림을 남깁니다.

또한, 선생님은 모든 일에 서두르지 않고 계획을 철저히 점검하며 실행하는 신중함을 잃지 않습니다. 한번은 중요한 출판 일정이 촉박해져 모두가 급하게 일을 처리하려 할 때, 선생님은 오히려 차분히 일정을 재조정하고 세밀하게 점검하는 데 집중하셨습니다. 그 결과, 완성도 높은 책을 제때 출간할 수 있었고, 고객과 독자 모두에게 큰 만족을 선사했습니다.

약속은 반드시 지켜야 한다는 선생님의 강한 신념도 조직 문화를 건강하게 만듭니다.

"신뢰는 말보다 행동에서 나온다"는 신념으로, 선생님은 언제나 약속한 바를 철저히 준수하시며, 직원들과의 약속도 예외 없이 지켜왔습니다. 이로 인해 동료들은 선생님과의 관계에서 깊은 신뢰를 쌓았고, 서로의 책임감 또한 자연스럽게 높아졌습니다. 박명준 선생님의 하루는 바로 이런 내면의 평화와 책임감, 그리고 사랑이 어우러진 위대한 동반자와 함께하는 여정입니다.

오늘 하루, 우리도 그의 삶을 본받아 마음의 고요함을 찾고, 미소와 온화함으로 주변을 감싸며, 모든 일에 신중하고 책임감 있게 임하는 하루를 살아 보면 어떨까요?

그렇게 된다면 내면의 위대한 동반자가 우리와 함께, 더욱 빛나는 삶을 열어 줄 것입니다.

돈과 부(富)에 대해서

서울의 한 대학교에서 경제학을 강의하고 계시는 이성호 교수님은 경제학자이자 자산관리 전문가로서, 많은 이들에게 돈과 부에 관한 올바른 마음가짐을 전하는 분입니다. 교수님은 흔히 사람들이 '빨리 부자가 되어야 한다'는 조급함에 사로잡혀 급하게 투자하거나 무리한 소비를 하는 것을 수없이 목격하며 늘 이렇게 조언하십니다. "돈과 부는 쫓는 것이 아니라 스스로가 돈과 부, 노력과 시간을 얼마나 소중하게 여기는가에 달려 있다"고.

교수님께서는 젊은 시절부터 철저한 계획과 신중함으로 자산을 관리해 오셨습니다. 한때, 주변 사람들이 높은 수익을 보장한다는 유혹적인 투자 제안에 흔들릴 때도, 교수님은 깊이 분석하고 장기적인 안목을 잃지 않으셨습니다. "서두르는 자는 결국 기회를 잃는다"는 말처럼, 그분의 침착한 판단력은 오히려 큰 손실을 막고 안정적인 재산 형성에 기여했습니다.

한번은, 한 제자분이 단기간에 큰 수익을 바라며 위험한 투자에 뛰어들었다가 큰 손해를 본 적이 있었습니다. 그때 교수님은 서둘지 말고 차근차근 공부하며 자산관리를 배워야 한다고 조언하셨습니다. 그 제자는 교수님의 조언에 귀를 기울여 다시 자산을 재정비했고, 몇 년 후 안정적인 수익을 내는 투자자로 거듭날 수 있었습니다.

이성호 교수님은 돈과 부를 향한 욕망이 과도할 때 오히려 자신을 힘들게 하고 삶의 균형을 잃게 만든다고 말씀하십니다. "성급한 투자 결정과 과도한 소비는 부를 쌓는 데 도움이 되지 않습니다. 진정한 부는 천천히, 그러나 꾸준히 쌓이는 것"이라는 믿음이 교수님의 삶과 강의에 녹아 있습니다.

또한 교수님은 돈과 부를 관리하는 중요한 덕목 중 하나로 '시간'을 강조하십니다.
"시간은 돈보다 소중하다"고 하시며, 장기적 안목과 꾸준한 노력 없이 빠른 성공은 결코 지속되지 않는다고 역설하십니다. 그래서 교수님은 매일 자신만의 연구와 공부를 게을리하지 않고, 소소하지만 꾸준한 습관으로 자산을 불려 나가십니다.
교수님은 종종 이렇게 말씀하십니다.
"돈과 부는 결국 내가 어떻게 대하는가에 따라 달라진다. 조급함과 성급함을 버리고, 노력과 시간을 소중히 여길 때 돈과 부는 자연스레 나에게 다가온다."

이러한 말은 많은 이들에게 평화와 희망을 전하며, 재테크에 대한 불안과 불신을 넘어 인생의 균형을 찾는 데 큰 힘이 됩니다.

오늘 이성호 교수님의 이야기를 통해 우리가 배워야 할 것은, 돈과 부를 바라보는 시선입니다.

조급함과 욕심을 내려놓고, 계획과 신중함을 통해 자신의 시간과 노력을 존중하는 마음이야말로 진정한 부를 이루는 길입니다. 그렇게 쌓인 부는 단순한 물질적 재산을 넘어서 우리 삶의 안정과 행복을 선사할 것입니다.

방황의 시간과 완성

　서울의 한 대학교에서 문학을 가르치시는 김수현 교수님은 오랜 세월 학문과 교육에 헌신하며 후학 양성에 힘써 온 분이지만, 누구보다도 자신의 인생 여정에서 겪은 '방황의 시간'을 솔직하게 이야기하시는 분입니다. "인생에서 겪는 시간적 격차는 크게 문제되지 않는다"는 교수님의 말은, 그가 자신에게 깊이 체득한 삶의 진리입니다.

　젊은 시절, 교수님도 사회적 기대와 비교 속에서 흔들렸던 적이 많았습니다.
　주변의 빠른 성공과 달리 자신은 더딘 걸음으로 느껴질 때마다 자존감이 흔들렸고, 방황하는 시간들이 이어졌습니다. 그러나 어느 순간 교수님은 깨달으셨습니다.
　"초승달이 시간이 흘러 반드시 보름달이 되듯, 내 인생도 언젠가는 완성될 것이다."

　그 깨달음은 교수님께 큰 위안과 힘이 되었습니다. 주변의 성공에 흔들리지 않고, 자신의 선택과 길을 믿으며 꾸준히 걸어가는 것이 진정한 성장의 길임을 확신하셨습니다. 교수님은 "남과 비교하지 말고 자신만의 속도로 나아가라"고 늘 후학들에게도 강조합니다. 그 속에서 자신을 격려하고 긍정적인 마음으로 하루하루를 살아가는 것이 중요하다는 말씀도 덧붙이십니다.

　또한 김수현 교수님은 가족과 친구, 그리고 만나는 모든 이에게 늘 깊은 사랑과 존경심을 표현하십니다. "우리 모두는 보름달이 될 수 있다"는 믿음은, 사람들 사이의 따뜻한 관계와 신뢰 속에서 더욱 굳건해진다고 말씀하십니다. 교수님의 삶은 그 믿음과 실천으로 점철되어 있습니다.

한번은 대학 강단에서 신입생들에게 자신의 인생 이야기를 들려주신 적이 있습니다. 젊은 시절 힘들고 길을 잃었던 경험, 그리고 그 시간이 헛되지 않았음을 전하며, 앞으로 자신이 그려갈 삶의 완성을 위해 지금의 작은 실패와 방황도 반드시 필요한 과정임을 설명하셨습니다. 학생들은 교수님의 진솔한 이야기에서 위로와 용기를 얻었고, 인생의 고비마다 참고 견디며 자신만의 빛나는 보름달이 되기 위해 노력하기로 다짐했습니다.

김수현 교수님께서 주는 메시지는 명확합니다. 인생의 방황은 부끄러운 것이 아니라, 오히려 완성을 향한 자연스러운 여정입니다. 중요한 것은 멈추지 않고 자신이 선택한 길을 믿고 나아가는 것입니다. 그리고 그 과정에서 자신을 사랑하고, 주변 사람들에게도 따뜻한 존경심과 사랑을 잊지 않는다면, 반드시 자신의 인생은 풍성한 보름달처럼 빛날 것입니다. 이처럼 김수현 교수님의 삶과 가르침은 우리에게 깊은 감동을 전합니다.

방황의 시간도 결국 완성의 일부임을 알고, 오늘을 행복과 긍정으로 채우며 자신의 길을 걸어가기를 권합니다.

우리 모두가 보름달이 될 그날까지, 흔들리지 않는 믿음과 사랑을 가슴에 품는다면 인생의 풍요로운 열매는 반드시 찾아올 것입니다.

긍정적 생각 습관

　서울 용산구에 거주하시면서, 오랜 시간 동안 사회학 연구와 강의를 이어가는 김명호 박사님은 인간관계에 대한 깊은 통찰을 쌓아 온 분입니다. 박사님께서는 언제나 '인간관계는 불가사의하다'는 말씀을 자주 하시며, 그 말씀을 자신의 삶 속에서 몸소 실천해 오셨습니다.

　"사람과 사람 사이의 관계는 우리가 겉으로는 알 수 없는 깊은 연결고리가 있습니다."
　어느 강연에서 박사님은 이렇게 말씀하셨습니다.
　실제로 박사님이 겪으신 이야기는 그 믿음을 생생하게 증명합니다.

　몇 년 전, 박사님은 우연히 지역 커뮤니티 모임에 참석하게 되었습니다. 그곳에서 만나게 된 분들 중에는 평소 전혀 접점이 없던 다양한 분야의 사람들이 있었습니다. 당시에는 단순한 친목 모임 정도로 생각했던 이 만남이 점차 박사님의 연구와 인생에 중요한 변화를 가져왔습니다. 한 참석자가 소개한 새로운 연구 프로젝트는 박사님의 관심 분야와 맞닿아 있었고, 그 인연을 통해 박사님은 뜻밖의 협력 기회를 얻게 된 것입니다.

　인간관계는 예상치 못한 곳에서, 뜻밖의 방식으로 우리 삶에 스며들고 영향을 미칩니다. 그래서 김명호 박사님은 "시야를 좁히지 말고 열린 마음으로 모든 사람과 사물을 대하라"고 강조합니다. 그가 말하는 '열린 마음'이란 단순히 긍정적인 태도를 넘어서, 모든 사람과 상황에 대해 편견 없이, 사랑과 포용심으로 다가가는 태도입니다.

박사님은 강의 중에도 '낙천적인 대범함'과 '담대한 포용심'을 잃지 않는 삶 이야말로 진정한 인간관계의 깊이를 만들어 가는 핵심이라고 설명합니다.

또한, 김명호 박사님은 일상에서 이 긍정적 생각 습관을 꾸준히 실천하고 있습니다. 바쁜 일정 속에서도 사람들을 만날 때면 항상 미소를 잃지 않고, 다양한 의견과 생각을 경청하는 데 집중합니다. 그 결과, 박사님의 주위에는 서로 다름을 인정하며 존중하는 풍성한 인간관계가 형성되어 있습니다.

이처럼 열린 마음으로 세상을 바라보는 태도는 우리 삶에 많은 가능성을 열어 줍니다. 예상치 못한 만남이 새로운 인연을 만들고, 그 인연들이 결국 은 더 큰 행복과 성취로 이어지게 만드는 원동력입니다.

김명호 박사님의 이야기는 우리에게, 어떠한 상황에서도 낙천적이고 담 대한 마음가짐으로 인간관계에 임하라는 깊은 교훈을 줍니다.

우리 모두가 박사님처럼 시야를 넓히고 포용의 마음으로 살아갈 때, 인생 은 한층 더 풍요롭고 의미 있게 완성될 것입니다.

오늘도 마음을 활짝 열고 주변 사람들에게 따뜻한 미소와 사랑을 전하며 살아가시길 바랍니다.

혼자서 걷기

서울의 한 대학교에서 교수로 재직 중이신 박진수 선생님은 바쁜 학문과 강의 일정 속에서도 일상에서 자연과 가까워지는 시간을 소중히 여기시는 분입니다. 박 선생님께서는 몇 해 전부터 '혼자서 걷기'를 꾸준히 실천하며 자연의 작은 변화를 관찰하는 취미를 시작하셨습니다.

처음에는 그저 복잡한 생각을 잠시 내려놓고, 아무 목적 없이 캠퍼스 주변을 걷기만 하셨다고 합니다. 4~5일 동안은 속도도 일정하게, 길 위를 무심히 걷기만 하셨습니다. 그러나 어느 순간부터 걸음이 느려지고, 새들이 먹이를 찾는 모습에 눈길이 머물렀습니다. 스마트폰을 꺼내 새들과 나무 사진을 찍고, 잠시 멈추어 자연의 소리를 듣는 일도 잦아졌습니다.

"처음엔 그냥 걷는 것에 집중했는데, 점점 자연의 섬세한 변화가 눈에 들어오더군요."

박 선생님의 말씀입니다. 매일 같은 길을 걷는 동안, 새들의 모습은 비슷해 보였지만 나무에서는 작은 변화가 일어나고 있었습니다. 꽃망울이 돋아나기 시작했고, 그 모습을 궁금해하며 다음 날 걷는 속도는 자연스레 빨라졌습니다.

그렇게 일주일, 또 한 달이 흐르면서 꽃망울은 꽃으로 피어나고, 다시 꽃잎을 떨군 자리엔 초록 잎사귀가 자라났습니다. 벚꽃, 철쭉, 개나리 등 초봄의 꽃들이 피고 지는 과정 속에서 박 선생님은 매일 새로운 설렘을 느꼈습니다. 그 길을 하루도 빠짐없이 걷는 동안, 캠퍼스 전체가 초록으로 물들며 생명의 에너지가 넘쳐났습니다.

박진수 선생님은 이 경험을 통해 "자연이 주는 가장 큰 선물은 바로 '지속적인 변화'와 '느림의 미학'"임을 깨달으셨다고 합니다. 분주하고 복잡한 세상 속에서 마음을 열고 자연의 작은 변화를 느끼며 걷는 시간은, 선생님께 깊은 평안과 삶의 충만함을 선사했습니다.

이 이야기는 우리 모두에게 소중한 메시지를 전합니다. 바쁘고 복잡한 일상 속에서도 한 발짝 멈추어 주변을 살피고, 자연과 교감하며 작은 변화에 설렘을 느낄 때, 인생도 더 풍요롭게 완성될 수 있다는 사실입니다.

박 선생님의 '혼자서 걷기'는 단순한 산책이 아니라, 자신과 자연이 하나 되는 명상의 시간이며, 삶의 깊이를 더하는 소중한 습관으로 자리 잡았습니다.

오늘, 여러분도 박진수 선생님처럼 일상에서 자연의 소중함을 발견하는 걸음을 시작해 보시길 권합니다.

그 한 걸음, 한 걸음이 '유비쿼터스 행복'으로 이어질 것입니다.

봉사활동

　서울의 한 대학교에서 오랜 세월 후학을 양성해 오신 김현우 교수님께서는 바쁜 강의와 연구 일정 가운데서도 한 가지 소소한 봉사활동을 꾸준히 실천해 오고 계십니다. 어느날, 김 교수님은 캠퍼스 일주도로를 따라 산책하시면서 깨끗하지 않은 환경에 마음 한켠이 무거워지던 경험이 계기가 되었다고 말씀하십니다.

　"매일 산책하면서 주변을 바라보면 눈에 띄는 비닐이나 마스크, 휴지 같은 쓰레기들이 너무 많아 불편했어요. 여러 담당자분들이 계시니 치워지리라 믿었지만, 몇 달이 지나도 그 자리에 그대로 있더군요."
　김 교수님의 솔직한 고백입니다.

　그날 이후 김 교수님께서는 아무런 보상이나 기대 없이 스스로 작은 실천을 시작하셨습니다. 바로 산책길에 버려진 쓰레기들을 직접 주우시기 시작한 것입니다. 처음엔 단순한 호기심과 책임감에서 출발한 일이었지만, 막상 쓰레기를 줍고 나면 마음 한구석에서 느껴지는 묘한 기쁨이 있었습니다.

　"내가 지나간 길이 조금이나마 더 깨끗해지고, 자연이 살아나는 듯한 느낌이 들더군요."
　김 교수님은 이 소소한 봉사활동을 매주 일요일마다 꾸준히 이어 가기로 다짐하셨습니다.

　"이곳은 내가 일하는 직장이자 내가 가르치는 학생들이 생활하는 공간입니다. 내가 이 공간을 가꾸는 일이 곧 나와 학생들 모두를 위한 일이라는 생각에 더욱 의미가 커졌어요."

 이 작은 실천은 교수님 자신의 마음뿐 아니라, 주변 동료 교수님과 학생들에게도 긍정적인 영향을 미쳤습니다. 함께 걸으며 쓰레기를 줍는 이들이 늘어나고, 캠퍼스 곳곳에 깨끗함이 퍼져 나가기 시작한 것입니다. 김 교수님은 이렇게 말씀합니다.

"봉사는 거창한 일이 아닙니다. 일상의 작은 실천 하나가 누군가의 삶에, 또 사회에 긍정적인 변화를 가져올 수 있다는 점에서 아주 큰 힘을 지닌다고 생각합니다."

 김 교수님의 경험은 우리에게 깊은 울림을 줍니다.
 크고 복잡한 문제 앞에서 망설이지 말고, 작은 행동부터 시작해 보라는 메시지입니다.

 한 사람의 작은 발걸음이 모여 많은 사람의 삶을 더 아름답고 풍요롭게 만든다는 진실을 기억할 때, 우리 역시 주변을 위한 봉사와 나눔의 기쁨을 발견할 수 있습니다.

 오늘, 김현우 교수님처럼 작은 쓰레기 하나라도 줍는 일에서부터 시작해 보시길 바랍니다.

 그 걸음이 모여 세상을 더 밝고 깨끗하게 만드는 밑거름이 될 것입니다.

나의 인생 이렇게 살고 싶다

정미선 선생님은 평생을 교육 현장에서 청소년들과 함께해 오신 분으로, 늘 '인간다움'과 '존중'의 가치를 몸소 실천해 오셨습니다. 선생님께서는 최근 은퇴를 앞두고 '내 인생의 진정한 의미는 무엇일까?'에 대해 깊이 성찰하는 시간을 갖게 되셨습니다.

물질적 풍요와 정보의 홍수 속에서도 사람들의 마음이 점점 메말라 가는 현실을 보며, 삶의 본질적 가치를 다시금 생각하게 되셨다 말씀하십니다.

어느 날, 정 선생님께서는 인근 공원을 산책하다가 우연히 홀로 벤치에 앉아 책을 읽는 어르신을 마주하셨습니다. 처음에는 무심히 지나치셨지만, 그 어르신께서 아이들에게 무료로 글쓰기 지도를 하신다는 이야기를 듣고 깊은 감명을 받으셨다고 합니다. 그날 이후, 선생님께서는 스스로도 작지만 꾸준한 '나눔'과 '돌봄'을 실천하기로 결심하셨습니다.

그때부터 시작한 봉사활동은 단순한 시간이 아니라, 정미선 선생님의 인생을 더욱 빛나게 했습니다. 매주 지역 도서관에서 청소년 독서 토론 모임을 운영하며, 아이들의 생각과 감정을 존중하는 법을 가르치셨습니다. 아이들이 조금씩 자신감을 얻고 세상을 바라보는 눈이 따뜻해지는 모습을 보며, 선생님께서는 '사랑이 넘치는 사회'가 무엇인지 몸소 체험하셨습니다.

"내가 배운 것들을 나누고, 함께 성장하는 기쁨이야말로 인생의 진정한 보람입니다."

정미선 선생님의 이 말에는 깊은 울림이 있습니다.

그간 학생들을 가르치며 쌓아 온 지혜와 사랑이 이제는 세대를 넘어 확산되는 원동력이 되고 있음을 실감하시는 순간, 인생은 한층 더 가치 있는 길로 나아갑니다.

정미선 선생님께서 우리에게 전하는 메시지는 분명합니다.

진정한 인생의 가치는 타인과의 따뜻한 관계에서 비롯되며, '착한 사람, 멋진 사람, 훌륭한 사람'이라는 찬사는 결국 사랑과 나눔을 통해 완성된다는 점입니다.

우리 각자가 삶의 자리에서 작은 사랑을 실천할 때, 그 힘은 사회 전반에 선한 영향력을 퍼뜨릴 것입니다.

오늘, 정미선 선생님의 삶에서 배우는 것은 '사랑으로 채워진 인생'이야말로 진정한 행복의 길임을 깨닫는 일입니다.

물질적 성공이나 명예보다 더 소중한 것은 바로 '사람과 사람 사이의 진심 어린 마음'임을 다시 한 번 되새겨 봅니다.

이 시대를 살아가는 모든 이에게, 따뜻한 사랑과 나눔의 삶을 향한 도전이 시작되기를 진심으로 바랍니다.

제5장

'인생 2막'의 인문학: 자신답게, 자존감 있게

오늘, 자기다운 삶의 태도와 철학을 정리하고,
'행동 선언문'을 작성하는 시간입니다.
내 삶의 주인으로서, 내가 내린 결정에
기꺼이 서명하고 실천할 수 있는 용기를 키웁니다.

불가능한 꿈은 없다

　서울 양천구에 거주하시는 김정희 선생님께서는 중학교 교장으로 퇴직하신 뒤에도 지역 청소년을 위한 인문학 강연과 독서지도, 인생 상담 활동을 꾸준히 이어 가고 계십니다. 선생님께서 늘 강조하시는 말씀이 있습니다. "불가능한 꿈은 없습니다. 다만, 그 꿈을 믿고 매일 실천으로 옮기느냐의 차이일 뿐입니다."

　은퇴 후 어느 날, 선생님께서는 자신을 향한 하나님의 뜻이 여전히 현재진행형이라는 확신을 갖게 되셨습니다. 오랜 시간 교육현장에서 아이들을 위해 살아오셨지만, 이제는 지역사회의 어른으로서 또 다른 방식으로 하나님께 영광을 돌릴 수 있다는 마음이 강하게 들었다고 하셨습니다.

　"저는 스스로 '하나님께 선택받은 사람'이라는 확신을 가지고 살아왔습니다. 처음부터 특별한 재능이나 뛰어난 능력이 있었던 것은 아닙니다. 그러나 매일 하루를 충실히 살아 내려는 노력이 쌓이니 어느덧 제 인생의 큰 그림이 완성되어 가고 있음을 느낍니다."

　실제로 선생님께서는 매일 새벽, 양천공원의 산책길을 걸으며 기도로 하루를 시작하십니다. "오늘 하루도 감사하며 충실하게 살아가겠다는 다짐을 드리는 그 시간이, 제 삶의 방향타가 되어 줍니다." 이처럼 일상의 사소한 실천을 소중히 여기시는 태도는 주변 이웃들에게도 큰 귀감이 되고 있습니다. 기억에 남는 한 일화가 있습니다.

　몇 해 전, 지역 독서토론 모임에서 만난 50대 여성 참가자가 "이 나이에 새로운 꿈을 꾸는 것이 의미 있을까요?"라고 묻자, 선생님께서는 미소를 지으며 이렇게 답하셨습니다. "선생님, 하나님께서 주신 꿈에는 유통기한이 없습니다. 지금부터 시작해도 늦지 않습니다."

그 참가자는 이후 동화작가의 꿈을 향해 한 걸음씩 나아가고 계십니다. 김정희 선생님께서는 말씀하십니다.

"하나님께서는 우리에게 성공하라고 소명을 주셨습니다. 그 성공이 반드시 외형적인 성과일 필요는 없습니다. 오늘 하루를 최선을 다해 살아 내고, 주어진 역할을 감사함으로 감당하는 삶이 바로 하나님께서 원하시는 성공입니다."

선생님께서는 이제야 비로소 자신의 인생이 더욱 아름다운 장으로 접어들었다고 느끼신다고 합니다. 불가능해 보였던 많은 일들이, 오히려 하나님께 맡기고 실천으로 옮기니 자연스럽게 길이 열렸다는 고백이 이어졌습니다.

"꿈을 포기하지 마십시오. 하나님은 끝까지 믿고 행동하는 자를 반드시 들어 사용하십니다. 그러니 오늘 하루, 충실히 살아가십시오. 그 하루가 당신의 인생 전체를 바꾸게 될 것입니다."

일이 즐겁다

　서울 강북구에서 책방 '인문풍경'을 운영하시는 박현정 선생님께서는 서른 해 가까이 대학교에서 문학을 가르치시다가 명예퇴직을 하시고, 두 번째 인생을 '책과 사람을 잇는 일'로 시작하셨습니다. 누군가는 "한창 편히 쉴 나이에 왜 일을 다시 시작하셨냐"고 물으면, 선생님께서는 환하게 웃으며 이렇게 말씀하십니다.
　"일이 즐거워서요. 그리고 그 일이 누군가에게 의미가 된다면, 저는 매일이 축복이지요."

　선생님께서 책방을 열기로 마음먹은 건, 단순히 독서를 좋아해서가 아니었습니다. 오랜 세월 학생들을 가르치며 느끼셨던 것이 있습니다. 많은 이들이 '일'과 '행복'을 분리해서 생각한다는 점이었습니다. '하고 싶어서가 아니라, 살아남기 위해 일하는' 삶에 익숙해져 버린 현실이 안타까우셨던 것입니다.

　"누구든 과거를 곱씹거나 누군가를 미워하며 일터로 나선다면, 그 일이 아무리 좋아도 마음은 병듭니다. 저는 매일 아침, 오늘이 내게 주어진 마지막 하루라 생각하며 책방 문을 엽니다. 얼굴에 미소를 띠고, 마음엔 제가 꿈꾸는 내일의 모습을 그리며 하루를 시작하지요."

　책방은 단순히 책을 파는 곳이 아닙니다. 선생님은 지역 주민들과 함께 '하루 한 줄 글쓰기', '동네 철학 산책', '퇴근 후 인문학' 같은 소규모 모임을 운영하고 계십니다. 처음엔 다섯 명 남짓 모였던 모임이, 지금은 대기자 명단까지 생겼습니다.

한번은 이런 일이 있었습니다. 매주 글쓰기 모임에 나오는 40대 직장인 한 분이 "글을 쓰는 이 시간이 제게는 유일한 안식입니다. 일터에선 반복되는 보고서와 숫자들만 보다가, 이곳에 와서 제 이야기를 쓴다는 게 너무 좋습니다"라고 말하자, 선생님께서는 조용히 말씀하셨습니다.

"그럼, 그 안식이 일상이 되도록 해 보세요. 일도 즐겁게 바꾸어 낼 수 있습니다. 내가 일터에서 어떤 마음으로 임하느냐에 따라 달라집니다."

그분은 얼마 후, 직장에서 동료들과 함께 '업무 일기 쓰기'를 시작하셨고, 팀 분위기가 놀랍게 바뀌었다고 했습니다. 부드러운 리더십, 더 깊은 공감, 활기찬 분위기가 자리 잡기 시작한 것입니다.

박현정 선생님께서는 말씀하십니다.
"과거를 묻지 않고, 누구도 탓하지 않고, 오늘을 충실히 살아가는 일이야말로 가장 깊은 인문학이자, 가장 확실한 행복의 길입니다."

오늘도 선생님은 책방 문을 열며, 마음속에 그리는 내일의 모습을 또렷이 떠올리십니다. 그리고 이렇게 다짐하십니다.

"오늘도 내가 할 수 있는 일에 충실히 임하겠습니다. 오늘 하루가 곧, 나의 가장 빛나는 인생입니다."

오늘이 '가장 젊은 날'

경기도에서 공무원으로 30여 년을 근속하신 김수경 선생님께서는 최근에는 시니어 시민대학에서 '감사 인문학' 강의를 맡으시며, 인생 2막을 활기차게 펼쳐 가고 계십니다.

몇 해 전까지만 해도 선생님은 하루하루를 '버텨 내는 일'로만 여겨 오셨습니다.

늘 반복되는 보고와 회의, 실적 중심의 조직 속에서 '왜 이렇게까지 해야 하나'라는 회의감이 깊어졌던 시절이었습니다. 그러던 어느 날, 친구로부터 생일 선물로 받은 한 문장이 선생님의 삶을 바꿔 놓았습니다.

"오늘이 당신의 '가장 젊은 날'입니다."

그 한 줄이 낯설게 다가오던 날, 선생님은 퇴근길에 하늘을 올려다보셨다고 합니다. 붉게 물든 노을이 너무도 아름다웠지만, 늘 고개를 숙이고 스마트폰만 들여다보며 지나쳤던 그동안의 자신이 떠올랐다고 하셨습니다.

"지금 이 순간이 다시는 돌아오지 않는 젊음이고, 현재가 가장 충만한 기회라는 걸 그제야 마음 깊이 느꼈습니다."

그 이후로 선생님은 매일 하루를 감사 일기로 마무리하기 시작하셨습니다. 처음엔 억지로 적어 내려간 짧은 문장이었지만, 어느 순간부터는 일상의 사소한 순간들이 얼마나 소중한지 깨달아 가기 시작하셨습니다.

"지하철에서 자리를 양보해 준 젊은이에게 감사했고, 아침에 토스트를 구워 준 남편에게도 고마웠어요. 감사는 습관이자 선택이더군요."

이제는 그 깨달음을 나누기 위해 '감사 인문학' 강의를 통해 중장년층과 소통하고 계십니다. 최근 강의에선 40대 직장인이 눈물을 흘리며 이렇게 고백했다고 합니다.

"오늘이 제 인생에서 '가장 젊은 날'이라는 말을 듣고, 당연하게 여겼던 하루가 기적처럼 느껴졌습니다."
김수경 선생님께서는 강의 말미에 늘 이런 말씀을 덧붙이십니다.

"어제를 아름다운 추억으로 만들고, 내일을 희망으로 채우는 길은 오늘을 감사함으로 살아가는 데서 시작됩니다."

"오늘 만나는 사람에게 진심을 다하고, 오늘 해야 할 일에 충실하며, 오늘 나 자신에게 따뜻한 시선을 보내세요. 그것이 곧 삶을 빛나게 하는 길입니다."

오늘도 선생님은 말씀하십니다.

"지금 이 순간이 바로 나의 '가장 젊은 날'입니다. 그러니 오늘을 충실히, 즐겁게, 감사함으로 살아 내겠습니다."

감사와 겸손의 삶을 살자

"살면서 가장 중요한 가치는 겸손과 감사입니다."

서울의 한 대학교에서 교수로 퇴임 후, 현재는 지방의 한 도서관에서 시민들을 대상으로 '인격 수업'을 진행하고 계시는 박재윤 선생님께서 하신 말씀입니다.

30년 넘는 학문 연구와 강의 활동을 마친 뒤, 선생님은 조용히 강단을 내려오셨습니다. 그러나 퇴임 이후의 삶은 더 바쁘게 흘러갔습니다. 젊은 시절에는 지식과 업적에 집중하셨다면, 이제는 그 지식이 사람의 품격과 공동체의 화합에 어떻게 기여할 수 있는지를 고민하며 살아가고 계십니다.

어느 날 선생님께서는 '감사와 겸손의 삶'을 주제로 한 강연에서 이런 일화를 들려주셨습니다.
"제가 교수 시절 어느 날, 늦은 밤에 연구실 불을 끄고 나오는데, 청소하시는 아주머니께서 제게 먼저 인사를 해 주셨어요. 그분의 미소와 '고생 많으셨어요'라는 한마디가 얼마나 큰 울림이었는지 모릅니다. 제가 지쳤다고 생각한 그 순간, 진정한 겸손과 감사가 무엇인지를 배웠지요."

이후 박 선생님은 하루를 시작할 때마다 거울 앞에서 스스로에게 다짐하신다고 합니다.
"오늘 하루, 주어진 일에 감사하고 사람들에게 겸손하자."

선생님은 매일 아침 도서관 문을 가장 먼저 열며 청소부터 시작하십니다.

책상 정리, 창문 닦기, 조용한 묵상. 그것이 선생님께선 인격 수양의 연습이라고 하셨습니다.

"인격자는 하루아침에 되지 않습니다. 환경에 감사하고, 자신의 역할에 최선을 다하고, 사람들과의 약속을 성실히 지키며, 언제나 단정한 용모와 따뜻한 태도를 갖추려는 끊임없는 실천이 필요합니다."

이러한 삶의 태도 덕분에 박 선생님 곁에는 많은 후배 교수들과 지역 주민들이 모여듭니다. 선생님의 말씀과 행동에는 묵직한 신뢰가 담겨 있고, 그 겸손한 품격은 주변을 밝히는 등불이 되고 있습니다.

"감사하는 사람은 행복을 발견하고, 겸손한 사람은 사람을 얻습니다. 결국 이 두 가지가 조화를 이루면 삶 전체가 흐름을 타기 시작합니다."

"몸과 마음이 건강해지고, 인간관계가 부드러워지고, 일도 술술 풀리게 됩니다. 이것이 바로 '만사형통'의 비결입니다."

오늘 하루, 우리도 거울 앞에서 스스로에게 다짐해 보면 어떨까요?

"나는 오늘도 감사하고, 겸손하게 살아가겠습니다."

신체적, 정신적 건강을 위해서는

　서울 성북구, '유비쿼터스 행복학'이라 불리는 공간에서 매일 아침 따뜻한 차 향을 피우며 하루를 여는 분이 계십니다. 김윤호 선생님은 전직 철학과 교수로서, 수십 년간 청춘들과 인문학의 깊이를 나누시다가 정년을 앞두고 과감히 도심을 떠나 자택 일부를 작은 서재로 개조해 이웃들에게 무료로 개방하고 계십니다.

　김 선생님의 하루는 이른 새벽, 아직 해가 뜨기 전 고요한 명상으로 시작됩니다. 그리고는 차를 우려내며 자신에게 한 가지 질문을 던지십니다.
　"오늘 나는 어떻게 나를 새롭게 변화시킬 것인가?"

　선생님께선 몸과 마음의 리듬을 지키는 것이 인생 후반전에서 무엇보다 중요하다고 강조하십니다. 어느 날, 서재에 찾아온 50대 중반의 중견기업 임원 한 분이 깊은 번아웃과 무기력증을 토로하셨습니다. 김 선생님은 단 한마디로 그의 마음을 울리셨습니다.
　"타인을 바꾸려 하지 마십시오. 자신부터 정리해 보시지요. 아침에 일찍 일어나 거울을 보며 밝게 웃어 보는 것부터요."

　그날 이후 그 임원은 매일 아침 6시에 김 선생님의 서재에서 함께 걷기 명상을 시작하셨고, 머잖아 웃음을 되찾았습니다. 그렇게 변화는 외부가 아니라, 바로 '내가 먼저' 시작될 때 가장 깊고 빠르게 일어난다는 걸 몸소 체험하신 것입니다.

　김 선생님은 몸의 청결과 단정함 역시 마음을 맑게 하는 중요한 조건이라고 말씀하십니다. "의복을 가다듬고, 거울 앞에서 스스로를 다독이며 하루를 여는 것은 나에 대한 예의이자 세상에 대한 존중입니다."

그리고 늘 강조하십니다.
"밝은 표정은 마음의 근육입니다. 매일 훈련해야 유연해집니다."

무엇보다 인상 깊었던 것은, 선생님께서 다양한 사람들과 마주하실 때 보여 주시는 깊은 수용의 태도였습니다. "상대가 다르게 말하고 생각한다고 해서 틀린 것은 아닙니다. 다름은 배움의 기회입니다." 이 한마디는, 서재를 찾는 이들에게 진정한 인문학의 온도를 느끼게 해 주는 따스한 철학이기도 합니다.

김윤호 선생님은 이제 '가르치는 사람'이 아니라 '함께 살아 내는 사람'으로서 존재하십니다. 그분의 하루는 특별하지 않지만, 일상의 리듬 속에서 신체와 정신을 함께 돌보며, 이웃 한 사람, 한 사람에게 변화를 선물하고 계십니다.

우리도 오늘, 거울 앞에서 환하게 웃어 보면 어떨까요?

그리고 속으로 이렇게 외쳐 보는 것입니다.

"오늘, 나부터 바꾸자. 그것이 곧 세상을 바꾸는 첫걸음이다."

감사함, 기쁨이 충만한 삶을 위해서는

"삶이 선물처럼 느껴지는 날들이 있습니다. 하지만 그 선물은 매일 도전과 결심, 그리고 감사로 포장되어 있어야 비로소 진짜가 됩니다."

이 말을 하신 분은 바로 김성훈 박사님이십니다. 그는 한때 대기업에서 전략기획실장을 역임하다가, 쉰여덟의 나이에 돌연 사표를 내고 인생 2막을 시작하셨습니다. 많은 이들이 그를 만류했지만, 박사님은 늘 말씀하셨습니다. "진짜 하고 싶은 일이 아니면, 아무리 안정적이라도 기쁨은 없습니다."

사직 후 박사님은 작은 도서관을 기반으로 '감사 인문학'이라는 시민 강좌를 기획하셨습니다. 그 첫날, 수강생은 고작 다섯 명. 자칫하면 좌절할 수 있는 상황이었지만, 박사님은 "이 다섯 분이 내 인생의 가장 소중한 시작"이라며 더 열정적으로 강의하셨습니다. 그렇게 꾸준히 강연을 이어 간 결과, 3년이 지난 지금은 전국 각지에서 강연 요청이 쇄도할 만큼 영향력 있는 '감사 인문학자'로 불리고 계십니다. 박사님의 철학은 단순합니다.

첫째, 어떠한 도전이 오더라도 그것을 성장의 디딤돌로 받아들이고 의연하게 행동하라는 것. 그는 도서관 전기고장이 났던 날에도 양초 하나를 밝히고 "오늘은 촛불 인문학으로 갑시다"라며 웃음을 잃지 않으셨습니다. 작은 일에도 최선을 다하되, 결코 자신을 연민하지 않으셨습니다.

둘째, 어제보다 오늘 조금이라도 더 나아졌다면 자신을 칭찬하라는 것입니다. 박사님은 매일 자기 전, 노트에 이런 문장을 씁니다. "오늘은 어제보다 1% 더 따뜻했다." 그렇게 일상의 진보를 기록하고 되새기며, 삶의 기쁨을 키워 가십니다.

셋째, 목표를 향한 지속적인 행동. 박사님은 강연뿐만 아니라 매년 한 권의 책을 출간하시겠다는 목표를 세우셨고, 현재까지 여섯 권의 에세이를 세상에 내놓으셨습니다. 글이 잘 써지지 않는 날도 있었지만, 그는 멈추지 않으셨습니다.

"목표는 이정표이지, 압박이 되어선 안 됩니다. 다만 멈추지만 않으면 됩니다."

이러한 삶의 태도는 주변에도 깊은 영향을 미쳤습니다. 한 수강생은 박사님의 강연을 듣고 오랜 공황장애를 극복하며, 새로운 직업에 도전할 용기를 얻었다고 전했습니다. 또 다른 수강생은 "감사는 그냥 말로 하는 예의가 아니라, 살아가는 방식이 될 수 있다는 것을 처음 깨달았다"고 고백했습니다.

감사와 기쁨이 충만한 삶은 거창한 사건이 아니라, 작지만 꾸준한 행동과 긍정적인 인식에서 비롯됩니다.

오늘 하루, 우리도 김성훈 박사님처럼 살아 봅시다.

도전을 껴안고, 어제보다 나아졌다고 스스로를 인정하며, 목표를 향해 천천히 나아가는 것.

그 모든 순간이 곧 감사이며, 진정한 기쁨입니다.

삶을 즐기고 신뢰하자

"나는 오늘을 살기로 결심했습니다. 어제의 후회도, 내일의 불안도 잠시 내려놓고, 지금 이 순간을 믿고 사랑하기로요."

이 말은 경기도에서 '소소한 인문학 교실'을 운영하고 계신 윤정희 선생님께서 자주 하시는 말씀입니다. 윤 선생님은 한때 국내 유명 대학교의 교수였지만, 갑작스러운 남편의 병환과 개인적인 변화로 삶의 방향을 재설정하게 되셨습니다. 그리고 그 계기로, 오히려 진정한 '나의 삶'을 시작하셨다고 말합니다.

"늘 누구의 기준에 맞춰 살아왔어요. 학위, 성과, 평판… 그런데 문득, 나 자신을 잃은 느낌이 들더군요. 그래서 선택했죠. 남은 삶은 나답게 살자고."
선생님은 그날부터 매일 아침, 자신의 하루를 새롭게 설계하는 습관을 시작하셨습니다. 아무리 사소한 계획이라도 손으로 적고, 자신만의 리듬으로 하루를 엮어 가십니다.

계획은 유동적이지만, 자기표현은 단호합니다. 그림 그리기, 손글씨 쓰기, 작은 강연 준비, 마을 주민들과의 인문산책까지- 이 모든 활동이 그녀의 자아실현의 도구이자 삶을 즐기는 방식입니다. 물론 도전도 끊이지 않았습니다. 처음 동네에서 소규모 인문학 모임을 열었을 때, 대부분의 사람들이 "이 동네에서 그게 되겠어요?"라며 의심을 보였지만, 선생님은 미소를 잃지 않으셨습니다.

"도전이 두려워 도전을 멈춘다면, 나는 나를 포기하는 거죠. 나는 나를 믿어요."

그 믿음은 곧 용기로 바뀌고, 결심으로 이어졌습니다.

자신이 가진 소양과 능력을 의심하지 않고, 매일 새롭게 다듬으며 실천해 왔던 윤 선생님의 일상은 지금 많은 이들에게 선한 영향력을 전하고 있습니다. 주말이면 마을도서관은 그녀를 찾아온 이들로 북적이며, SNS에는 '오늘의 윤쌤 한 마디'를 기다리는 이들의 응원이 이어집니다.

선생님은 말합니다.
"우리의 사명은 멀리 있는 이상을 좇는 게 아니에요. 지금 내 자리에서, 지금 할 수 있는 일을 최선으로 해내는 것, 그게 진짜입니다."

그래서일까요. 선생님은 만나는 사람들에게 늘 웃음을 잃지 않고, 소박한 대화 안에서도 깊은 통찰을 건넵니다.
"당신은 충분히 괜찮은 사람입니다. 오늘을 살아 내고 있다는 것만으로도요."

삶을 즐기고, 자신을 신뢰하며, 현재를 사랑하는 사람.
윤정희 선생님의 삶은 단지 한 사람의 일상이 아니라, 많은 이들이 자기 삶을 재발견하게 만드는 인문학적 울림입니다.

지금 이 순간, 나의 자리에서 최선을 다하고, 나의 가능성을 믿는 것.

그것이 오늘 하루를 영광으로 만드는 방법입니다.

그리고 그 하루하루가 모이면, 우리는 반드시 찬란한 미래 앞에 설 수 있습니다.

나의 창조 에너지

"인생은 매일 아침 새롭게 출발하는 여행입니다. 전날의 실패나 피로는 짐이 아니라 지도이고, 오늘의 나는 또 다른 길을 찾는 탐험가입니다."

이렇게 말하며 하루를 시작하시는 분이 계십니다. 경기도에서 문화창작 연구소를 운영하고 계신 김대현 선생님 이야기입니다. 한때 대기업 마케팅 총괄이었던 그는, 50대 중반에 '창조 에너지로 가득한 인생 2막'을 선언하고, 삶을 완전히 리디자인하셨습니다.

"회사에서는 성과 중심의 삶을 살았지만, 어느 날 아침 눈을 떴을 때 이런 생각이 들더군요. '오늘은 누구를 위해 사는가? 내 삶의 주인은 누구인가?' 그 질문에 답할 수 없었어요."

그날 이후, 김 선생님은 아침에 일어날 때마다 오늘 하루를 자신만의 '여행'으로 규정하기로 했습니다. 집 근처 산책로를 탐험하듯 걷고, 책 한 권을 처음 펼치는 설렘으로 읽으며, 매일 새롭게 한 사람과 대화하는 것을 하루의 목표로 삼았습니다. 그는 이 일상을 "창조 에너지의 기지"라고 표현합니다.

"매일 새로움을 마주하는 삶은 뇌를 깨우고, 감정을 순화시키고, 창의력을 자극합니다. 아침마다 '나는 오늘도 여행을 떠난다'고 마음속으로 선언하는 게 제 삶을 바꿨습니다."

가장 인상적인 일화는 그가 몇 해 전에 기획한 '창조적 인생 50+ 캠프'입니다.

　전국 각지에서 50~60대 지식인 30명이 모여, 낯선 자연 속에서 글을 쓰고 서로의 인생을 나누며, 매일 '새로운 나'를 발굴해 나간 프로젝트였습니다. 참가자 중 한 분은 퇴직 후 은둔하듯 지냈던 삶을 바꾸고, 현재는 중년 창작자 공동체의 리더가 되었습니다. 김 선생님은 이렇게 말합니다.

"세계적인 리더가 되는 길은 거창한 무대 위가 아니라, 매일의 작은 여행에서 시작됩니다. 새로운 풍경, 낯선 사람, 작은 배움 속에서 창조 에너지가 자랍니다. 그리고 그 에너지가 곧 우리의 리더십의 바탕이 됩니다."

　그는 지금도 하루의 끝에 작은 노트를 펴고 오늘의 여행기를 씁니다.
　오늘 어떤 감정을 느꼈는지, 무엇을 새로 배웠는지, 어떤 대화를 통해 나를 돌아보았는지. 이 글들은 결국 하나의 메시지로 귀결됩니다.

"나의 창조 에너지는, 오늘의 내가 만든다."

　'인생 2막'을 준비하는 나이에 삶을 새롭게 개척하고, 매일을 탐험하며 성장해 가는 김대현 선생님의 이야기는 우리 모두에게 묻습니다.

"당신은 오늘, 어떤 여행을 떠났습니까?"

유비쿼터스 긍정의 힘

　서울 도봉구의 조용한 카페에서 매주 인문학 모임을 이끄시는 김영수 교수님은 긍정의 힘을 몸소 체득하신 분입니다. 오랜 대학 강단 생활을 거쳐 지금은 퇴직 후 제2의 인생을 설계 중인 그분은, 누구보다 실패와 좌절을 여러 차례 겪으셨지만 언제나 다시 일어나는 법을 보여 주셨습니다.

　몇 해 전, 김 교수님께서 출간을 준비하신 인문학 에세이집은 예상치 못한 출판사의 사정으로 무산되는 아픔을 겪으셨습니다.
　"그때는 정말 낙심이 컸습니다. 내가 쏟은 시간과 정성이 물거품이 된 느낌이었죠."

　그러나 그분의 삶을 지탱하는 것은 바로 '긍정의 힘'이었습니다.
　"실패란 누구에게나 있는 과정입니다. 그것에 굴복하지 않고 다시 시작하는 용기가 필요합니다."

　김 교수님은 무산된 책 출간 계획을 다시 점검하셨습니다.
　"이번에는 구체적인 일정과 세부 목표를 명확히 세우고, 주변 동료와 출판 전문가의 도움을 적극적으로 구했습니다."

　덧붙여, "무엇보다 중요한 건 '포기하지 않는 마음'이었습니다. 일이 뜻대로 안 될 때는 잠시 인내하며 그 시간을 기다릴 줄 아는 것도 필요합니다."

　매일 아침 거울 앞에서 스스로에게 다짐하듯 말씀하십니다.
　"오늘도 최선을 다하자. 문제를 만났을 때 더욱 적극적으로 대처하자. 그리고 웃음을 잃지 말자."

 이러한 마음가짐 덕분에 김 교수님은 자신이 맡은 모든 일을 최상의 품질로 완수하는 데 집중하십니다. 주어진 환경이 레몬처럼 신맛을 줄지라도, 그 레몬으로 달콤한 레몬수를 만드는 법을 아는 분입니다.

 그분의 긍정적 태도는 인문학 모임 회원들에게도 깊은 울림을 줍니다.
 한 회원이 "교수님 덕분에 저도 어려운 시기를 긍정적으로 견딜 수 있었습니다."라며 감사를 전할 때면, 김 교수님의 미소에는 더할 나위 없는 따뜻함이 깃듭니다.

 실패는 단지 '멈춤'이 아닌 '더 완벽해지기 위한 준비'임을 김영수 교수님은 일깨워 줍니다.

 매일매일 좋은 일이 일어날 것이라는 희망을 품고, 적극적이고 즐거운 표정으로 주어진 일을 실행할 때, 내일은 반드시 긍정과 희망으로 빛날 것입니다.

 오늘도 김 교수님의 삶은 '긍정의 힘'으로 가득 차 있습니다.

 그리고 그 힘은 우리 모두가 삶 속에서 마주하는 실패를 넘어 성장할 수 있는 길임을 알려 줍니다.

유비쿼터스 희망이란

서울 관악구의 작은 서재에서 책과 사색에 둘러싸여 계신 이현우 박사님은 늘 자신의 인생을 '희망'이라는 키워드로 정의하십니다. 그는 대학교수로서 수십 년간 지식을 나누었고, 동시에 수많은 실패와 좌절을 통해 진정한 희망의 의미를 몸소 깨우친 분이십니다. 박사님께서 특히 강조하시는 것은 '완전함'이 아닌 '성숙'의 과정입니다.

"우리 모두 완벽하지 않습니다. 하지만 완전에 가까워지기 위해 끊임없이 실패와 성공을 반복하면서 성장하는 것이 중요합니다."

그 말씀은 삶의 불완전함을 인정하는 데서 오는 진솔함과 힘을 담고 있습니다.

한번은 박사님께서 큰 학술 프로젝트를 준비하던 중 예기치 못한 문제로 연구팀의 신뢰가 흔들렸던 적이 있었습니다.

"그때 감정에 치우쳐 팀원들을 비난하는 대신, 이성과 감정을 분리하여 상황을 객관적으로 바라보려고 노력했습니다. 그리고 난관 속에서도 서로를 존중하며 친절을 잃지 않으려 했죠."

이 경험은 박사님에게 진정한 '희망'이 무엇인지 깨닫게 한 순간이었습니다.

"우리의 인생 목적은 각자가 선택한 중요한 목표를 향해 성실히 나아가면서, 어려움을 극복하고 타인에게 친절을 베풀고, 스스로를 존중하는 데 있습니다."

그 말씀은 현실과 이상 사이에서 균형을 찾는 지혜를 전해줍니다. 박사님은 매일 자신의 자리에서 자신과의 약속을 지키며 '감사'와 '기쁨'을 마음에 품으려 애쓰십니다.

"나의 가장 큰 가치는 어떤 환경에서도 최상의 선택을 하고, 그것을 실행할 능력과 용기를 가지는 것입니다."

이것은 단순한 말이 아니라, 매 순간 삶에서 실천하는 신념입니다. 박사님은 작은 일상에서도 늘 최선을 다하며, 그 자세가 결국 희망을 꽃피우는 토양임을 아는 분입니다. 이현우 박사님의 이야기는 우리에게 알려 줍니다.

"완전함이 아니어도 괜찮습니다. 중요한 것은 불완전함 속에서 최선을 다하며 성숙하는 여정입니다."

감정에 휘둘리지 않고 이성을 지키면서, 자신과 타인에게 친절과 존중을 베풀 때, 그 속에서 희망이 싹튼다는 사실을 말입니다.

오늘도 박사님의 서재에는 새로운 희망을 찾는 생각과 글들이 흘러넘칩니다.

그리고 그 희망은 우리 각자의 삶에도 깊은 울림으로 퍼져 나갑니다.

유비쿼터스 리더십

서울의 한 대학교에서 후학을 양성하시며 수십 년간 인문학과 경영학을 아우르는 지혜를 전해 오신 김태훈 교수님은 늘 진정한 리더십이란 무엇인가를 깊이 고민해 오신 분이십니다. 교수님께서는 리더십이란 단순한 권위나 지위가 아니라, 타인을 향한 진실된 마음과 배려에서 비롯된다고 강조하시며, 그 가르침을 자신의 삶 속에서 늘 실천해 오셨습니다. 교수님께서 들려주신 한 이야기가 있습니다.

몇 해 전, 대학 산학협력단에서 중요한 프로젝트를 맡으셨을 때의 일입니다.

프로젝트 진행 중 예상치 못한 어려움이 닥쳐왔고, 여러 팀원 간에 의견 충돌과 소통의 문제로 갈등이 심화되었습니다. 일부 팀원은 서로의 실수와 잘못을 지적하며 분위기가 얼어붙었지만, 교수님께서는 먼저 각자의 입장에서 차분히 이야기를 들어 주셨습니다.

교수님께서는 늘 말씀하시는 대로 "진정한 리더는 다른 사람들의 말을 먼저 듣고, 그 마음을 이해하며 포용할 줄 아는 사람"이라는 믿음으로 행동하셨습니다. 이때 교수님은 솔선수범의 자세로 문제 해결에 적극 나서셨습니다. 누군가의 잘못을 비난하기보다, 실패를 성장의 발판으로 삼도록 격려하며, 보상이나 인정에 구애받지 않고 묵묵히 앞장서셨습니다. 그 결과 팀원들은 점차 서로를 신뢰하며 한마음으로 프로젝트에 몰입할 수 있었고, 끝내 성공적으로 과업을 완수할 수 있었습니다.

교수님께서 강조하시는 바처럼, "사람들은 말보다 행동을 더 신뢰한다"는 진리가 이 경험을 통해 확고히 입증된 순간이었습니다.

김 교수님께서는 또한 리더가 갖추어야 할 가장 중요한 덕목으로 '포용력'과 '긍정적 해석'을 강조하십니다. 사람을 볼 때 장점과 잠재력을 먼저 찾아내어 칭찬하고, 어떠한 상황도 선의로 해석하려 노력하는 마음가짐이야말로 갈등을 해소하고 조직을 성장시키는 원동력이라 말씀하십니다.

물론, 이 길이 항상 기쁨으로만 채워지지는 않는다고도 솔직히 고백하십니다.
슬픔과 고난이 찾아올 때도 많지만, 그때마다 참고 또다시 시작하는 인내와 끈기가 결국 '위대한 리더'로 가는 길임을 몸소 증명해 오셨습니다.

김태훈 교수님의 삶과 가르침은 우리에게 진정한 리더십이란 '자기 희생과 배려, 그리고 행동으로 보여 주는 모범'임을 깊이 일깨워 줍니다. 그리고 그 길은 쉽지 않으나, 그 끝에는 인간과 조직 모두가 함께 성장하는 진정한 가치가 있음을 분명히 합니다.

우리 모두가 김 교수님께서 보여 주신 그 길을 조금씩 걸으며 자신만의 리더십을 완성해 나갈 수 있기를 바랍니다.

다른 사람에게 신임과 존경을 받는 방법

경기도에서 사회복지법인을 운영하시는 박명호 이사장님께서는 인생 2막을 자존감 있게 살아가시는 지성인이자, 따뜻한 리더십으로 지역사회에서 존경받는 분입니다. 박 이사장님께서는 "신뢰와 존경은 단순한 말이 아니라, 매 순간의 작은 행동과 선택에서 만들어진다"는 믿음을 늘 강조하십니다. 그분의 이야기는 우리 모두가 인간관계에서 어떻게 진심으로 소통할 수 있는지 깊은 울림을 줍니다.

몇 년 전, 박 이사장님은 법인 산하의 복지센터에서 일하던 젊은 직원이 큰 실수를 한 상황을 맞이했습니다. 중요한 문서가 분실되어 위기가 닥쳤을 때, 대부분이 질책과 비난을 예상했으나 박 이사장님은 달랐습니다. 그는 직원의 말을 끝까지 듣고 그 마음을 헤아리며 "실수는 누구에게나 있을 수 있는 일, 중요한 것은 그다음에 어떻게 행동하느냐"라며 따뜻한 위로와 함께 재도전의 기회를 주셨습니다. 그 직원은 다시 일어섰고, 그 이후 오히려 더욱 헌신적으로 일하는 모습을 보여 주변 모두에게 귀감이 되었습니다. 박 이사장님께서는 상대방의 말을 경청하는 데 탁월하신데, 이는 그분이 상대의 이야기를 끊지 않고 끝까지 들어야 상대가 마음 문을 연다는 깊은 신념 때문입니다.

또한, 그는 상대방의 처지에서 생각하려는 노력으로 상대가 스스로 존중받는다고 느끼게 만듭니다. 어느 날, 한 어르신이 복지 서비스에 불만을 토로했을 때도, 박 이사장님은 성급히 판단하지 않고 진심으로 그분의 어려움을 공감하며 함께 해결책을 모색했습니다. 그 결과 불만은 신뢰로 바뀌었고, 지역사회에 좋은 평판으로 이어졌습니다.

칭찬 또한 박 이사장님의 중요한 리더십 방식 중 하나입니다. 그는 직원과 자원봉사자 한 명, 한 명의 장점을 세심하게 관찰하고 진심 어린 칭찬을 아끼지 않으십니다. "정말 당신 덕분에 이 일이 빛났습니다"라는 말 한마디가 조직의 활력을 높이고, 서로를 존중하는 문화를 만듭니다. 반면 본인이 잘못했을 때는 늘 겸허히 인정하고 정중하게 사과하는 모습이 모든 이의 존경을 불러일으킵니다.

박명호 이사장님의 일화는 우리에게 신뢰와 존경이 단순한 명제가 아니라, 실천과 마음에서 우러나는 진심의 결과임을 보여 줍니다.

진심 어린 경청과 배려, 그리고 용서와 칭찬을 통해 우리는 진정한 관계의 가치를 다시 깨달을 수 있습니다.

오늘 이 글을 읽으시는 분들도 박 이사장님처럼 주변 사람들에게 신임과 존경을 받는 따뜻한 인연을 만들어 가시길 바랍니다.

사랑으로 충만한 마음으로 살아가기

서울 외곽의 한 출판사에서 오랜 기간 편집장으로서 묵묵히 자신의 길을 걸어오신 정민수 편집장님은 늘 사랑이 충만한 마음으로 하루를 시작하십니다. 그분께서는 바쁘고 분주한 일상 속에서도 '사랑'이라는 마음가짐이 인생을 견디게 하는 가장 큰 힘이라 믿으며, 이를 주변 사람들과 나누는 데에 큰 열정을 쏟아 오셨습니다.

몇 해 전, 저명한 작가 한 분과의 협업 프로젝트가 뜻밖의 난관에 부딪혔던 일이 있었습니다. 작가님의 까다로운 요구와 자주 바뀌는 일정으로 편집팀은 점차 혼란스러워지고 긴장감이 높아졌습니다. 그럼에도 불구하고 정 편집장님께서는 흔들림 없이 '모든 상황을 사랑으로 이해하고 모든 사람을 사랑으로 대하라'는 마음으로 팀원들과 대화를 나누셨습니다.

힘든 감정들을 하나하나 들어 주시고, 작가님께도 차분하고 온화한 태도로 다가가 서로의 입장을 이해하고 존중하도록 이끌어 주셨습니다. 특히 감동적이었던 점은, 편집장님께서 스스로 매일 아침 다짐하신 말씀입니다.

"내가 오늘 하는 모든 일을 사랑하리라."

중도에 포기하지 않고, 목표 달성의 그날까지 일관성 있게, 성실하게, 즐거운 마음으로 행동하겠다는 굳은 결심이었습니다. 이러한 마음가짐은 팀 전체에 큰 힘이 되어 프로젝트는 결국 성공으로 마무리될 수 있었습니다.

모두가 깨달은 것은 사랑이란 어려움 속에서도 우리를 일으켜 세우는 가장 강력한 원동력이라는 사실이었습니다.

정민수 편집장님의 이야기는 오늘날 우리 모두에게 큰 교훈을 줍니다.

사랑으로 충만한 마음으로 세상을 바라보고, 사람을 대하며, 상황을 이해하는 태도야말로 우리 삶을 한층 더 풍성하고 의미 있게 만드는 비결임을 다시금 확인하게 해줍니다.

그리고 그런 사랑의 마음으로 하루하루 성실히 행동할 때, 우리는 실패와 어려움 속에서도 흔들리지 않고 성공이라는 목표에 한 걸음씩 다가갈 수 있습니다.

우리 모두 정민수 편집장님처럼 사랑으로 오늘을 살아간다면, 그 사랑이 삶의 바탕이 되어 매 순간 빛나는 인생의 한 페이지가 될 것입니다.

사랑으로 채운 마음은 그 무엇보다도 강하고 아름답기 때문입니다.

오늘도 사랑하는 마음으로 작은 일부터 정성을 다해 실행하며, 주어진 하루를 충만하게 살아가시길 바랍니다.

성공적인 협상을 위해서는

서울 종로구의 한 카페에서 만난 김영호 교수님은 오랜 시간 국내외 학계와 기업 현장을 넘나들며 협상의 달인으로 불려 왔습니다. 교수님은 단순한 '협상'이 아니라 '사람과 사람 사이의 다리 놓기'라고 말씀하셨습니다. 그리고 그 다리가 튼튼할수록 삶이 더 넉넉해진다는 진리를 수없이 경험으로 깨우치셨습니다.

"교수님, 협상 잘하는 비결이 무엇일까요?"
제가 묻자, 교수님은 따뜻한 미소를 지으며 말씀하셨습니다.

"우선 상대방이 좋아할 만한 행동부터 보여 주어야 합니다. 마음이 담긴 미소, 진심 어린 관심이야말로 협상의 첫 문을 여는 열쇠지요."

그날 교수님께서 들려주신 이야기 하나가 머릿속에 오래 남았습니다. 어느 날, 해외 출장을 가셨을 때의 일입니다. 낯선 환경과 언어 장벽 속에서 현지 파트너와 처음 마주했는데, 김 교수님은 일부러 천천히, 그리고 미소를 잃지 않고 대화를 시작했습니다. 상대방은 서서히 마음의 문을 열었고, 긴장감은 어느새 진솔한 대화로 바뀌었습니다.

"경청하는 태도가 가장 중요합니다. 상대가 말을 할 때 중간에 끊지 말고 끝까지 들어 주는 것. 이것이 신뢰를 쌓는 기초가 됩니다."

교수님은 이어서 협상의 기술을 차분히 설명해 주셨습니다. 상대에게 질문을 던지고, 그 답변을 주의 깊게 듣고 나서야 자신의 의견을 조심스럽게 제시하는 겁니다. 이는 상대의 체면을 살리고, 논쟁을 피하는 지혜이기도 합니다.

"협상은 이기는 싸움이 아니라 함께 이뤄 내는 조화의 예술입니다. 때로는 양보가 승리보다 큰 의미를 갖죠."

한번은 국내 대기업과의 중요한 협상 자리에서 상대측 대표가 강경한 태도를 보였을 때, 김 교수님은 의외로 자신부터 태도를 부드럽게 바꾸었습니다. 강물의 흐름을 억지로 막으려 하지 않고, 그 힘을 이용해 방향을 돌리는 것처럼 말입니다. 그 결과, 예상치 못한 원원 전략이 만들어졌고 두 회사는 오랜 협력의 첫걸음을 내딛었습니다. 이처럼 성공적인 협상의 핵심은 상대를 바꾸려 하기보다 나 자신을 변화시키는 데 있음을 김 교수님은 강조하십니다.

매번 미소와 경청, 그리고 존중의 마음을 지키며 '강물의 힘을 활용하는' 지혜를 실천해 온 덕분입니다.

현대 사회가 점점 복잡해지고, 대화가 단절되기 쉬운 때일수록, 김 교수님 같은 분들의 경험에서 배우는 협상의 지혜는 우리 모두에게 값진 선물이 됩니다.

협상의 자리는 경쟁이 아닌 상생의 공간임을 기억하며, 오늘도 따뜻한 미소와 경청으로 세상의 물길을 부드럽게 흐르게 해 보는 건 어떨까요?

내면의 평화를 위하여

　서울의 한 대학교에서 오랜 세월 인문학을 강의해 온 박정민 교수님은, 마음의 평화를 유지하는 법을 몸소 실천하는 분으로 유명합니다. 교수님께서는 여러 차례 강의와 세미나에서 "내면의 평화를 잃지 않는 것이야말로 우리 삶의 가장 큰 성공"이라 강조하시며, 자신도 끊임없는 노력과 수련을 통해 그 경지에 다다르고자 노력해 왔다고 하셨습니다.

　"교수님, 세상에는 늘 나를 비난하거나 오해하는 사람들이 있는데, 그럴 때 어떻게 마음을 다스리시나요?"
　제가 여쭈었을 때, 교수님은 조용히 미소를 지으며 말씀하셨습니다.

　"그들의 비난이나 비평이 결국 나에게 보내는 또 다른 사랑의 방식일 수 있다는 점을 잊지 마십시오. 그들이 나를 주목하고 있다는 증거니까요."

　그의 이야기는 한 일화로 깊이 다가왔습니다. 어느 해, 박 교수님은 한 출판사와 신간 계약을 두고 미묘한 갈등을 겪었습니다. 당시 편집자는 교수님의 일부 표현을 비판하며 강한 어조로 수정 요구를 했었다고 합니다. 처음엔 마음이 무거웠지만, 교수님은 곧 그 비판을 '관심과 애정'의 또 다른 얼굴로 받아들이셨습니다. "오히려 그것이 나를 성장시키고 작품을 더 단단하게 만들어 주었다"는 말씀이 인상적이었습니다.

　박 교수님은 이어서 마음이 흔들리지 않도록 단단히 붙잡아야 할 덕목들을 말씀하셨습니다.
　"어떤 비난이나 오해에도 마음이 출렁이지 않도록 의연함을 키우는 일,

그리고 그 마음에 담대한 포용심을 더하는 일이 필요합니다. 태풍이 몰아쳐도 흔들리지 않는 바위처럼, 호수처럼 잔잔하고 넓은 마음이야말로 진정한 평화를 만드는 힘입니다."

교수님은 자신의 명상 수련과 산책 습관도 함께 나누셨습니다. 매일 아침, 한강변을 걷거나 조용한 산길을 걸으며 마음을 고요하게 다스린다고 하셨습니다.

"호수처럼 마음이 잔잔해지면 지혜가 솟고, 그 지혜가 삶의 길을 밝히는 등불이 되어 줍니다."

또한, 박 교수님은 "진정한 내면의 평화는 내가 세상을 바꾸려 하기보다 내가 먼저 변하는 데서 온다"고 말씀하셨습니다. 변화의 중심에 나 자신을 두고, 겸허한 마음과 넉넉한 포용심으로 타인의 비난과 오해를 품어 내는 것이야말로 진정한 성숙한 인격의 길이라는 깨달음이었습니다.

우리 모두가 박 교수님처럼 내면의 평화를 가꾸어 나간다면, 세상은 더 따뜻하고 조화로운 곳으로 바뀔 것입니다.

마음의 호수가 깊고 고요할 때, 우리는 어떤 바람에도 흔들리지 않는 삶의 진정한 의미를 발견할 수 있습니다.

오늘도 호수 같은 마음으로 자신과 세상을 품어 보시길 권합니다.

자신 있게, 자신답게

　서울의 한 대학교에서 오랜 기간 철학을 가르쳐 오신 이준석 교수님은 늘 '나답게 산다는 것'에 대해 깊은 통찰을 전해 주시는 분입니다. 교수님께서는 "과거는 이미 지나갔고, 어제는 돌이킬 수 없다"는 단순한 진리를 삶으로 실천하며, 지금 이 순간 자신을 온전히 마주하는 용기를 갖도록 제자들과 대화를 나누십니다.

　"교수님, 어떻게 하면 흔들리지 않고 자신 있게 나답게 살아갈 수 있을까요?"
　제가 묻자, 교수님은 진지하게 말씀하셨습니다.

　"비교와 평가에서 자유로워지는 것부터 시작해야 합니다. 우리는 각자의 환경과 상황에서 최선을 다하는 존재일 뿐, 타인과 나를 비교할 필요가 없죠."

　이야기를 듣던 중, 교수님께서 직접 경험한 감동적인 일화를 들려주셨습니다. 얼마 전, 은퇴를 앞둔 한 선배 교수님이 '내가 아직도 남들처럼 뛰어나지 못하다'는 생각에 깊은 고민에 빠져 계셨답니다. 그러나 이준석 교수님은 '과거의 성과나 실패에 매이지 말고, 지금 할 수 있는 최선에 집중하세요'라고 조언하셨습니다. 그 선배 교수님은 그 말에 용기를 얻어 자신만의 연구와 저술에 몰두했고, 결국 인생 후반기에 새로운 길을 발견하셨습니다.

　"그분의 변화를 보며, 나답게 산다는 것의 진정한 의미를 다시 깨달았죠."
　교수님은 이어서 "오늘부터 남은 시간은 내가 정한 계획대로, 내 방식대로 살아야 한다"고 강조하셨습니다. 누구나 실수와 후회는 있지만, 그 모든 경험을 한꺼번에 짊어지려 애쓰지 말라는 겁니다.

"지금 이 순간을 충실히 살면서 나 자신을 발견하는 여정이야말로 인생 최고의 성공입니다."

또한, 교수님은 '나 자신'이 되는 과정이 얼마나 아름답고 소중한지를 여러 비유로 설명하셨습니다.
"마치 겨울을 지나 봄을 맞는 꽃봉오리처럼, 자신을 향한 신뢰와 사랑이 자라면 어느 순간 온전히 자신답게 피어납니다."

또한, 교수님은 "자신감은 외부에서 얻는 것이 아니라 내면에서 스스로 만들어 가는 것"이라며, 하루하루 자신의 가치를 존중하고 스스로 격려하는 마음가짐을 갖기를 권하셨습니다.

"자신 있게, 자신답게 살아가는 것은 곧 나 자신을 사랑하는 일입니다."

이준석 교수님의 이야기를 통해 우리는 '비교의 굴레'를 벗고, 오롯이 '나'를 향해 담대하게 나아가는 용기를 얻습니다.

지금 이 순간부터 자신의 방식대로, 자신감 있게 살아가는 삶이야말로 가장 빛나는 성공의 길임을 다시 한 번 깨닫게 됩니다.

즐겁게 행복하게 살아가기

서울 마포에서 오랜 시간 출판사 대표로 일해 오신 김지훈 대표님은 늘 '하루를 즐겁고 행복하게 사는 법'을 강조하십니다. 바쁘고 복잡한 일상 속에서도 어떻게 하면 마음의 평화를 유지하고 진정한 기쁨을 누릴 수 있는지에 대해 많은 사람들과 나누는 이야기가 늘 감동적입니다. 김 대표님께서는 "행복은 먼 곳에 있지 않고, 오늘 이 순간 우리가 선택하는 마음가짐에서 시작된다"고 말씀하십니다.

그가 늘 실천하는 첫 번째 원칙은 '오늘은 즐겁고 행복한 것만 생각하기'입니다.
"하루에도 수많은 걱정과 불안이 몰려오지만, 나는 의식적으로 마음을 긍정적인 생각으로 채웁니다. 예를 들어, 아침에 차 한잔을 마실 때, 따뜻함과 향기만 생각하며 감사하죠."

한번은 중요한 계약이 무산되어 힘들어하던 날에도 김 대표님은 스스로에게 이렇게 말했습니다.
"지금 내가 축복받은 것이 무엇인가를 생각해 보자."

가족의 건강, 친구의 따뜻한 위로, 그리고 지금까지 쌓아 온 경험들이 모두 큰 축복임을 깨달았습니다. 이 덕분에 그는 무거운 마음을 가볍게 풀고 다시 새로운 도전을 향해 나아갈 힘을 얻었습니다.

"웃음은 최고의 치유제"라는 말도 자주 하시는데, 그는 하루의 시작과 끝을 활짝 웃는 모습으로 채우려 노력합니다.

주변 사람들과도 다정하고 친절하게 대하는 것을 삶의 중요한 규칙으로 삼고 있습니다.

"사람은 누구나 실수를 하고 때론 상처받기 마련입니다. 나는 사람들의 좋은 점을 보려 하고, 작은 실수는 넓은 마음으로 용서하려 합니다. 그 과정에서 내 마음도 한층 가벼워집니다."

또한, 김 대표님은 어떤 어려운 상황에서도 '조용하고 침착하게 지혜롭게 대처하는 것'이 중요하다고 강조합니다.

"인생에는 우리가 어쩔 수 없는 불가피한 일들이 있습니다. 이를 인정하고 받아들일 때, 마음의 평화가 찾아오고, 진정한 행복이 시작됩니다."

그가 나눈 이야기를 듣다 보면, 오늘 하루가 곧 내 인생의 축복임을 다시금 깨닫게 됩니다. 실패와 고통에 머무르지 않고, 성공과 기쁨에 집중하며 하루를 살아가는 것. 바로 김지훈 대표님이 전하는 '즐겁게 행복하게 하루를 사는 법'입니다.

그의 이야기는 우리에게 큰 울림을 줍니다.
오늘 하루, 자신에게 축복의 눈길을 보내고, 주변 사람들에게 다정한 미소를 전하는 일에서 행복이 시작된다는 사실을.

오늘을 즐겁고 행복하게 살기로 마음먹는 그 순간부터 인생의 진정한 기쁨이 깃드는 법입니다.

인격의 크기, 비전(Vision)의 크기

서울에서 중견기업을 이끌고 계신 박성호 대표님은 늘 "인격의 크기와 비전의 크기는 비례한다"고 말씀하십니다. 그가 여러 조직과 사람을 이끌며 터득한 가장 중요한 깨달음 중 하나가 바로 '옳음'을 고집하기보다 협력을 통해 더 큰 가치를 창출하는 일입니다.

몇 년 전, 회사의 중요한 프로젝트를 진행하던 중 뜻밖의 갈등이 있었습니다.
팀 내에서 의견이 첨예하게 대립하며 분위기가 얼어붙었는데, 한창 논쟁이 뜨거워지던 그때 박 대표님은 한 걸음 물러나셨습니다. 그리고는 "우리가 모두 옳을 수 있다"는 말로 모두의 시선을 모으셨습니다.

"우리는 다름을 인정하며 함께 가야 합니다. 내가 옳다, 네가 틀렸다 하는 것보다 '우리'가 옳은 길을 찾는 것이 더 중요합니다."

이 말씀에 팀원들은 마음의 문을 열었고, 각자의 입장과 생각을 존중하며 대화가 이어졌습니다. 이 과정에서 프로젝트는 더욱 풍성한 아이디어와 완성도를 갖게 되었고, 결과적으로 모두가 만족하는 성과를 내게 되었습니다.

박 대표님은 "완벽은 개인이 아니라 협력의 결과물"이라고 강조합니다.

"나 혼자 완벽할 필요도, 상대방이 완벽할 필요도 없습니다. 중요한 것은 서로의 부족함을 보완하고 함께 더 나은 결과를 만들어 내는 것입니다."

그가 말하는 협력의 진정한 의미는 '서로의 옳음을 인정하며 함께 성장하는 것'입니다.

한번은 협력 과정에서 사소한 감정의 충돌이 있었지만, 박 대표님은 감정을 터뜨리기보다 '공동의 목적'을 다시 한번 상기시키며 팀을 안정시키셨습니다.

"목표를 이루려면 감정은 잠시 뒤로하고, 서로의 비전과 인격을 존중해야 합니다."

이러한 리더십 아래에서 팀원들은 점차 서로의 차이를 존중하는 법을 배우고, 진정한 협력의 힘을 경험했습니다.

박성호 대표님의 이야기는 오늘날 우리가 사는 사회와 조직에 시사하는 바가 큽니다. 인격의 크기가 클수록, 그리고 비전이 클수록 우리는 더 넓은 마음과 깊은 이해로 서로를 받아들일 수 있습니다. 그것이 바로 협력의 시작이며, 궁극적으로는 성공의 열쇠입니다.

오늘도 박 대표님은 "서로 다르기에 더 강하다"는 신념으로 조직을 이끌며, 사람들의 마음에 진정한 협력의 의미를 새기고 있습니다.

그가 보여 준 존중과 배려, 그리고 함께 나아가려는 의지는 우리 모두가 배워야 할 인격과 비전의 크기라 할 수 있습니다.

준비된 행운

서울 도심 한복판, 남산 둘레길을 따라 걷는 아침. 회현동에 사시는 박정훈 교수님은 매일 새벽 여섯 시면 산책화를 신고 동네 어귀를 나서십니다. 서울의 한 대학교 철학과에서 30년 넘게 강단에 서셨고, 은퇴 후에는 인문학 서적을 집필하며 조용한 삶을 살아가고 계십니다. 그가 이 둘레길을 걷기 시작한 건 건강 때문이 아니었습니다.

어느 날, 커피잔을 들고 창밖을 보던 순간, '나는 언제부터 이렇게 하늘을 못 봤나' 하는 생각이 불현듯 떠오른 것이 계기였습니다. 바쁜 연구 일정, 끊임없는 강의, 수십 명의 제자 상담으로 쉼 없이 달려온 지난 세월. 그렇게 스스로를 돌볼 겨를 없이 살아온 자신에게 교수님은 마음속으로 이렇게 말하셨다고 합니다.

"정훈아, 이제는 너도 너에게 친절해져야 하지 않겠니?"

그 후 매일 아침, 교수님은 남산 둘레길을 따라 걸으십니다. 도심 속에 숨겨진 작지만 고요한 이 산은, 마치 오래된 친구처럼 묵묵히 그를 맞아줍니다. 맑은 공기, 숲을 가로지르는 햇살, 바람이 흔드는 나뭇잎 소리. 무엇 하나 특별하지 않지만, 모든 것이 완벽하게 조화로운 자연의 리듬 안에서 교수님은 매일같이 자신을 돌아보고, 위로하며, 다짐하십니다.

"이 자유, 이 여유, 이 고요가 나에겐 행운이구나. 준비된 행운이었구나."

정직하게, 성실하게 살아온 자신의 발걸음 위에 놓인 이 자연의 선물.

그것은 결코 우연이 아니라고 교수님은 말합니다. 오히려 지난 삶의 태도가 만들어 낸 축복이라고 믿으십니다. 가족에게 성실하고, 학생에게 따뜻하며, 자신에게도 부끄럽지 않게 살아온 날들의 연속이 오늘의 풍요를 가능케 했다는 확신이 교수님의 눈빛에 스며 있습니다.

그는 하루하루를 기도하듯이 살아갑니다. 누구에게도 내세우지 않지만, 자신을 정직하게 들여다보며 "오늘도 나는 내 인생을 존중하고 있는가?"를 묻습니다.
그리고 그 대답이 '그렇다'일 때, 다시 걷습니다.

천천히, 그러나 흔들림 없이.

박정훈 교수님은 말합니다.

"행운은 갑자기 찾아오는 것이 아닙니다. 그것은 준비된 사람에게 조용히 다가옵니다. 나처럼 평범한 이에게도, 그것이 가능하다는 걸 많은 분이 알았으면 좋겠습니다."

오늘도 남산의 공기는 맑습니다.

그리고 그 공기를 깊이 들이마시며 감사하는 이가 있다는 사실이, 세상을 조금 더 따뜻하게 합니다.

나에게서 가장 강한 힘

서울 성동구의 한 작은 서점 겸 인문학 살롱, '유비쿼터스 행복학'에는 매주 토요일 아침마다 문을 여는 분이 계십니다. 김은희선생님께서는 30년 넘게 고등학교에서 학생들에게 국문학과 삶의 의미를 가르쳐 오셨지만, 퇴직 이후 깊은 공허감에 빠지셨다고 고백하셨습니다.

"학생들이 없으니 말할 문장이 사라진 것 같았어요. 하루하루가 너무 조용해서, 오히려 내 안의 불안이 더 또렷하게 들리더군요."

어느 날, 오랜 친구가 선물해 준 시집 한 권이 그녀의 삶을 바꿔 놓았습니다.
그 시집 속 한 구절이 마음에 파고들었다고 합니다.
"불안은 움직이지 않을 때 더 자란다."

그날 밤, 선생님께서는 작게 다짐하셨습니다.
"내가 지금 할 수 있는 가장 작은 움직임부터 시작해 보자."

처음엔 동네 도서관에서 하루에 책 한 권 읽기부터 시작하셨습니다. 그 다음은 마음에 든 문장을 노트에 옮겨 적기, 그리고 그것에 대한 짧은 소감 쓰기. 하루에 15분이면 족한 일이었습니다. 하지만 그 작은 실천이 쌓이자, 어느새 그녀의 글은 주변 사람들을 울리고 웃기기 시작했습니다. 이웃 주민들, 옛 제자들, 그리고 SNS를 통해 알게 된 독자들까지 그녀의 문장에 따뜻한 반응을 보내왔습니다.

그녀는 그 힘으로 용기를 내어 자비로 서점을 열었습니다. 책과 인문학을 좋아하는 사람이라면 누구든 문을 열고 들어와 앉을 수 있는 곳. 직접 차를 내어 주며 인문학 글쓰기 수업을 무료로 열고, 자신의 작은 실천 이야기를 조용히 나누기 시작하셨습니다.

"이 공간은 제가 불안을 끌어안고 만든 겁니다. 처음엔 두려웠죠. 하지만 '지금 내가 할 수 있는 것'만 집중하니까, 길이 보이기 시작했어요."
지금도 김은희 선생님은 이렇게 말하십니다.

"가장 강한 힘은 결과가 아니라, 지금 내가 할 수 있는 아주 작은 실천에서 생깁니다. 나도 그렇게 살아왔고, 지금도 그렇게 살고 있습니다."

그녀의 삶은 말해 줍니다. 시작이 두려울 수는 있지만, 포기하지 않고 단념하지 않고, 불안한 마음을 끌어안은 채 오늘 내가 할 수 있는 것에 집중할 때, 삶은 우리를 다시 살아 움직이게 만든다는 것을.

오늘, 우리도 시작할 수 있습니다.

그것이 설거지든, 산책이든, 오래 미뤄 둔 책 한 장을 펼치는 일이든 말입니다.

하늘은, 언제나 그 자리에 있는 우리의 손길을 기다리고 있습니다.

일관성이란 꾸준함, 성실함이다

서울의 한 대학교에서 평생 교육을 맡고 계신 김영수 교수님은 '일관성'의 가치를 누구보다도 깊이 이해하고 계십니다. 오랜 시간 학문과 교육 현장을 지켜 오시면서 교수님이 늘 강조하시는 것은 '꾸준함'과 '성실함'의 힘입니다.

교수님의 이야기는 몇 년 전부터 시작됩니다. 어느 날, 교수님께서 뜻한 바를 담아 책 한 권을 집필하기로 결심하셨습니다. 하지만 그 길은 쉽지 않았습니다. 업무와 강의, 연구 그리고 가족과의 시간까지 조율하며, 때로는 피로와 의심이 밀려왔습니다. '내가 정말 이 일을 해낼 수 있을까?' 하는 걱정과 '지금의 노력이 과연 결과로 이어질까?' 하는 두려움이 서서히 다가왔습니다.

그럼에도 불구하고 교수님은 마음속에 그리던 목표를 선명한 영상처럼 떠올렸습니다. '이 책이 완성되어 더 많은 사람들이 인생의 방향을 찾는 데 도움을 준다'는 이미지가 마음을 굳건히 붙잡아 주었습니다. 그리고는 매일 아침마다 '오늘은 꼭 이 원고 한 장을 완성하자'라는 작은 계획을 세웠습니다. 계획을 완벽하게 지키지 못할 때도 있었지만, 그때마다 자신에게 이렇게 다짐했습니다.

"결과에 대한 걱정은 내려놓고 오직 실행에만 몰두하자."

교수님은 일관성을 '철저한 실행'과 '확고한 믿음'이라고 정의하십니다.

"목표를 이루기 위해 결단을 내렸다면, 흔들림 없이 매일 최선을 다하는 것만이 성공으로 가는 지름길이다. 두려움과 의심에 흔들리면 진전이 없다."

이 말은 김영수 교수님의 삶 자체였습니다.

이러한 꾸준한 노력은 결국 큰 결실로 돌아왔습니다. 교수님이 집필한 책은 교육 현장뿐 아니라 일반인들에게도 널리 읽히며, 많은 이들의 인생 방향을 제시하는 길잡이가 되었습니다. 그리고 교수님 자신도 그 과정에서 '일관성'이 얼마나 큰 힘인지 직접 체험하셨습니다.

교수님의 이야기는 우리 모두에게 일관된 마음과 행동의 중요성을 일깨워 줍니다.

큰 목표 앞에서 흔들리지 않고 매일 조금씩 나아가는 꾸준함, 그리고 의심과 두려움을 넘어서는 성실함이야말로 인생에서 진정한 성공을 가져다주는 열쇠임을 보여 줍니다.

오늘도 김영수 교수님은 새로운 목표를 향해 작은 실행을 쌓아 가고 계십니다.

그 꾸준한 걸음걸음이 모여 결국 거대한 산을 이루듯, 여러분도 일관성을 품고 꾸준히 걸어가시길 바랍니다.

오늘은 좋은 일이 생길 것이라는 믿음

서울 송파구에서 거주하시면서, 오랫동안 대학 강단에 서온 박성현 교수님은 겉으로 보면 모든 것이 완벽해 보이지만, 그 역시 인간적인 갈등과 고민 속에서 자신의 길을 찾고자 애써 왔습니다. 교수님께서 늘 강조하시는 것은 '좋은 일이 생길 것이라는 믿음'입니다.

박 교수님께서는 학문적 권위와 명예, 그리고 존엄성을 갖춘 훌륭한 교육자이자 지도자로서, 최고가 되고자 하는 욕심보다는 늘 '최선을 다하겠다'는 겸손한 마음을 품고 계십니다. 교수님은 "욕심이 지나치면 오히려 흔들리고, 최선을 다하겠다는 마음이 나를 강하게 한다"고 말씀하십니다.

몇 해 전, 박 교수님은 중요한 학술 프로젝트를 준비하시면서 예상치 못한 여러 어려움에 직면하셨습니다. 지원이 부족했고, 동료 연구자들 간의 의견 충돌도 있었습니다. 그러나 교수님은 그 자리에서 멈추지 않고 하루하루 최선을 다하며, "오늘 만나는 모든 사람에게 감사하고, 주변에 주어진 모든 것들에 감사하는 마음을 잃지 말자"는 자신의 신념을 되새기셨습니다.

이 마음가짐은 단지 감사함에 머무르지 않고, 매일 좋은 일이 생길 것이라는 굳은 믿음으로 이어졌습니다. 어려움 속에서도 박 교수님은 스스로에게 이렇게 다짐하셨습니다.
"세상 평판이나 관습에 얽매이지 말고, 내가 계획한 길을 힘차게 밀고 나가자."

이 단호한 의지가 교수님을 더욱 단단하게 만들었고, 결국 프로젝트는 성공적으로 마무리되어 많은 이들의 인정을 받았습니다. 교수님은 종종 말씀하십니다.

"하나님께서 나에게 주지 않은 것을 불평하지 않고, 내가 받은 것에 감사할 때 비로소 진정한 평화와 행복이 찾아온다"고.

이 감사의 마음과 좋은 일이 생길 것이라는 믿음은 교수님의 인생 전반에 걸쳐 힘이 되어 주었습니다. 이제 박 교수님은 강의에서 학생들에게도 이렇게 전하십니다.

"삶의 크고 작은 어려움 앞에서도 긍정적인 믿음을 잃지 말고, 오늘은 반드시 좋은 일이 생길 것이라는 확신으로 하루하루를 살아가세요. 그 믿음이 여러분을 변화시키고, 결국 좋은 결과로 이끌 것입니다."

박성현 교수님의 이야기는 우리 모두에게 깨달음을 줍니다.

겸손함과 감사함, 그리고 굳건한 믿음은 어떤 어려움도 이겨 내게 하는 든든한 내면의 힘입니다.

오늘도 좋은 일이 생길 것이라는 믿음으로 한 걸음 내딛는다면, 그 길 위에서 여러분만의 빛나는 이야기가 펼쳐질 것입니다.

위대한 동반자

　서울의 한 중견 기업에서 오랫동안 경영자로서, 그리고 사회 지도자로서 활약해 오신 김재호 대표님은 늘 바쁜 일정 속에서도 '자기 마음과의 동행'을 가장 중요한 덕목으로 삼아오셨습니다. 그에게 '위대한 동반자'란 바로 자신 안에 숨겨진 내면의 평화와 행복임을 누구보다 잘 아십니다. 김 대표님은 경영 현장의 복잡함과 치열한 경쟁 속에서 마음을 잃지 않으려 노력해 왔습니다. 어느 날, 그는 중요한 사업 협상을 앞두고 깊은 명상과 묵상의 시간을 가졌습니다.

　"오늘 하루는 마음을 담담하게, 생각은 긍정적으로, 그리고 무엇보다 내면의 평화와 웃음을 잃지 말자"는 다짐을 스스로에게 했습니다.

　그날 김 대표님의 얼굴은 평소와 달리 한층 부드럽고 밝은 미소로 가득했습니다. 그의 표정은 말의 표현까지도 다정하고 온화하게 바뀌었고, 동료들과의 소통은 더욱 원활해졌습니다. 덕분에 협상은 순조롭게 진행되었고, 모두가 만족하는 결과를 이끌어 냈습니다. 그는 이렇게 말씀하셨습니다.

　"경영자나 지도자라면 표정 하나, 말투 하나도 조직 전체의 분위기에 영향을 미칩니다. 항상 미소 짓고, 부드럽게 다정하게 대하는 태도가 진정한 리더십의 시작이지요."

　또한 김 대표님은 "약속한 것은 반드시 지켜야 하며, 모든 일은 서두르지 말고 차근차근 계획하고 점검하면서 실행하는 자세가 성공의 비결"이라고 강조하십니다.

명상과 묵상을 통해 스스로와 깊이 교감하는 김 대표님의 이야기는 많은 이들에게 깨달음을 줍니다. 바깥의 혼란과 경쟁에 휘둘리기보다, 자기 자신과 함께하는 시간을 소중히 여길 때 비로소 삶의 진정한 행복과 성취가 가능하다는 사실을 증명하는 살아 있는 사례입니다.

오늘도 김 대표님은 아침 일찍 일어나 조용한 공간에서 10분간 묵상하며 하루를 시작합니다. 그리고 늘 마음속에 '내가 오늘 만나는 모든 사람과 내가 할 모든 일에 진심을 다하자'는 다짐을 새깁니다. 그 다짐은 그를 내면의 평화로 이끌고, 주위 사람들에게 선한 영향력을 전파하는 원동력이 됩니다.

지금 이 글을 읽는 여러분도 하루에 잠시라도 마음을 들여다보고 묵상하는 시간을 가져 보십시오.

바쁜 일상 속에서 자신과 동행하는 그 시간이야말로 위대한 동반자를 만나는 길임을 김재호 대표님의 삶이 알려 주고 있습니다.

오늘 하루, 담담하게, 긍정적으로, 그리고 미소 짓는 얼굴로 여러분만의 위대한 동반자와 함께 걸어가시길 바랍니다.

돈과 부(富)에 대해서

　서울 강남구의 한 중견 금융회사에서 오랜 기간 투자분석가로 일해 오신 박영수 박사님은 금융과 자산관리 분야에서 뛰어난 전문성을 갖추신 분입니다. 박 박사님은 늘 '돈과 부'를 대하는 태도에 대해 이렇게 말씀하십니다.
　"돈과 부는 서두르거나 조급해서 이루어지는 것이 아닙니다. 오히려 차분히 연구하고 분석하며 성실하게 관리할 때 비로소 내 곁에 머물게 됩니다."

　그는 젊은 시절, 주변에서 흔히 들리던 '빨리 돈을 벌어야 한다'는 조급한 이야기들에 쉽게 흔들렸던 적이 있었습니다. 그때는 무리한 투자와 과도한 소비로 어려움을 겪기도 했습니다. 하지만 오랜 시간 경험과 공부를 거치면서 깨달은 진리는 단순명료했습니다.

　"성급하게 쫓으면 돈과 부는 나를 피해 도망치고, 내가 그 가치를 존중하며 기다릴 때 비로소 돈이 쌓이기 시작한다."

　박 박사님은 매일 아침 조용한 카페에서 시장 동향을 꼼꼼히 살피고, 최신 투자 트렌드를 연구하며 자산 포트폴리오를 신중히 점검합니다. 그에게는 이 과정이 단순한 일상이 아니라 '자신과의 약속'이며 '돈과 부를 위한 예의' 입니다. 그는 "돈을 단순히 숫자로 보지 않고, 그 안에 담긴 시간과 노력, 그리고 나의 책임감으로 바라보라"고 강조합니다.

　한번은 주변 지인이 급하게 큰 수익을 바라며 무리한 투자 결정을 내려 큰 손실을 겪었을 때, 박 박사님은 조용히 그를 찾아가 이렇게 조언했습니다.

"조급함이 부른 선택은 결과를 담보하지 않습니다. 돈은 쫓아가는 대상이 아니라, 나 자신이 소중히 여기고 인내하는 태도의 산물입니다. 천천히, 꾸준히, 그리고 성실하게 걸어가면 반드시 좋은 결실을 맺을 수 있습니다."

그 조언은 이후 지인에게 큰 깨달음을 주었고, 그는 박 박사님의 말대로 투자 전략을 재정비하여 차분히 자산을 관리하기 시작했습니다. 시간이 흐른 지금, 그 지인은 경제적 안정은 물론이고 재정적인 자신감도 회복할 수 있었습니다.

박영수 박사님의 삶과 지혜는 우리 모두에게 돈과 부에 관한 중요한 메시지를 전합니다. 조급함과 성급함을 버리고, 자신이 가진 시간과 노력, 그리고 자산을 존중하며 관리할 때, 비로소 진정한 부는 우리 곁에 머무릅니다. 이 과정은 빠르지 않지만 확실하고 견고합니다.

여러분도 오늘부터 서두르지 말고, 조급함에 흔들리지 말며, 자신의 자산과 시간을 소중히 여기고 신중히 관리하는 태도를 가져 보시기 바랍니다.

돈과 부는 여러분이 얼마나 꾸준하고 성실하게 걸어가느냐에 따라 자연스레 쌓여 갈 것입니다.

오늘도 마음을 가라앉히고 한 걸음씩 내딛는 여러분의 길에 풍요와 평안이 함께하길 기원합니다.

방황의 시간과 완성

서울 서대문구에 거주하시면서 중소기업 경영컨설턴트로 활발히 활동하시는 김영호 박사님은 자신의 인생에 대해 이렇게 말씀하십니다.

"인생에서 겪는 방황의 시간들은 결코 헛된 시간이 아닙니다. 마치 초승달이 차츰 보름달이 되듯, 우리 삶도 서서히 완성되어 가는 과정입니다."

김 박사님은 젊은 시절, 직장에서의 뜻하지 않은 실패와 방향을 잃는 방황의 시간을 경험하셨습니다. 당시 주변 사람들은 '이미 늦었다'고 말했고, 스스로도 불안과 좌절에 빠졌지만, 그는 그 시간을 '완성의 과정'으로 받아들이기로 결심했습니다.

"나는 나만의 속도로 성장할 것이고, 나만의 빛을 낼 것이다. 오늘의 방황이 내일의 보름달이 될 것을 믿는다"라고 스스로 다독였습니다.

그는 매일 아침 거울을 보며 자신에게 이렇게 말합니다.
"남과 비교하지 말고, 내가 선택한 길을 묵묵히 걸어가자. 내 삶의 페이스를 존중하며 스스로를 격려하자."

그리고 가족과 동료, 친구들에게도 늘 존경과 사랑을 담아 대합니다.
"사람은 모두가 각자의 빛을 품고 있습니다. 방황은 그 빛이 완성되기 위한 하나의 과정일 뿐입니다."

특히, 김 박사님은 여러 강연에서 이런 메시지를 자주 전합니다.
"인생의 몇 년이라는 시간적 격차는 우리에게 큰 문제가 아닙니다. 지금 힘들다고 해도, 그 시간이 지나면 더 나아질 것입니다. 오늘의 초승달도 결국 보름달로 완성됩니다. 여러분도 마찬가지입니다."

그 말에 많은 청중이 깊은 위로와 희망을 얻곤 합니다.

한번은 오랜 시간 직장 생활에 지쳐 방향을 잃은 후배가 찾아와 조언을 구했습니다. 김 박사님은 조용히 말씀하셨습니다.

"방황할 때 자신을 탓하지 마십시오. 그것은 성장의 밑거름입니다. 자신의 속도를 믿고 묵묵히 나아가십시오. 그 길 끝에 반드시 완성된 자신이 기다리고 있을 것입니다."

후배는 그 말에 힘입어 다시 새로운 도전을 시작했고, 지금은 자신의 분야에서 빛나는 성과를 이루고 있습니다.

김 박사님의 삶은 우리 모두에게 '방황의 시간도 인생의 완성을 위한 중요한 단계'라는 깊은 메시지를 전합니다.

누군가와 비교하지 않고, 오늘도 자신의 길을 묵묵히 걸으며, 긍정적인 마음과 사랑으로 주변을 바라볼 때 인생은 비로소 완성되어 갑니다.

우리 모두가 각자의 보름달을 향해 가고 있음을 믿으며, 오늘 하루도 감사와 행복으로 채워 가시길 바랍니다.

긍정적 생각 습관

서울 동작구에서 거주하시면서 문화예술 분야에서 오랜 시간 활동하신 이재훈 선생님은 늘 인간관계의 신비로움과 그 속에서 발견하는 삶의 긍정적 에너지를 이야기하십니다.

"인간관계는 생각보다 훨씬 넓고 깊습니다. 우리가 예상하지 못한 곳에서 새로운 인연과 배움이 생기곤 하지요."

이 말씀은 그동안 경험하신 수많은 만남과 깨달음을 담고 있습니다. 이 선생님은 젊은 시절부터 사람을 만나는 데 있어 늘 '마음을 크게 여는 것'을 습관으로 삼아 오셨습니다.

"시야를 좁히면 소중한 인연도 놓치기 쉽습니다. 저는 언제나 열린 마음으로 모든 사람과 상황에 관심을 두려 노력합니다."

그러한 태도는 다양한 문화인들과의 교류 속에서 선생님을 더욱 풍부한 인간으로 성장시켰습니다.

특히, 이재훈 선생님은 어느 강연에서 다음과 같은 에피소드를 들려주셨습니다.

한번은 뜻밖의 만남에서 자신의 인생을 바꿀 수 있는 귀한 인연을 만났다고 합니다. 당시 그는 예술 행사장에서 우연히 옆자리에 앉은 분과 깊은 대화를 나누었고, 그 대화는 선생님이 오래도록 품어온 예술적 고민을 해소하는 데 큰 도움을 주었습니다.

"그 만남이 없었다면 제 인생의 중요한 한 페이지가 달라졌을 겁니다. 인간관계는 이렇게 뜻밖의 곳에서 우리에게 선물을 가져다줍니다."

이 선생님의 긍정적 생각 습관은 단지 타인을 만나는 데서만 머물지 않습니다.

"모든 일에 대범한 마음과 낙천적인 자세를 갖는 것은 나를 더욱 행복하게 만듭니다. 담대한 포용심으로 상대를 이해하고 사랑하면, 내 마음도 한결 가벼워지지요."

이 말씀은 우리가 인간관계에서 겪는 어려움이나 갈등을 넘어설 힘을 줍니다.

더 나아가, 이재훈 선생님은 주변 사람들에게도 언제나 사랑과 관심을 기울이는 삶을 살아갑니다. 그 결과, 그의 인간관계는 자연스럽게 두터워지고, 신뢰와 존경을 받는 분으로 자리매김하게 되었습니다.

"관심과 사랑이란 씨앗을 심으면, 반드시 좋은 열매로 돌아옵니다. 이 점이 제가 가장 자신 있게 전하는 긍정의 메시지입니다."

이처럼 인간관계의 불가사의함과 깊이를 이해하고, 낙천적이고 대범한 마음으로 사람과 일에 임할 때, 우리는 더 큰 행복과 성취를 경험할 수 있습니다.

이재훈 선생님의 삶은 우리 모두에게 인간관계의 진정한 의미와 긍정적 생각 습관이 가져다주는 선물을 일깨워 줍니다.

오늘부터라도 시야를 넓히고, 모든 만남에 사랑과 포용을 담는 습관을 기르며 더 풍요로운 삶을 향해 나아가시길 바랍니다.

혼자서 걷기

　서울 강동구에 거주하면서 오랜 시간 학문과 교육에 헌신해 오신 김영수 교수님께서 최근에 들려주신 이야기가 깊은 울림을 줍니다. 교수님은 은퇴를 앞둔 시기에 삶의 속도를 잠시 늦추고자, 매일 아침 혼자서 캠퍼스 숲길을 걷기 시작하셨다고 합니다. 처음 며칠 동안은 특별한 목적 없이 그저 몸을 움직이며 걷기만 하셨다는데, 이 단순한 행위가 교수님의 마음에 새롭게 다가온 자연의 변화와 깊은 연결로 이어졌습니다.

　"처음 4~5일은 아무 생각 없이 그냥 걸었습니다. 하지만 어느 순간 새들이 먹이를 찾는 모습에 눈길이 갔고, 걷는 걸음을 멈추어 사진도 찍고 관찰하는 시간이 자연스레 늘었지요."

　교수님은 매일 똑같은 길을 걷지만, 그 반복 속에서 숲의 작은 변화들을 눈여겨보는 일에 큰 즐거움을 느끼셨습니다. 어제 보았던 나무가 오늘은 꽃망울을 터뜨리고, 그 꽃망울이 다음 날이면 활짝 피어나 초록의 새잎으로 변해 가는 과정을 직접 경험하며, 매일 걷는 길이 새롭게 피어나는 무대가 되었습니다.

　"걷는 길은 달라지지 않았지만, 내가 보는 세상은 매일 조금씩 다르게 느껴졌습니다. 같은 길이라도 어제와 오늘이 다르니 그 안에서 자연의 순환과 생명의 신비를 깨닫게 됐지요."

　교수님께서는 혼자 걷는 시간이 자신에게 자연과 마음이 깊이 만나는 순간임을 알게 되셨습니다. 그 전에는 미처 느끼지 못했던 작은 새들의 움직임, 꽃의 변화, 그리고 바람에 흔들리는 나뭇잎 소리까지 모두가 삶에 새로운 활력을 불어넣는 요소였다는 말씀에 모두가 고개를 끄덕였습니다.

특히, 교수님은 "하루하루 같은 길을 걷는 것이 결코 지루하지 않았다"고 하시며, "그 길에서 봄이 오는 소리를 듣고, 꽃이 피고 지는 것을 몸소 느끼면서 내 인생에도 새로운 계절이 왔다는 걸 알게 됐다"고 말씀하셨습니다. 이 경험은 교수님께 일상의 소중함과 느림의 미학을 깨닫게 해 준 귀한 시간이었습니다.

또한 교수님은 "자연과 함께 걸으며 내면의 소리를 듣고, 마음을 정돈하는 시간이 얼마나 중요한지 알게 됐다"면서 "모든 분들께도 혼자서라도 잠시 걸으며 주변의 작은 변화를 관찰하고 느껴 보길 권한다"고 조언하셨습니다. 그렇게 스스로와 자연을 돌보는 시간이 쌓일수록 마음이 한결 평화롭고 단단해지는 것을 경험했기 때문입니다.

김영수 교수님의 이야기는 오늘날 빠르게 변화하는 세상 속에서 자신만의 속도를 찾아가는 모든 이에게 깊은 울림을 전합니다. 걷기의 반복과 관찰 속에서 발견한 자연의 작은 기적은, 우리 일상 속에서 느림과 집중, 그리고 감사하는 마음이 얼마나 큰 행복으로 이어지는지를 상기시켜 줍니다.

오늘도 어제와 같은 길을 걷는 그 속에서 새로운 생명의 숨결을 만나는 것,
그것이 진정한 행복임을 김영수 교수님의 발걸음이 보여 줍니다.

여러분께서도 혼자 걷는 그 시간을 통해 자연과 내면을 깊이 만나 보시길 바랍니다.

봉사활동

서울의 한 대학교에서 환경공학을 가르치시는 김수현 교수님께서는 연구실을 벗어나 매주 주말이면 인근 공원과 골목길을 돌며 쓰레기를 줍는 봉사활동에 참여하고 계십니다. 학문의 엄격함과는 달리, 김 교수님의 봉사활동에는 따뜻한 인간애와 소소한 행복이 묻어납니다.

처음 김 교수님께서 이 봉사활동을 시작하신 것은 뜻밖의 우연이었습니다. 어느 날 연구에 몰두하던 중 밖으로 나와 잠시 걷다 보니, 공원 벤치와 길가에 버려진 마스크와 쓰레기가 눈에 띄었습니다. '환경을 연구하는 사람이지만, 정작 내가 몸담은 공간은 내가 더 깨끗이 지켜야 하지 않을까'라는 생각이 교수님의 마음을 움직였습니다.

그리하여 그날부터 김 교수님은 작은 봉사활동을 시작하셨습니다. 혼자서 시작한 일이었지만, 매주 일요일 아침 맑은 공기를 마시며 걷고, 손으로 쓰레기를 줍는 그 시간은 교수님의 내면에 깊은 평화를 가져다주었습니다.

"마음속 잡념이 사라지고, 자연과 하나 되는 느낌이었다"고 하시며, 봉사활동이 일상에 큰 위안을 주는 경험임을 밝히셨습니다. 더욱이 김 교수님께서는 그 따뜻한 마음을 주변 동료 교수님과 학생들에게도 전파하기 시작했습니다.

"작은 행동이 큰 변화를 만든다"는 믿음으로 함께 봉사에 참여할 것을 권유했고, 얼마 지나지 않아 교수님 연구실을 중심으로 자발적인 봉사모임이 결성되었습니다. 이 모임은 단순한 환경 정화 활동을 넘어 서로에 대한 배려와 존중, 소통의 장으로 자리 잡아 갔습니다.

김 교수님은 "봉사활동은 주는 것 같지만, 사실은 자신이 더 많이 받는 과정"이라고 말씀하십니다. "작은 쓰레기를 주울 때마다 마음속 불필요한 짐도 함께 비워지고, 깨끗한 공간을 바라볼 때마다 새로운 희망이 싹트는 경험을 누구나 할 수 있다"고 믿기 때문입니다.

또한, "자연을 사랑하는 마음이 사람과의 관계에도 긍정적인 영향을 미쳐, 더 넓은 세상과의 조화로운 삶을 가능하게 한다"고 강조하셨습니다.

김수현 교수님의 이 따뜻한 이야기에서 배울 점은 명확합니다.

'누구나 할 수 있는 작은 실천이 모여 우리 삶과 세상을 바꾸고, 그 과정에서 자신과 공동체에 대한 사랑과 존경이 싹튼다'는 사실입니다.

오늘, 그리고 내일 우리도 김 교수님처럼 마음을 비우고 세상을 채우는 걸음에 동참할 수 있기를 바랍니다.

나의 인생 이렇게 살고 싶다

서울 서초구의 한 작은 카페, 매주 화요일마다 특별한 모임이 열립니다. 그 모임의 중심에는 이수민 교수님께서 계십니다. 대학에서 철학을 가르치시는 교수님께서는 삶과 인간 본질에 대해 끊임없이 성찰하며, 학생들과 지역 주민들에게 인생의 깊은 의미를 나누는 데 힘쓰고 계십니다.

"젊은 날에는 오직 지식의 깊이만을 추구했습니다. 그러나 어느 순간, 지식이 삶을 온전히 채우지 못한다는 사실을 알게 되었습니다."

교수님께서는 몇 해 전 갑작스러운 건강 위기를 겪으셨습니다. 그 경험은 삶의 유한함과 그동안 놓쳐 온 진정한 '삶의 가치'를 깨닫는 계기가 되었습니다. 병상에 누워 있는 동안, 오롯이 자신과 마주할 시간을 갖게 되었고, 인생의 의미를 다시 묻는 시간이 되셨습니다. 그때부터 이수민 교수님께서는 삶의 풍요를 물질이나 성취가 아닌 '사랑과 관계'에서 찾으셨습니다. 그리고 그것을 실천하기 위해 '마음 돌봄 프로그램'을 만들고, 누구나 쉽게 자신과 타인을 이해할 수 있는 인문학 강의를 지역사회에 무료로 제공하고 계십니다.

"우리 모두는 불완전하지만, 그 불완전함 속에서 서로를 존중하고 사랑할 때 비로소 완전한 삶에 가까워진다고 믿습니다."

이수민 교수님의 강의는 단순한 지식 전달을 넘어서, 삶의 희망과 치유를 주는 시간이 되었습니다. 어느 날, 한 청년이 교수님께 조심스레 고백했습니다.

"교수님 강의를 듣고 나서 제 자신을 용서하고 사랑할 수 있게 되었습니다. 덕분에 가족과의 관계도 회복되었습니다."

그 말을 들은 교수님께서는 말없이 미소를 지으셨습니다.
"진정한 인생의 가치는 크고 위대한 성취가 아니라, 바로 '사랑할 용기'와 '스스로를 받아들이는 마음'에 있다고 생각합니다."

교수님께서는 매일 아침 거울 앞에서 스스로에게 말합니다.
"오늘도 나는 나 자신을 사랑하며, 내 곁의 사람들을 이해하고 존중할 것이다."

그 신념이 있으니, 비록 인생의 무게가 무겁고 어려움이 찾아와도 교수님은 매 순간 감사와 긍정의 힘으로 이겨 내십니다.

이수민 교수님의 삶은 우리 모두에게 깊은 울림을 줍니다. 인간으로서의 존엄과 사랑, 그리고 자신과 타인을 향한 무한한 배려가 진정한 인생의 보석임을 일깨워 줍니다.

여러분도 오늘, 마음의 거울을 들여다보십시오. 그리고 물어보십시오.

"내가 나 자신을 얼마나 사랑하고 있는가?"

그 사랑이 삶을 아름답게 채우는 첫걸음입니다.

유비쿼터스 오늘이 '가장 젊은 날'

ⓒ 이정완, 2025

초판 1쇄 발행 2025년 8월 20일

지은이   이정완
펴낸이   이기봉
편집   좋은땅 편집팀
펴낸곳   도서출판 좋은땅
주소   서울특별시 마포구 양화로12길 26 지월드빌딩 (서교동 395-7)
전화   02)374-8616~7
팩스   02)374-8614
이메일   gworldbook@naver.com
홈페이지 www.g-world.co.kr

ISBN   979-11-388-4600-4 (03190)

- 가격은 뒤표지에 있습니다.
- 이 책은 저작권법에 의하여 보호를 받는 저작물이므로 무단 전재와 복제를 금합니다.
- 파본은 구입하신 서점에서 교환해 드립니다.